中国出版蓝皮书

CHINA PUBLISHING BLUE BOOK

2016～2017

中国出版业发展报告

ANNUAL REPORT OF PUBLISHING INDUSTRY IN CHINA

主 编/范 军 副主编/李晓晔

中国书籍出版社
China Book Press

《2016～2017中国出版业发展报告》
课题组、撰稿人和统稿人名单

组　长：范　军

副组长：李晓晔

撰稿人（按文章顺序排列）：

李晓晔	杨　伟	段艳文	王军峰	卓宏勇	毛文思
刘成芳	张羽玲	尹昌龙	陈含章	田　菲	高　洁
张　姝	香江波	鲍　红	王　扬	于秀丽	息慧娇
张凤杰	张从龙	栾京晶	李家驹	梁伟基	刘美儿
罗海玲	王国强	黄昱凯	谢力清		

统　稿：范　军

目 录

第一章 主报告

第二章 分类报告

第三章 专题研究报告

第四章 港澳特区、台湾地区出版业发展报告

第五章　出版业大事记

第一章　主报告

融合创新 协调发展

——2016～2017 中国出版业发展报告

一、2016 年中国出版业发展概况

（一）出版产业发展势头良好

2016 年，新闻出版业积极贯彻落实中央要求，把社会效益放在首位，努力实现社会效益与经济效益相统一，不断推进新闻出版业的供给侧结构性改革，进一步推动新闻出版业转型升级和融合发展，挺拔主业，突出主题出版，持续提高优质出版产品供给，实现了行业的良好发展。2016 年，全国出版、印刷和发行服务实现营业收入 23 595.8 亿元，较 2015 年增长 9.0%；利润总额 1 792.0 亿元，增长 7.8%；不包括数字出版的资产总额为 22 070.3 亿元，增长 6.2%；所有者权益（净资产）为 11 245.5 亿元，增长 6.1%。

在图书出版方面，2016 年，全国共出版图书 50.0 万种，较 2015 年增长 5.1%；总印数 90.4 亿册（张），增长 4.3%；总印张 777.2 亿印张，增长 4.6%；定价总金额 1 581.0 亿元，增长 7.1%。图书出版实现营业收入 832.3 亿元，增长 1.2%；利润总额 134.3 亿元，增长 7.2%。

在期刊出版方面，2016 年全国共出版期刊 10 084 种，较 2015 年增长 0.7%；总印数 27.0 亿册，降低 6.3%；总印张 152.0 亿印张，降低 9.4%；定价总金额 232.4 亿元，降低 4.3%。期刊出版实现营业收入 193.7 亿元，降低 3.6%；利润总额 25.7 亿元，降低 2.2%。

在报纸出版方面，2016 年，全国共出版报纸 1 894 种，较 2015 年降低 0.6%；总印数 390.1 亿份，降低 9.3%；总印张 1 267.3 亿印张，降低

18.5%；定价总金额 408.2 亿元，降低 6.0%。报纸出版实现营业收入 578.5 亿元，降低 7.6%；利润总额 30.1 亿元，降低 15.7%。

在音像制品出版方面，2016 年，全国共出版音像制品 14 384 种，较 2015 年降低 6.4%；出版数量 27 584.6 万盒（张），降低 6.2%。音像制品出版实现营业收入 27.5 亿元，增长 4.8%；利润总额 3.7 亿元，降低 7.1%。

在电子出版物出版方面，2016 年，全国共出版电子出版物 9 836 种，较 2015 年降低 2.5%；出版数量 29 064.7 万张，增长 35.6%。电子出版物出版实现营业收入 13.2 亿元，增长 6.4%；利润总额 2.4 亿元，增长 4.3%。

在数字出版方面，2016 年我国数字出版产业继续保持强劲增长势头，对全行业营业收入增长贡献超三分之二。数字出版实现营业收入 5 720.9 亿元，较 2015 年增加 1 317.0 亿元，增长 29.9%，占全行业营业收入的 24.2%，提高 3.9 个百分点；对全行业营业收入增长贡献率达 67.9%，提高 7.7 个百分点，增长速度与增长贡献率在新闻出版各产业类别中继续位居第一，已成为拉动产业增长"三驾马车"①之首。网络动漫营业收入增长 250.7%，在线教育营业收入增长 39.4%，势头迅猛，增长速度在数字出版所属各类别中名列前茅。

2016 年，出版产业发展呈现以下特点。

1. 百亿级出版传媒集团集群基本形成，产业规模化、集约化程度加深

全国 120 家图书出版、报刊出版、发行和印刷集团共实现主营业务收入 3 476.1 亿元，较 2015 年增加 474.3 亿元，增长 15.8%；拥有资产总额 6 541.5 亿元，增加 523.4 亿元，增长 8.7%；实现利润总额 296.6 亿元，增加 49.4 亿元，增长 20.0%。108 家图书出版集团、报刊出版集团和发行集团主营业务收入占全国书报刊出版和出版物发行主营业务收入的 74.5%，提高 6.9 个百分点；拥有资产总额占全国出版发行全行业资产总额的 84.0%，提高 2.7 个百分点；实现利润总额占全国出版发行全行业利润总额的 62.6%，提高 7.9 个百分点。共有 16 家集团资产总额超过百亿元，其中江苏凤凰出版传媒集团有限公司、安徽出版集团有限责任公司、江西省出版集团公司、湖南出版投资控股集团有限公司、浙江出版联合集团有限公司和安徽新华发行（集团）控股有限公司等 6 家集团资产总额、主营业务收入和所有者权益均超过百亿元，"三

---

① 另两个为印刷复制与出版物发行。

百亿"集团阵营增加2家；湖北长江出版传媒集团有限公司和河北出版传媒集团有限责任公司等2家集团资产总额、主营业务收入均超过百亿元。

2. 上市公司主业挺拔，产出利润快速增长

2016年，33家在中国内地上市的出版传媒公司共实现营业收入1 368.9亿元，增加235.1亿元，增长20.7%；实现利润总额170.6亿元，增加36.7亿元，增长27.4%；拥有资产总额2 489.4亿元，增加520.8亿元，增长26.5%。江苏凤凰出版传媒股份有限公司、中南出版传媒集团股份有限公司和中文天地出版传媒股份有限公司等3家公司资产总额、营业收入和所有者权益均超过百亿元，共同组成"三百亿"公司阵营；中原大地传媒股份有限公司、安徽新华传媒股份有限公司和北京掌趣科技股份有限公司资产总额首次超过百亿元，"百亿"公司达到11家，占出版传媒上市公司总数的三分之一。出版公司主业挺拔，出版、发行、印刷继续保持核心主业地位。全部10家出版公司的出版、发行、印刷业务收入在营业收入中所占比重平均为61.0%，其中，7家公司占比超过三分之二。数字出版、在线教育、新媒体、游戏娱乐、影视文化、大数据等新业态、新领域布局进一步广泛，媒体融合和跨界融合趋势明显，发展势头良好。

3. 民营企业占比继续提高，社会资本参与出版经营活动更趋活跃

2016年，民营企业共有12.7万家，增长2.8%；占新闻出版企业法人单位数量的85.0%，提高1.0个百分点。在印刷复制企业中，民营企业营业收入占全部营业收入的89.5%，较2015年提高0.9个百分点；资产总额占89.3%，提高0.9个百分点；利润总额占90.3%，提高0.7个百分点。在出版物发行企业中，民营企业营业收入占68.3%，提高0.7个百分点；资产总额占66.7%，提高1.0个百分点；利润总额占68.0%，提高0.6个百分点。

4. 新闻出版产业基地（园区）规模进一步壮大，集聚效应进一步显现

2016年，30家国家新闻出版产业基地（园区）共实现营业收入2 306.2亿元，拥有资产总额2 934.5亿元；其中14家国家数字出版基地（园区）营业收入较2015年增长17.4%，资产总额增长36.6%。7家基地（园区）营业收入和资产总额均超过百亿元，其中6家为数字出版产业基地（园区），新增广东国家网络游戏动漫产业发展基地和西安国家数字出版基地2家。上海张江国家数字出版基地营业收入突破400亿元。

5. 报刊出版仍面临严峻挑战，报纸出版主要经济指标降幅趋缓

与 2015 年相比，期刊出版总印数降低 6.3%，总印张降低 9.4%；报纸出版总印数降低 9.3%，总印张降低 18.5%；平均期印数超过百万册（份）的期刊和报纸分别减少 3 种和 1 种，平均期印数前 10 位的报刊总印数继续整体下降。但市场定位和读者对象更为明确的专业类、读者对象类报纸，总印数降幅分别为 3.6% 和 1.0%，低于整体降幅 5.7 个百分点和 8.3 个百分点，反映出报纸出版供给侧的专业化、细分化改革成效初显。报纸出版主要经济指标下滑速度趋缓。报纸出版营业收入降低 7.6%，较 2015 年收窄 2.7 个百分点；利润总额降低 15.7%，收窄 37.5 个百分点。43 家报业集团主营业务收入降低 2.5%，收窄 4.4 个百分点；受益于投资收益与补贴收入等大幅增加，利润总额止跌回升，增长 59.4%，提高 104.5 个百分点[①]；营业利润出现亏损的报业集团 29 家，减少 2 家。

（二）内容生产亮点频现

1. 重大历史事件持续引发主题出版热

2016 年适逢中国共产党成立 95 周年、红军长征胜利 80 周年，纪念重大历史事件，引发了主题出版的持续热度。年初，中宣部办公厅和国家新闻出版广电总局办公厅联合下发了《关于做好 2016 年主题出版工作的通知》，并最终确定 2016 年主题出版重点出版物选题 120 种（图书 96 种，音像电子出版物 24 种），其中纪念中国共产党成立 95 周年和红军长征胜利 80 周年重点选题 45 种。这些重点选题大多受到市场欢迎和社会的积极响应。其中，《习近平总书记系列重要讲话读本（2016 年版）》当年总印数超过 5 200 万册，《习近平关于严明党的纪律和规矩论述摘编》总印数超过 600 万册，《全面小康热点面对面》总印数超过 200 万册。此外，山东人民出版社的《社会矛盾怎么看》、浙江人民出版社的《中国新理念：五大发展》《国家治理思想史》、中共党史出版社的《中国共产党 90 年史话》等，社会反响热烈。

2. 精品出版工程和项目亮点频现

2016 年，国家新闻出版广电总局以国家"十三五"重点出版规划的制订

---

① 2015 年 43 家报业集团营业利润降低 45.1%。

实施为主要抓手，启动和实施了一系列精品出版工程和项目，形成精品集群策划、组织、创作、生产的局面。

2016 年 5 月，总局下发了《"十三五"国家重点图书、音像、电子出版物出版规划》，同时下发了调整《2011~2020 年国家古籍整理出版规划》《2013~2025 年国家辞书编纂出版规划》的通知，对"十三五"时期国家重点出版物的出版工作做了总体部署。在"十三五"出版规划中，主题出版规划特色鲜明、重点突出，是首次专门设立；重点出版工程规划、文艺原创精品出版工程、古籍出版规划、辞书出版规划等都体现了加强原创、提高质量、多出精品的要求。

"十三五"时期，总局将推出 3 000 多种重点规划项目。2016 年首次推出的重点出版物规划项目共 2 171 种，以后每年增补 300 种左右，将新增的优质选题纳入总体规划当中，把达不到规划实施要求的项目淘汰出去，不断优化规划项目结构与品质，确保"十三五"出版规划的高质量，体现国家水平。此外，"十三五"规划实施与国家出版基金等出版资助的衔接力度将进一步加大，列入规划的项目将作为国家出版基金、少数民族文化事业发展补助资金、古籍整理出版专项经费等资助的重点。

3. 本土原创文学和少儿类图书表现抢眼

2016 年，少儿图书出版继续保持快速增长，品种 4.4 万种，增长 19.1%，总印数 7.8 亿册（张），增长 40.0%。《平凡的世界》《曹文轩纯美小说·草房子》等 8 种本土原创文学、少儿类图书当年累计印数均超过 100 万册。在原创文学方面，2016 年人民文学出版社出版了王安忆的《匿名》、路内的《慈悲》、贾平凹的《极花》、黄永玉的《无愁河的浪荡汉子·八年》、张炜的《独药师》、张悦然的《茧》等。其中，张悦然的《茧》当年销量达 10 万册，"70后"新晋作家葛亮的《北鸢》，获 2016 年第 17 届深圳读书月"年度十大好书"、"新浪好书榜·2016 年度十大好书"、2016 年"亚洲周刊华文十大小说"奖。

（三）出版改革稳步推进

1. 一批新的出版集团先后组建，出版企业改革进一步深化

在集团组建方面，1 月，浙江出版联合集团旗下浙江教育出版社正式变更

组建为浙江教育出版集团，成为首个地方教育出版集团。10 月，人民卫生出版社正式变更为人民卫生出版集团，变更后，人卫集团将加快集团下属单位的改革、改组、改造，加大管理力度，积极推进现代企业制度建设，适时进行公司股份制改造。在推进改制方面，辽宁出版集团出台了《2016 年全面深化改革方案》，将改革延伸到一线、推进到基层，实现了基层单位体制机制的理顺和员工权益的保障，紧紧围绕"战略转型、机制转型、管理转型和发展转型"四大方面，不断将各项改革向纵深推进。上海世纪出版集团重启改革，提出"把发行权还给出版社，使之拥有完整的经营权，成为真正的市场主体"。试点推行"3 + 1"综合改革，聚焦上海人民出版社、上海文艺出版社、少年儿童出版社和上海教育出版社。

2. 一批符合条件的出版传媒企业先后上市

2016 年，南方出版传媒、新华文轩等多家企业登陆 A 股。2 月 15 日，南方出版传媒股份有限公司 A 股股票在上海证券交易所挂牌上市。南方传媒是广东省率先实现整体股份制改造的大型国有文化企业，此次南方传媒在上交所挂牌上市，标志着文化和资本的结合，预示着广东未来新闻出版业将在文化产业上会迎来新的晋级，并以此来撬动广东文化产业进入更加繁荣发展的新时期。8 月 8 日，四川省新华文轩出版传媒股份有限公司正式登陆上海证券交易所，并成为我国首家 A + H 股上市的出版发行企业，其募集资金将主要用于西部物流网络建设、零售门店升级拓展、教学云服务平台等项目建设。此外，中国科技出版传媒股份有限公司 IPO 已通过证监会发审委审核，上市在即。另有中国出版传媒股份有限公司、山东出版传媒股份有限公司、中国南航集团文化传媒股份有限公司、掌阅科技股份有限公司、新经典文化股份有限公司、山东世纪天鸿文教科技股份有限公司等 6 家公司已列入证监会预披露名单。

3. 正式启动制作和出版分开试点

党的十八届三中全会发布《中共中央关于全面深化改革若干重大问题的决定》，明确提出"在坚持出版权、播出权特许经营前提下，允许制作和出版、制作和播出分开"，图书"制版分离"改革逐渐提上日程。国家新闻出版广电总局将江苏、北京、湖北等地设为"制版分离"改革试点。6 月，江苏省新闻出版广电局印发了《江苏省图书制作和出版分开改革试点工作实施细则》，北京市新闻出版广电局印发了《北京市图书制作和出版分开改革试点工作方案》

《北京市图书制作和出版分开改革试点工作实施细则》，试点工作正式启动。同时，湖北省局也启动了相应的工作。"制版分离"的实施，对于调动出版单位的积极性，激发出版活力，提高工作效率都将起到积极的作用。

（四）数字出版持续增长

1. 政策引导扶持力度进一步增强

2016 年，有关数字出版政策引导扶持力度进一步增强。新闻出版广电总局发布了《关于申报出版融合发展重点实验室有关工作的通知》《关于开展首批新闻出版业科技与标准重点实验室申报工作的通知》，出台了《关于加快新闻出版业实验室建设的指导意见》，同时，数字出版"十三五"时期发展规划、新闻出版广电科技"十三五"时期发展规划、新闻出版广播电视"十三五"规划等多个编制已完成或出台。在政策有效指引下，出版单位的转型升级思路更加明确，视野更加开阔，融合发展的步伐迈得更大，取得了突出成效。

2. 传统出版数字化转型步伐加快

图书、报纸、期刊是我国传统新闻出版单位的主营业务。近年来，一些传统新闻出版单位数字化转型升级步伐不断加快。互联网期刊增长态势趋稳，收入规模从 2006 年的 5 亿元增至 2016 年的 17.5 亿元；电子书的收入总量虽然仍远低于纸质图书销售收入，但近年来以年均增长 16.13% 的幅度快速发展，2016 年达到 52 亿元。虽然 2016 年互联网期刊、电子书、数字报纸的总收入相较 2015 年有一定增长，但在数字出版总收入中的占比却有所下降，从 2014 年的 2.06% 降至 2016 年的 1.37%。传统出版单位数字出版业务的收入增长低于网络游戏、移动出版、互联网广告的增速，表明传统新闻出版单位数字化转型升级、融合发展仍需加快速度，加快产品研发与市场化应用。

3. 网络文学发展持续强劲

2016 年网络文学仍然保持良好的发展势头。据《2016 年数字阅读白皮书》显示，2016 年数字阅读内容总量增长率达到 88.2%。其中原创占比从 69% 上升到 79.7%。2016 年，网络文学主流化进程加快。现实主义题材日益增多。《欢乐颂》《翻译官》等都是引起较大社会反响的现实主义题材作品。越来越多的网络作家加入作协等行业组织机构，多个省市作协和行业作协相继成立网络文学组织，标志着网络作家和网络文学作品正逐渐获得全社会及业界的身份认同。网络文学作为重要的 IP 资源,在 2016 年仍然具有巨大的效应。IP 运营已成为网络文学行业重要的运营模式。

4. 数字教育出版取得显著突破

在线教育、翻转课堂、MOOCs、SPOCs、数字教材、电子书包、微课等教育教学服务模式与产品不断涌现。传统教育出版单位转型升级渐趋深入,在政策引导与项目推动下,在学前教育、寄出教育(K12)、高等教育、职业教育、在线培训等数字教育出版的不同层面,逐步找到了适合自身的发展路径,并加快数字资源建设步伐,依托自身优势积极探索新的数字教育模式,实施有特色的数字教育出版实施方案。腾讯、阿里巴巴、网易等大型互联网企业在数字教育领域集中布局,一起作业网、学科网等新兴互联网教育公司发展迅速。

5. 知识服务取得阶段性成果

2015 年,国家新闻出版广电总局下发《关于确定专业数字内容资源知识服务模式试点单位的通知》和《关于推荐专业数字内容资源知识服务模式试点工作技术支持单位的通知》,遴选 28 家出版社作为知识服务试点单位,正式启动出版业的知识服务工作。2016 年,总局正式批复中国新闻出版研究院筹建知识资源服务中心,国家知识资源服务中心建设已经开始。行业内以"知识服务"为标签的数字化产品或服务平台不断涌现,如电子工业出版社的"悦读·悦学"系统与"E 知元"产品等。专业出版利用自身优势,精选内容资源并进行结构化、知识化深加工,打造多种产品形式和服务形态。知识服务的发展也直接推进了大数据在出版领域逐步实现落地应用。

6. 有声读物成为数字阅读新增长点

据《2016 年数字阅读白皮书》的数据显示,2016 年中国有声阅读市场增长 48.3%,达到 29.1 亿元。据中国新闻出版研究院的调查,我国成年人的听书率达到 17%,人均听书消费 6.81 元。国内已经先后出现 200 多个带有听书功能的移动平台,喜马拉雅 FM、蜻蜓 FM 等有声读物平台知名龙头已然兴起,市场竞争格局初步形成。2016 年有声平台纷纷加强与出版机构的合作,加大在有声书领域的布局。有声读物为很多内容创业者及团队提供了机遇,垂直细分领域的内容成为有声读物发展的重点之一,有声读物有望成为知识服务的新模式。有声读物成为 IP 生态链中的一环,网络文学、影视剧、网剧等内容转化成为有声读物已然非常普遍。

7. 社交媒体多元化发展

移动互联网的迅猛发展，强烈激发了人们基于社交的信息传播需求。近年来，从微博到微信，社交媒体在人们的生活中扮演着越来越重要的角色，广泛存在于虚拟社区、即时通信、移动直播、微博微信、音视频等互联网应用的各个方面。社交媒体已经成为重要的资讯来源，微博、微信等移动端社交媒体已成为信息获取的重要渠道以及网络舆论的重要源头。新闻资讯客户端也越来越注重自身社交属性的培养，并加大了对自媒体的培育与扶持力度，建立自己的社群关系，打造自身的媒体生态闭环。社交媒体不再盲目追求一时的热度，而是更加注重内容的持续效应，移动直播、短视频、音频等领域的兴起，社交媒体不断迭代升级，向多元化发展。

（五）市场环境进一步改善

1. 全民阅读活动开展十周年，全民阅读热潮空前高涨

2016 年是中宣部、国家新闻出版广电总局等部门倡导和开展全民阅读十周年，国家对全民阅读支持力度进一步加大。在第十二届全国人民代表大会第四次会议上，"倡导全民阅读"第三次被写入政府工作报告。总局根据国务院立法工作计划起草了《全民阅读促进条例》（征求意见稿），面向社会公开征求意见，征求意见稿从全民阅读服务、重点群体阅读保障、促进措施以及法律责任等方面提出具体的促进措施。我国制定的首个国家级"全民阅读"规划《全民阅读"十三五"时期发展规划》印发，《规划》明确了全民阅读工作的指导思想、基本原则和主要目标，明确"十三五"时期的重点任务及时间表、路线图等，以进一步推动全民阅读工作常态化、规范化，共同建设书香社会。

2016 年年初，总局公布了本年度全民阅读"十大重点"，明确将建立全国性的书香社会指标体系，各地要加快建立和完善全民阅读状况监测评估机制，定期发布所辖各市县的阅读状况调查报告，并将工作情况纳入目标管理和考核体系。"全民阅读"成为出版业的关键词之一，以"建设书香社会"为口号的全民阅读热潮在全国范围内空前高涨。总局组织开展了"2016 书香中国"系列活动。4 月 12 日，总局与北京市人民政府共同主办"2016 书香中国暨北京阅读季"启动式暨"阅读经典　梦圆中华"群众诵读活动；"4·23 世界读书日"期间，31 个省区市开展了全民阅读活动。

2. 多方力促民营实体书店发展

2016 年 6 月，为贯彻落实党中央、国务院有关部署要求，进一步促进实体书店发展，中宣部、国家新闻出版广电总局、国家发改委、教育部、财政部、住房和城乡建设部、商务部、文化部、税务总局等 11 部门联合印发《关于支持实体书店发展的指导意见》（以下简称《意见》）。在涉及工商审批、项目补助及奖励、公建配套等方面提出扶持实体书店发展的意见。此举开创了国家支持实体书店发展的先河。《意见》指出，到 2020 年，要基本建立以大城市为中心、中小城市相配套、乡镇网点为延伸、贯通城乡的实体书店建设体系，形成大型书城、连锁书店、中小特色书店及社区便民书店、农村书店、校园书店等合理布局、协调发展的良性格局。《意见》提出了推动实体书店建设的 6 项主要任务：加强城乡实体书店网点建设，创新实体书店经营发展模式，推动实体书店与网络融合发展，提升实体书店信息化、标准化水平，加大实体书店的优秀出版物供给，更好地发挥实体书店的社会服务功能。11 月，国务院发布《关于进一步扩大旅游文化体育健康养老教育培训等领域消费的意见》，要求支持实体书店融入文化旅游、创意设计、商贸物流等相关行业发展。

2016 年，各地政府纷纷出台相关政策，以实际的优惠政策支持实体书店发展。开封市委、市政府宣布拿出 200 万元资金支持开封市区实体书店发展；四川遂宁市出台《市级扶持实体书店发展暂行办法》，提出每年计划安排近 100 万元扶持实体书店发展；安徽省委宣传部、安徽省新闻出版广电局等 13 个部门联合出台《关于支持实体书店发展的实施意见》，这是安徽首次出台政策支持实体书店发展；浙江省委宣传部、省新闻出版广电局等 13 个部门联合出台《关于贯彻〈关于支持实体书店发展的指导意见〉的实施意见》，确定浙江省支持实体书店的发展目标、六大主要任务和五大保障措施；四川省委宣传部、省新闻出版广电局等 11 部门联合印发《关于推进实体书店发展的实施意见》，提出到 2020 年在四川省建成以大城市为中心、中小城市相配套、乡镇网点为延伸、数字终端为补充的贯通城乡的实体书店服务体系。

除了政府层面的引导，民营书店的发展也得到了"民间"的帮助，各大学校、购物中心纷纷向民营书店抛出了橄榄枝，甚至免费提供场地、帮助装修等，如江苏可一书店在南京艺术学院的落地开花、杭州晓风书屋在浙江省人民医院的生根发芽等。

3. 规范市场秩序，净化市场环境

2016 年，一系列相关法规相继出台，为净化出版市场环境尤其是网络环境创造了良好的条件。这些规定包括国家新闻出版广电总局、工业和信息化部发布的《网络出版服务管理规定》，国家新闻出版广电总局、商务部联合发布的《出版物市场管理规定》等。《网络出版服务管理规定》和《出版物市场管理规定》对于规范出版物市场有着指导性作用。2016 版《出版物市场管理规定》做出了若干重要调整。其中最大的变化为"一增一降三取消"，即增加"中小学教科书发行资质"相关条文，降低出版物批发单位门槛，取消"出版物总发行""出版物连锁经营"审批和出版物发行员职业资格审批。此外，全国性出版物展销，出版物批发、零售单位设立非法人分支，由"审批"改为"备案"。

2016 年，"扫黄打非"部门在出版物市场治理上坚持问题导向、坚持打管结合、坚持深化创新，对突出问题重拳出击，有力打击非法出版活动，有力整治网络淫秽色情现象，有力净化未成年人健康成长文化环境，在完善网上"扫黄打非"格局、推进"扫黄打非"进基层、查办大案要案等方面取得突破性进展，有力维护了意识形态安全和文化安全。据全国"扫黄打非"办公室统计，全国共收缴各类非法出版物 1 600 余万件，查处各类案件 6 600 余起，关闭非法和传播有害信息网站 1.4 万个。

（六）中国出版国际影响力持续提升

2016 年，在中国出版走出去战略的推动下，中国出版企业走出去的自觉意识和积极性不断增强，创新走出去新路径、新方式，打造中国出版走出去的升级版成为业内共识。随着越来越多的出版企业选择在海外成立实体企业，中国文化影响力也在不断扩大。

1. 出版走出去再创佳绩

2016 年，我国出版物走出去取得新的成绩，对外版权输出增速加快，数字出版物出口占出版物出口比重进一步提高。全国共输出版权 11 133 种，较 2015年增长 6.3%，提高 4.6 个百分点；其中，输出出版物版权 9 811 种，增长10.7%，提高 9.2 个百分点，且较引进出版物版权增长速度高出 3.2 个百分点；电子出版物版权贸易实现大幅顺差，净输出 1 047 种，增长 192.5%，输出品种数量为引进品种数量的 5.8 倍。全国累计出口图书、报纸、期刊、音像制品、

电子出版物和数字出版物 11 010.8 万美元,增长 5.0%,其中数字出版物出口 3 055.3 万美元,增长 29.1%,占全部出口金额的 27.7%,提高 5.1 个百分点。

2. 国际书展上中国声音日益响亮

2016 年,中国出版业除继续参加法兰克福书展、伦敦书展、美国书展、意大利博洛尼亚儿童书展等综合性和专业性国际书展外,还加大了"一带一路"沿线国家书展的参与力度,推动更多体现中国精神、中国价值的优秀图书走向世界。

以"2016 年中俄媒体交流年"为契机,在莫斯科国际书展举办"中国精品图书展"和"中俄经典和现代作品互译出版项目"新书联合发布会。第 24 届新德里国际书展中国主宾国活动、罗马尼亚高迪亚姆斯国际书展中国主宾国活动圆满举办。第 44 届索非亚国际书展上,中国图书进出口(集团)总公司携"一带一路"国家主题图书巡展首次走进保加利亚。深化与"一带一路"和周边国家新闻出版领域的交流合作,第二届中国—亚欧出版博览会出版论坛在新疆乌鲁木齐举行,推动边疆地区向周边国家拓展出版交流与合作。

2016 年是北京国际图书博览会创办 30 周年。在为期 5 天的第 23 届北京国际图书博览会上,共达成中外版权贸易协议 5018 项,同比增长 6.3%。本届图博会展览规模再创新高,各项核心指标持续稳定增长,世界第二大书展地位更为稳固。上海国际童书展成为亚太地区最大的童书专业展会,形成童书全产业链出版资源聚集平台。

3. "资本出海"成为热点

2016 年,出版机构走出去设立分支机构或并购出版机构成为热点。在走出去的主体中,既有国内大型出版集团,也有单体出版社,还有民营出版机构。在合作方式方面,既包括投资或并购现有海外机构,也包括与境外文化企业合作经营,建立海外分社、中国主题编辑部等形式。

中国人民大学出版社以色列分社正式挂牌成立,该社还和罗马尼亚文化院共同创立中国—罗马尼亚学术出版合作中心,与蒙古国立师范大学共同设立中国主题图书翻译出版中心;中国外文局与华沙社会科学与人文科学大学联合建立波兰中国图书中心,年底成立尼泊尔中国图书中心;浙江出版联合集团与尚斯国际出版公司合办的中文书店"尚斯博库"在莫斯科开业;长江传媒非洲公司——英爵意文化传媒有限公司在肯尼亚成功注册;社会科学文献出版社俄罗斯分社——斯维特出版社成立；中国社会科学出版社在智利设立分社；中国出版集团与匈牙利罗兰大学文学院在京签署备忘录，合作成立"中匈翻译出版中心"等。

在走出去并购出版机构方面，浙江少年儿童出版社基本完成了收购澳大利亚新前沿出版社的工作；青岛出版集团完成了对建于 1998 年的日本渡边淳一文学馆 100% 股权的收购；广西师范大学出版社集团宣布成功收购英国 ACC 出版集团。

据不完全统计，目前我国新闻出版企业在境外投资或设立分支机构 459 个，其中从事图书出版的分支机构 28 个，期刊出版业务 14 个，报刊及新闻采编分支机构 275 个，数字出版子公司 15 个，出版物发行网点 65 个（包括网络书店 4 个），印刷或光盘复制工厂 45 个，出版教育、培训、版权、信息服务机构 7 个，通过收购或参股建立的海外网点 10 个。①

4. 国际影响力持续提升

2016 年 2 月 16 日，2016 "世界最美的书"评选在德国莱比锡揭晓，其中由上海市新闻出版局、"中国最美的书"评委会选送的两部作品《订单——方圆故事》和《学而不厌》分获金奖和铜奖。2016 年 4 月 4 日，国际儿童读物联盟（IBBY）于第 53 届博洛尼亚儿童书展开幕日当天公布了 2016 年度 "国际安徒生奖"获奖者名单。儿童文学作家曹文轩不负众望，顺利摘得这一世界儿童文学领域的至高荣誉，实现了华人在该奖上零的突破！4 月 12 日，在伦敦书展与英国出版商协会共同主办的国际卓越奖颁奖典礼上，中国出版商两度折桂，与美国并列第一。其中，中国图书进出口（集团）总公司摘取 "市场焦点成就奖"，接力出版社摘取 "国际儿童及青少年出版商奖"。10 月，法兰克福书展期间，中国有 4 位出版人首次进入国际版协，李朋义出任国际版协执行委员会委员，于春迟、林丽颖、于洋分别出任教育出版论坛委员会委员、版权保护委员会委员及出版自由委员会观察员。

曹文轩等知名作家、实力书企屡获国际奖项，不仅表明中国出版国际影响力在持续提升，同时也显示出中国文化国际影响力在不断提升。在中国传统文化内容继续受到国外读者青睐的同时，一大批反映当代中国经济、政治、文

---

① 侯明亮：《原创绘本走出去的"四招鲜"》，《出版商务周报》2017 年 7 月 3 日。

化、文学、艺术、哲学、科技、生态、社会等内容的出版物以及大量的少儿读物在国外翻译出版，当代中国价值观念和中国优秀文化得到了广泛传播，这是中国出版业实施走出去战略取得的最重要的成果，也是中国各类出版物进入国际市场的重要标志。

二、中国出版业发展趋势分析

作为"十三五"开局之年，2016 年出版传媒业的诸多动向，不仅于当年度而言是"大事"，带有标志性或启迪意义，也投射出未来若干年之"大势"，有望成为产业发展的新趋向。

（一）主题出版贴近市场，学术出版蓄势待发

1. 主题出版更加贴近现实、贴近市场

近年来，在有关部门的大力引导和推动下，通过出版界的积极努力，主题出版发展迅速，成绩巨大，呈现出数量和质量双双提升、覆盖领域不断扩大、选题丰富内容多样、传播加速市场细分的良好势头。

一是从由政府主导转变为政府引导、出版单位主动策划。出版单位从自己的优势资源出发，不仅对于节庆日、重大事件等可以预期的内容选题提前做出规划，对于不可预期的突发事件也保持敏锐的选题意识，牢记使命，主动出击。

二是从只注重社会效益到"双效统一"。对于主题出版，最初出版单位更多地把它放在公益出版的地位，很少考虑其市场价值。近几年，情况有了很大变化，很多主题出版物登上了各大图书排行榜，成了市场热销书，实现了社会效益与经济效益的双统一。

三是从主题单一到多层次多品类作品涌现。近年来，主题出版改变了过去主题单一的问题，在图书类别上，表现为更宽广的时政解读、人文历史、经济社会分析等。未来还可以尝试与影视、动漫、游戏等进行对接融合，以更灵活的形式、更亲和的面貌、更便利的获取性，提高出版的效用，争取更广泛的

读者。

四是读者从政府、企事业工作人员为主到全员覆盖。过去，主题出版读者定位模糊，只有党政工作人员出于工作需要、学生出于考试需要而阅读。现在，主题出版有了更广泛更清晰的读者群，社会各阶层的人士都能找到适合自己的主题出版物。

五是销售从团购为主到完全进入市场渠道，开始争夺数字阅读阵地。当前，随着主题出版物内容质量的提升，题材的丰富，已经完全进入零售市场，参与市场竞争。有些主题出版物甚至形成市场热点，销售几十万册甚至上百万册。

六是走出去讲好中国故事。随着国际社会对中国的治国理念和执政方略、中国的发展道路和走向、中国的历史和改革发展进程、中国的文化和对外政策兴趣日增，主题出版不能满足于自娱自乐、自产自销，而是要积极走出去，形成更广泛的文化影响，承担更大的文化抱负。①

2. 学术出版蓄势待发

当代中国正经历着历史上最为广泛而深刻的社会变革，也正在进行着人类历史上最为宏大而独特的实践创新。这一伟大实践，给学术繁荣提供了强大动力和广阔空间，学术出版面临着良好的发展环境。

第一，以习近平同志为核心的党中央在治国理政实践中提出了许多新思想新观点新论断新要求，为党和国家，也为各行各业的工作在新的历史起点上实现新发展新突破，提供了科学的指南和基本的遵循。随着学术界不断推进思想创造、理论创新，中国学术出版也将迎来新的繁荣。

第二，中国经济快速成长呼唤学术出版大发展。随着中国经济的快速发展，中国开始成为世界体系和世界规则的积极参与者和制定者，中国学术在经历了近百年的沉寂、数十年的积累之后，现在已经处在蓄势待发阶段，这为中国学术出版新时代的来临做好了充分准备。②

第三，学术产品供应与学术产品消费双向增长。"十三五"时期，中国进入全面建成小康社会的决胜阶段，国家和社会对人文社会科学知识服务有巨大

① 刘佩英：《论新时期主题出版的六大转变》，《出版发行研究》2016年第12期。
② 贺耀敏：《学术出版的五大利好》，《出版发行研究》2016年第8期。

的需求，这将推动人文社会科学研究特别是新型智库建设的更大发展。同时，学术产品的消费占比将持续增加。2015年，中国人均GDP达到8 400美元，迈入中等收入国家行列，数以亿计的中产阶层对学术出版物，尤其是对满足其深度阅读需求的人文类学术图书，其消费支出占比无疑将持续增加。因此，无论从学术的供应端还是消费端，都将呈现双重利好叠加的态势。

第四，当代中国研究引发热潮。中国已成为全球第二大经济体，中国尤其是当代中国已成为世界热门话题，全球思想市场中关于中国学术的比重将持续上升，中国已成为学术论文、学术图书的第二大生产国；同时，世界几乎所有的知名高校都在开设有关中国的课程，乃至设立当代中国研究中心。有关中国内容的学术出版物在国际市场将持续热销。无论是纸质书还是电子书，都会有很大的空间。最近几年，国际上大的学术出版机构都纷纷加大对中国的投资，这对我国的学术出版绝对是一大利好。

第五，中国学术出版能力快速提升。传统出版经过互联网的洗礼、淘汰，正在焕发新生和活力，学术出版作为专业出版的一个重要门类基本得以在中国确立，中国的学术出版能力近几年得以快速提升，其中有部分国内学术出版机构已具备与国际大牌知名学术出版机构合作、对话的能力。[①]

第六，学术规范建设净化了学术环境，助推学术出版的发展。近年来，国家加大了学术规范的建设，学术规范日益完善，这将对学术出版带来良性影响，为学术出版的规范化和质量提高创造了条件。

面对中国学术出版的历史机遇，学术出版人应当着眼于运用和推动形成中国经验的经济社会科学新范式、新理论和新方法，带动中国学术从世界学术研究的边缘走向中心。同时，关注中国转型的重大问题，为中国社会不断前行提供新的知识，为重大挑战提供舆论解决方案，在推动学术创新发展的同时，迎来中国学术出版大发展大繁荣。

（二）图书"制版分离"改革释放出版业活力

党的十八届三中全会发布《中共中央关于全面深化改革若干重大问题的决定》，明确提出"在坚持出版权、播出权特许经营前提下，允许制作和出版、

---

① 谢寿光：《迈向2020：拥抱中国学术出版的美好时代》，《出版发行研究》2016年第8期。

制作和播出分开"。2016 年,随着国家新闻出版广电总局将江苏、北京、湖北等地设为"制版分离"改革试点,图书"制版分离"改革逐渐提上日程。图书制作和出版分开对推动出版社与民营公司的合作出版工作具有深远的指导意义,通过图书制作和出版分开改革试点工作,将实现整合资源、优势互补、创新机制、激发活力,出版更多内容健康、质量合格、市场认可、读者喜爱的精品图书,满足人民群众日益增长的文化阅读需求。

江苏省 2016 年 6 月出台《江苏省图书制作和出版分开改革试点工作实施细则》(以下简称《细则》),初步明确了六方面要求。①

1. 坚持出版权特许经营

强调坚持出版许可制度。出版权是国家对出版单位从事出版活动的认定、许可,是出版单位有别于其他主体所享有的特定权利,制作和出版分开必须牢牢坚持这个前提不动摇,这既是国家对出版活动监督管理的需要,也是对出版单位政策性资源的保障。

2. 制作的范围和内容

《细则》第三条指出制作范围"包括除中小学教材、党和政府的文件及相关学习辅导读物以及对编写出版有专门规定以外的各类图书",且"试点期内合作出版的图书不得超过本单位新书总量的 50%"。制作内容为"从事图书前期制作业务,如选题策划、内容提供、装帧设计等"。第十一条规定:"合作出版图书由图书出版单位负责开具印刷委托书,印刷委托书应完整载明印刷企业名称、印数等项目。印刷费用支付方式由图书出版单位、图书制作公司、印刷企业三方签订协议确定。图书制作公司不得更改印刷委托书内容。"

3. 制作和出版分开的原则和意义

出版单位和制作公司须坚持把社会效益放在首位,坚持正确导向,进行制作和出版分开的目的是"整合资源,不断提高内容策划制作能力和经营管理水平""实现优势互补,确保国有文化资产保值增值"。

4. 制作公司准入备案制

制作公司需具备合作资质,并要求合作出版图书的选题、书号申领等程序操作单独列项。

---

① 唐允:《图书制作和出版分开政策的实践与思考》,《现代出版》2016 年第 6 期。

5. 制作和出版分开的形式体现

制作和出版分开的形式体现在"可以且只能在版权页或封四适当位置标注图书制作公司的名称或商标标志"。

6. 试点工作的成效保障

《细则》除了在第十二、十三条中重申了《图书质量保障体系》的要求以外，第十四条还要求出版单位每个季度末就本单位实际合作出版图书的目录、作者和内容简介、制作方信息、出版管理等情况提交专题报告，并报送相关表格。在第十五至十七条明确了行政管理部门的监管内容和措施，包括建立制作公司的诚信记录档案、按季度对合作出版选题超比例的出版单位采取提醒、暂停选题申报和核发书号以及定期组织检查合作出版图书的出版流程和质量等保障措施。

图书"制版分离"改革有可能将在适当时机向全国推开，无疑将给出版业的发展带来新动力、释放新活力——对于民营出版机构来说，有利于丰富出版要素、理顺财务流程、进军资本市场；对于出版社来说，有利于简化管理、明确责任、强化主业；对于管理机构来说，有利于促进行业发展、规范行业管理。①

（三）融合发展迈向更高台阶

步入"十三五"时期，国家层面的顶层设计日臻完善，引领数字出版产业迎来发展的新局面，科技发展推进新闻出版业转型升级不断深化，路径日趋成熟，新闻出版的融合发展也将迈向更高的台阶。

1. 转型融合向纵深化迈进

经过多年实践，新闻出版业的转型升级积累了丰富的经验和更为扎实的基础，对融合发展有了更为深入的认识和全面的布局。在主管部门层面，新闻出版广播影视业"十三五"规划已经完成编制，数字出版"十三五"和新闻出版科技"十三五"等多项行业专项规划业已出台，全行业各领域、各层面对数字化转型升级、推进融合发展有了更为清晰的规划部署，政策举措的推动力和

---

① 龚牟利：《图书"制版分离"改革试点：民营书企新机会》，《中国出版传媒商报》2016年11月11日。

引导力不断增强，指向性更加明确，为转型升级、融合发展提供了更为坚实的保障，推进产业转型融合迈向纵深。同时，传统出版单位转型升级的思路日渐清晰，方向更加明确，逐渐从路径探索迈向出成果、创品牌、生效益阶段，新闻出版业转型融合逐渐步入常态化、差异化轨道。随着"互联网＋"战略的不断推进，出版与其他领域的关联将更加紧密，跨界融合更加频繁，模式更加多元，提升出版业的传播效力，为出版业带来更多经济增长点。

2. 人工智能为数字出版创造更多可能

近年来，人工智能技术正在加速进入出版业，在出版发行、数据加工、选题策划、数字阅读、数字教育、动漫游戏等多个领域落地应用，重塑出版流程，推进业态革新，为出版业转型融合创新创造更多可能。目前，利用机器算法实现内容的精准化、个性化推送，已成为新闻客户端等内容平台的重要发力点，多家新闻出版单位在稿件语音录入、机器协助校稿、机器协作、增强用户交互体验等方面对人工智能技术已有了初步探索性应用，逐步实现了新闻出版流程智能化，特别是机器写稿、校稿，可缩减出版流程，有效提高出版效率。2017 年 5 月，掌阅上架了诗集《阳光失了玻璃窗》①，该作品的作者是微软人工智能"小冰"，这是人工智能创作与数字阅读在国内的首次结合。此外，未来人工智能在出版选题策划、营销决策等出版流程中也将发挥更大作用。

3. IP 运营机制渐趋成熟

近年来，由网络文学作品改编成为游戏、影视作品等成为文化领域的热点现象，IP 效应持续发力，也成为资本布局的重点。政策层面的持续利好和版权保护机制的日益完善，为优质 IP 的生产和发展营造了更好的环境。2017 年，IP 市场将保持上升势头，但相比前两年，IP 运营生态渐趋成熟，将逐渐从爆发期进入理性成长期。一方面，企业对于 IP 的选择与市场运作更加慎重，从内容、品牌影响力、改编形态、商业价值等层面上将有着更加全面的综合考量，网络文学、游戏、动漫、影视、有声读物等多文化形态之间的联动发展已成为 IP 运营的趋势，多元化、深入型的 IP 全产业链开发新生态正在逐步形成。另一方面，市场对 IP 质量提出了更高的要求，企业更加注重对优质 IP 的孵化、

①　当 AI 遇到数字阅读 首本人工智能诗集上架掌阅［EB/OL］. http：//finance. sina. com. cn/roll/2017－05－23/doc-ifyfkkme0229084. shtml.

培育及安全转化，网络文学网站等也逐渐从版权的输出方转变为版权运营方，直接参与到 IP 的孵化、运作开发中去。在 IP 的具体运作上，更加注重精耕细作，大制作 IP 逐步增多，从而推动 IP 市场的优胜劣汰，但由于市场对于 IP 的要求越来越高，现象级、爆款 IP 越来越难以出现。未来 IP 市场的竞争，不仅仅是内容生产上的竞争，也是 IP 生命长度，即持续影响力的竞争。同时，IP 浪潮让整个文化产业都认识到版权运营的重要性，多元化、深入型的 IP 全产业链开发新生态逐步构建。IP 这一概念已不再仅仅局限于网络文学、动漫、游戏、影视等领域，而是涵盖整个知识领域范畴。知识付费的兴起加速了知识 IP 化的步伐。

4. 数字教育出版加快生态构建

当前，数字教育出版市场格局初步形成，包括 K12 教育、高等教育、职业教育、在线培训等细分领域在内的完整数字教育出版市场版图初步建立。数字教育出版将持续良好的发展势头，具有广阔的发展潜力和发展空间，数字教育各类场景化应用的日益完善与教育资源渠道将被打通，教学资源与用户需求将实现有效对接。随着教育出版领域的转型融合渐趋深入，各家出版单位开始着力以优质教学资源为核心，以技术和数据为支撑，以数字教育产品为着力点，构建完整的数字教育生态，数字教育出版从内容生产到用户服务的数字教育全流程的各个环节逐渐被打通，贯穿课前、课中、课后、课外的多元教学应用场景，涵盖教、学、评、研、测、交流等多项功能，从线上至线下的整体布局已经初步形成。未来，在基础教育、高等教育、职业教育、在线培训等领域有望实现一批有代表性的发展模式和有影响力的数字教育产品。对优质教学资源的聚集和运作，成为 BAT 等互联网企业布局数字教育的重点方向，内容、技术、平台、产品四位一体构建数字教育生态。

5. 互联网兴起知识付费浪潮

在分享经济蓬勃发展的背景下，互联网迎来了知识付费浪潮，知识付费用户迅速增长，知识付费意愿不断提升。以知识为主打的内容付费，正成为当下互联网经济的热点领域。其本质就是把知识变成产品或服务，以实现商业价值。知识付费市场红利显现，吸引大量资本涌入。未来，知识付费仍将蕴含巨大的发展潜力和市场空间，如 36 氪上线付费专栏"开氪"，豆瓣上线付费内容产品"豆瓣时间"。知识付费的兴起源于人们对信息需求发生了改变，信息需求不再是海量，而是精准的、权威的，人们更加注重信息对自身需求的实际满足程度。而从某种角度上来说，知识付费可从海量信息中筛选过滤掉重复的、冗余的、无用信息，得到有用、有价值、优质的知识内容，从而节省知识获取的时间成本。当前知识付费产品的主要模式大多停留在通过社群或明星、品牌效应形成粉丝经济，从而实现影响力变现。随着知识付费的发展迈向成熟，优质内容的持续供给是知识付费产品走向长远的核心关键。同时，在知识付费浪潮初期，虽然传统出版单位参与甚少，但仍然具有后发优势，特别是专业出版单位和教育出版单位，今后提供专业性的知识和服务，是知识付费发展的重点方向。专业出版和教育出版单位可凭借优质资源，布局知识付费领域，寻求内容变现新途径。

6. 知识资源服务中心建设促进出版业服务升级

2015年年末，中央文资办对中国新闻出版研究院提出的"国家知识资源服务中心"项目给予资助，2016年年初，国家新闻出版广电总局正式批复中国新闻出版研究院筹建知识资源服务中心，标志着已经准备了10年（2006年开始）之久的"国家知识资源数据库工程"进入实施阶段。

知识资源数据库就是在文献数据库的基础上，通过知识的标引、加工、检索等手段，把知识提取出来，让用户在海量的文献信息资源中快速找到自己所需的知识，提高知识检索的效率，这是文献服务乃至出版服务的升级版。

国家知识资源数据库的目标是以国家知识服务中心为基础，为各知识生产、加工单位提供关键技术、关键标准和统一的对外服务平台等，最终建成一个涵盖各个知识领域的国家知识服务平台。知识服务中心负责对平台进行技术、标准、运维的管理，各个出版单位按照统一的标准负责各自领域的知识的生产加工，以及数据保存、保管、交易等。

国家知识资源服务中心既为各出版单位的知识服务提供交易平台，也为一般读者了解通用知识提供公共服务平台。对于机构用户的专业知识需求，服务中心提供技术支持，使用户与出版单位顺畅地直接进行交易；对于一般用户的一般知识需求，服务中心将通过政府采购等方式，建立公共服务数据库，为读者提供免费的服务。

虽然当前网络搜索、网络百科发展十分迅速，但是也不可否认，网络搜索、网络百科由于其特殊的内容生产、管理方式，也带来了诸多的问题，如

PX 事件、魏则西事件等，都与网络搜索、网络百科提供的内容不正确有关。国家知识资源数据库，其知识生产依托的是各出版单位和专业编辑人员队伍，这将从源头上解决知识生产与提供的问题。

（四）实体书店与线上零售融合加速

无论是实体书店还是网上书店，都是面对面向读者提供图书产品和阅读服务的通路，只不过在不同的渠道中可能面临的是读者的不同消费场景和消费习惯。目前，不管是实体书店触网还是电商平台开设实体门店，都在预示着实体商业与线上零售之间的融合趋势。

对网上书店来说，在第三方平台业务中充分吸纳各类实体书店的参与，而与实体消费场景的结合也可以丰富顾客体验。不管是亚马逊在国外开出的实体书店，还是国内的当当梅溪书店、京东线下生活馆，都是电商主动向实体商业形式进行融合的尝试。

而对实体书店本身，基于读者人群差异的门店类型多样化和特色化也已经成为趋势，同时把线上互动元素引入店面的做法也在明显增加。这从 2016 年新开的各类实体门店就可以很清晰地看到一些线索，而这一趋势在政府层面对"大型书城、连锁书店、中小特色书店及社区便民书店、农村书店、校园书店等合理布局"明朗之后将会得到更加全面的推动——小型门店注重专业化，中型门店打造以书为主题的文化消费体验场所，大型门店构建以图书为主营业态的多业态文化消费综合体。

同时，在门店升级的过程中，新的技术手段引入也将非常普遍。近几年来各地不断探讨和尝试"智慧书城"建设。从场内 Wi-Fi 到移动支付，从微信书城到现场导航，这些基于移动互联网的深度应用已经在改变着实体门店的面貌和服务能力。可见，大型门店的升级改造、中小型门店的推陈出新都在以科技手段提升卖场内的读者体验，同时也在加大基于不同场景下对顾客服务的便捷性。

（五）民营书业政策前景继续向好

2016 年是"十三五"规划的开局之年。"十三五"时期是我国全面建成小康社会的关键时期,"十三五"规划纲要提出了要建设文化强国、文化产业成为国民经济支柱性产业等目标,民营书业将迎来难得的发展机遇。

1. 国家对非公经济的政策进一步优化,更加有利于非公经济的发展

2016年3月4日,习总书记针对非公有制经济,提出"两个毫不动摇""三个没有变",指出,当前重点要解决好以下问题:"一是要着力解决中小企业融资难问题,为中小企业融资提供可靠、高效、便捷的服务。二是要着力放开市场准入,凡是法律法规未明确禁入的行业和领域都应该鼓励民间资本进入,凡是我国政府已向外资开放或承诺开放的领域都应该向国内民间资本开放。三是要着力加快公共服务体系建设,支持建立面向民营企业的共性技术服务平台,积极发展技术市场,为民营企业自主创新提供技术支持和专业化服务。四是要着力引导民营企业利用产权市场组合民间资本,培育一批特色突出、市场竞争力强的大企业集团。五是要进一步清理、精简涉及民间投资管理的行政审批事项和涉企收费,规范中间环节、中介组织行为,减轻企业负担,降低企业成本。"

2016年3月5日李克强总理做政府工作报告时指出,要"更好激发非公有制经济活力。大幅放宽电力、电信、交通、石油、天然气、市政公用等领域市场准入,消除各种隐性壁垒,鼓励民营企业扩大投资、参与国有企业改革。在项目核准、融资服务、财税政策、土地使用等方面一视同仁。依法平等保护各种所有制经济产权,严肃查处侵犯非公有制企业及非公有制经济人士合法权益的行为,营造公平、公正、透明、稳定的法治环境,促进各类企业各展其长、共同发展"。

此外,还有许多中央文件,都对非公经济组织给予重视,如2016年中央《关于深化人才发展体制机制改革的意见》明确要求:畅通非公有制经济和社会组织人才参加职称评审渠道等。

2. 全面建设小康社会,为民营书业的发展提供了更为广阔的空间

小康不小康,关键看住房。全面不全面,关键看文化。文化的发展既有文化产品质量、数量的要求,也有文化产业方面的要求。按照"十三五"规划的测算,到2020年,我国文化产业增加值将达到4.6万亿,我国出版产业增加值达到1万亿,营业收入3.2万亿。现在,我们正处在文化消费启动阶段,文化消费热潮即将到来。

3. "一带一路"战略的实施，为民营书业走出去创造了条件

借助"一带一路"战略和新闻出版走出去战略的实施，广泛参与新闻出版企业海外发展扶持工程，以资本为纽带，民营企业可以通过独资、合资、合作、参股、控股等方式，到境外建社建站、办报办刊、开厂开店、扩大境外投资，输出重点产品。政府支持有实力、有实绩的民营企业开拓境外市场，设立海外出版营销企业，实现跨国经营。民营书业在服务国家总体布局的战略当中找到新的发展点。

4. "十三五"期间总局将继续推出有利于民营书业发展的具体政策

2016 年 3 月 10 日《网络出版服务管理规定》施行。该规定使得民营资本参与网络出版有了明确规定和依据，事实上赋予了民营书业网络出版权。《关于图书制作和出版分开改革实施办法》不久将会正式发布。总局与中宣部、发改委、财政部等制定了扶持实体书店新的政策措施，总局相关部门正在研究民营文化公司的从业人员参与出版专业从业人员资格考试和职称评定的相关政策。[1]

（六）出版走出去合力进一步增强

"十三五"时期，中国新闻出版业走出去面临着新的机遇。新闻出版单位要深入贯彻落实习近平总书记重要讲话精神，紧紧围绕国家重大战略和对外工作总体要求，坚持国家站位，全球视野，以提质增效为重点，全力构建话语权，不断提升国际传播能力。

1. 充分用好国家政策，保证项目发挥实效

为了促进出版国际化水平再上新台阶，各级政府部门积极筹划，采取各种措施支持中国出版企业拓展国际市场空间，传播中国文化，展现中国精神，提升中国影响。当前，中国新闻出版走出去项目中央地方齐动手、政府企业共谋划的趋势已经十分明显。如 2016 年起北京市计划推出鼓励和奖励北京市出版企业走出去的项目。除了中国出版走出去专项资金，商务部文化出口重点企业项目、中央和地方的文资办也对中国出版走出去项目给予支持和奖励。这些都是中国新闻出版企业制定国际化战略时要仔细研究的国家战略发展方向，应利用好国家政策，为加速国际化、提升国际竞争力增加筹码。与此同时，今后政

---

① 魏玉山：《总结十二五，展望十三五，民营书业再启航》，《出版参考》2016 年第 5 期。

府项目将更加注重对市场效果进行考察。承担走出去项目的企业必须保证项目提质增效，进入主流图书市场，建立忠实读者群体。①

2. 创新海外运营模式，充分应用数字技术

加快实施新闻出版企业海外发展扶持工程，推动实力雄厚、有国际竞争力的国内出版企业以资本为纽带大力发展海外业务，采用合资合作、兼并收购和其他资本运营方式整合国际资源和国际渠道，加快培育若干家具有全球影响力和话语权的一流跨国出版传媒集团。充分利用数字出版等新型传播业态，鼓励传统出版企业加快生产外向型数字出版产品，鼓励数字出版企业创新海外运营模式，积极开拓海外市场。翻译出版"五个一百"讲好中国故事、展示中国形象的重点出版物。

3. 广泛整合出版资源，进一步增强走出去合力

坚持内外统筹、政企统筹，完善政府主导、多主体参与、市场运作的走出去工作机制。拓展渠道，推动我国企业与海外主流企业建立稳定的内容生产战略合作关系、深入挖掘合作资源，鼓励通过合资、合作、参股等方式在外办出版社、开店建厂、合作出版图书，更好地开拓国际市场。积极参与全球新闻出版产品供给，着力推进中国出版物国际营销渠道拓展工程建设，深化与跨国销售机构的合作，积极拓展海外互联网营销渠道。实施图书版权输出普遍奖励计划、中外图书互译出版计划，加大介绍中国发展变化、反映当代中国精神风貌、传播优秀中华文化的精品出版物的翻译出版和国际推广力度。推进实施边疆地区新闻出版走出去扶持计划，积极支持新闻出版企业充分依托自贸区的有关政策走出去。实施国外译者、作者、出版人发展计划，提升中华图书特殊贡献奖影响力，加强与国外作家、汉学家、翻译家、出版家的合作。

三、推进中国出版业发展的建议

（一）加快出版业供给侧结构改革，满足不断升级的读者需求

2016 年 3 月 16 日，十二届全国人大四次会议表决通过的《关于国民经济

---

① 刘叶华，刘莹晨：《从中国图书走出去到中国出版本土化》，《出版广角》2016 年第 9 期。

和社会发展第十三个五年规划纲要》，把"以供给侧结构性改革为主线，扩大有效供给，满足有效需求"作为"十三五"时期经济社会发展指导思想的主要内容，由此可见供给侧改革的重要性、基础性和长期性。出版业的供给侧改革迫在眉睫。出版业供给侧改革的目的是要满足人民群众不断变化的、不断升级的对各种出版物的阅读需求，核心是调整出版物供给结构和出版资源的配置方式，手段是深化改革。

1. 提高图书原创水平和质量

从图书出版来看，主要的问题是解决习总书记提出的"有数量缺质量，有高原缺高峰"的现象。现在我国每年出版的新书超过 25 万种，已经成为世界上出版图书最多的国家（美国年出版新书 20 万种左右），但是新书中"留得住、传得开"的、有世界影响力的却寥寥无几。各类图书销售排行榜，新面孔不多，多年前的"旧书"或者引进版的图书却不少。出版社的库存，除了合理的必要的备货以外，卖不出去的图书也不在少数。解决图书出版的问题需要创作方的支持，创作方可以称得上是出版界的"供给侧"，如果不能创作出高水平的著作，出版社也难为无米之炊。这就需要文化、教育、科技等社会各界的作者，沉下心，俯下身，写出上乘之作。另一方面，出版社应该扭转依靠品种数量增长扩大产业规模的思路，转向依靠质量提高效益的方向上来，出版社对每个编辑的编辑字数、出书品种数应设上限。

2. 根据市场需求调整报刊结构

从报刊出版看，最大的问题是报刊印数和报刊的盈利能力大幅度下降，2014 年报纸印数减少了 10%，期刊的印数减少了 5%，2015 年下降的趋势没有改变。报刊印数的下降既有技术发展带来的传播方式、阅读方式改变的因素，也有报刊供给与市场需求不适应的因素。全国有 1 900 多种报纸、9 900 多种期刊，虽然不断改革且取得了很大的成就，但是不可否认仍然有相当数量的报刊没有跟上迅速变化的读者需求，一些过去印刷量很大的报刊正在被市场淘汰，如都市报、大众类期刊等，导致报刊业的结构性过剩与结构性不足同时存在。

结构性过剩就是一部分报刊由于内容、形态的确陈旧被读者抛弃，不改革就无法生存。结构性不足是指：不是读者不需要报刊，而是现有的报刊没有抓住和满足读者的新需求。比如湖南的《快乐老人报》，创办仅 6 年，在没有任何行政资源的情况下，期发行量近 200 万份，充分说明报刊是有生命力的。绝大多数的报纸期刊都应当从过去面向大众的定位，转向分众化、专业化、差异化的方向发展。报刊的供给侧改革，就是要根据不断变化的市场需求，增加分众化、专业化的报刊资源的供给。

3. 增加数字产品的供给

从新媒体与数字阅读看，随着智能手机、Wi-Fi 的普及，数字化的阅读还会有较大的发展空间，数字内容的增值服务是一个重要的方向，但是从目前来看，出版单位的重视与投入不够，许多阅读类客户端是由非新闻出版单位开发的，出版单位的优质内容或是被无偿使用，或是不能通过客户端为读者使用。出版单位没有及时抓住读者阅读变化的机会，提供新的阅读产品，因而正在丧失在数字阅读领域的资源优势，加速转型才是出路。[①]

（二）了解新要求，把握新机遇，推动出版业深度融合发展

转型升级、融合发展既是进一步巩固新闻出版业作为文化主阵地、主力军地位的客观需要，也是抢占未来发展制高点，参与国际竞争的重要途径。因此必须把握新趋势、新契机，直面新时期、新形势下的新挑战。

1. 以内容生产为核心，打造数字出版产品的核心竞争力

要始终坚持把社会效益放在首位，努力实现社会效益与经济效益相统一。无论是传统出版单位还是新兴出版企业，都应不断提升数字出版产品内容品质，推进新闻出版融合发展，实现从数量到质量的跨越。主管部门要通过数字内容阅评、推优评优等方式，加强对数字出版产品的内容质量、价值观引导，加快构建数字内容评估体系的建立健全，推动行业建立起原创优质内容生产的常态化良性机制。出版企业要做到传统出版与数字出版的统一标准，线上线下的同一底色、同一底线，着力提升数字内容的内容质量与文化品位，为大众提供导向正确、质量优良、情趣健康，有内涵、有品位、有格调的数字内容精品。不断创新内容呈现方式，善用图文声像影等不同形式进行综合呈现，提升内容的传播效果。

---

① 魏玉山：《供给侧改革的目的是满足不断升级的读者需求》，《中国出版传媒商报》2016 年 3 月 23 日。

2. 以市场需求为着力点，进一步提升技术应用创新力

出版单位要加大对先进技术、关键技术应用的投入，加大对前沿技术的研究与攻关。以内容和产品特性为立足点，以市场需求为着力点，加强对大数据、虚拟/增强现实、人工智能等各项技术的研究与深层次应用，推动出版流程的专业化、智能化，内容产品呈现的丰富化、立体化，满足用户多场景、多层次需求，推动数字出版在内容、形态、模式、渠道等方面的持续创新，完善产品服务，优化用户体验，加强优质产品的有效供给，切实推动新闻出版业转型升级、融合发展的提质增效。特别是传统出版单位要加快对大数据、人工智能技术的深入应用，善于收集数据、管理数据，把数据应用于产品创新和服务优化，以数据为依据，为用户提供精准的个性化内容和服务。

3. 加强互联网环境下的市场运营能力，提升服务能力和盈利水平

互联网时代是注意力经济的时代，互联网运营能力不足将大大影响产品的知名度和影响力。出版单位要加强互联网环境下的市场运营能力，提升服务能力和盈利水平，可从以下几个方面着手。一是强化互联网思维，提升对互联网和移动互联网发展规律和特性的认识，把握互联网的发展脉络，实现与互联网环境的充分接轨。二是强化用户思维，加强对用户需求和消费行为的分析，以市场需求为着力点，及时调整运营策略，做好市场定位。注重细节，注重吸收用户对产品的反馈意见，调整产品设计，优化用户服务体验。三是推进产品的市场化运作，实现产品运营的专业化，让产品参与到互联网和移动互联网环境下的激烈市场竞争中去。四是向互联网企业吸取互联网运营经验，学习借鉴互联网企业运营的成功做法，不断创新运营手段，吸纳专业运营人才。五是加大市场推广力度，综合运用各种渠道、媒介、平台进行产品推广，充分运用微博、微信等新兴媒介，不断提升产品的市场存在感，强化与用户之间的互动，提高用户的活跃度，建立社群聚集用户，开展口碑营销，打造产品品牌知名度和影响力。

4. 挖掘内容潜在价值，构建版权运营全产业链

近年来，以网络文学改编游戏、影视为代表的 IP 开发运作，让数字版权内容的价值越来越显著，数字版权市场不断扩大。在互联网的 IP 浪潮下，出版单位要打造品牌，提升自身影响力和市场竞争力，必须强化 IP 思维，以内容为核心，进行纸质书、电子书、游戏、动漫、影视、有声读物等形态的版权全方

位、立体式、多元化、多层次开发,同步运作,联动发展,最大限度地挖掘内容潜在价值。一是要提升在版权运营产业链中的参与程度,不仅作为版权提供者,还要积极主动地参与到版权开发中来。二是要树立版权运营的全局化视野,在选题策划之初,或在产品设计之初,即对版权运营进行全局化部署,要具备市场眼光。要培养市场敏感度,对受众群体的文化需求具备基本的判断力。以文学作品为例,出版单位可根据作品内容和题材量身打造版权运营方案。作品是否适合改编,适合以哪种形式改编,这些都需要进行全盘考虑。例如有的作品并不适合改编成游戏,有的作品不适合改编成影视作品。三是要树立合作意识,与网络文学网站、游戏公司、影视公司等加强基于版权运营的深度合作,实现优势互补,互利共赢。

(三) 在坚守中求新求变,推动实体书店实现转型升级

实体书店要走出发展困境,需要政府、社会和业界一起,共克时艰,找到良性发展的道路。

1. 政府长期推行免税政策,实施贷款优惠政策

从 2013 年起实行的对图书发行环节免收增值税的政策,2017 年 12 月 31 日即将结束。为促进实体书店发展,建议或延续此项政策,或降低图书发行环节增值税税率。此外,建议政府制定实体书店银行贷款优惠政策,降低实体书店贷款门槛和利率,对有偿还能力的实体书店在技术改造、专业设备更新、网上书店及配送体系建设等方面所发生的银行贷款予以贴息,以支持我国实体书店的生存和发展。

2. 中央文资办进一步扩大实体书店奖励和支持范围,带动更多省市县出台地方扶持政策

财政部、国家新闻出版广电总局于 2013 年启动了实体书店扶持试点工作。2013、2014 年共安排资金 2.09 亿元,支持实体书店 111 家(次)。2015 年将试点范围扩大到北京等 16 个省市,累计安排资金达到 3 亿元,支持一批重点实体书店实现转型升级。在中央的带动下,得到扶持的省市也积极响应,如上海市发布了《上海市出版物发行网点建设扶持资金管理办法》,每年从新闻出版专项资金中划拨 1 500 万元支持出版物发行网点建设,其中 500 万元直接用于支持实体书店建设。杭州市财政每年安排 300 万元专项资金,以资助、贴息

和奖励等方式扶持杭州民营书店发展。成都市政府印发了《成都市实体书店扶持奖励办法（试行）》，2014 年专项扶持奖励资金达 700 万元。北京市计划今后每年投入 6 000 万元用于支持实体书店发展。但截至目前，仍有 15 个省（区、市）未能享受中央的这一政策。建议中央尽早实现实体书店扶持资金全覆盖，让所有省市区都能享受这一阳光政策。同时，建议政府对那些积极利用互联网技术、数字印刷等新技术拓展书店功能、开展"按需出版"业务的实体书店给予特别关注。

3. 由政府出资购买实体书店文化服务

2015 年 1 月，中共中央办公厅、国务院办公厅印发了《关于加快构建现代公共文化服务体系的意见》（中办发〔2015〕2 号），提出了由政府购买公共服务的新模式，即由政府委托社会力量提供公共服务。实体书店承载着"文化传播和推进全民阅读的功能"，已成为开展全民阅读活动的重要场所，是推进全民阅读活动的一支重要社会力量。因此建议各级地方政府以实体书店为依托，开展系列读书活动，对引领全民阅读具有一定示范导向作用的实体书店，政府以购买服务的形式给予资助。这能对促进实体书店发展起到积极的作用，还能发挥社会各界的积极性，更可以减轻政府组织阅读活动的工作压力。

4. 将实体书店建设纳入城市文化基础设施规划，发动社会力量推进校园书店和社区书店建设

实体书店是城市的文化象征，也是城市文化基础设施。因此，建议政府将实体书店纳入城市文化基础设施规划，进行统筹设计。校园和社区都是人口比较密集的区域，更是文化传播效率高、培养阅读习惯的重要场所。但现在很多大学的书店由于租金上涨已经开办不下去了，本来书香四溢的地方竟然成了文化沙漠，很多新建小区也根本没有书店。因此，建议学校，特别是大中专学校，通过低租金或零租金的办法引进特色实体书店，对新建设的社区，鼓励房地产商与书店合作共建社区书店，以彰显实体书店的社会服务功能，解决目前文化消费渠道网络体系"最后一公里"的服务难题，提升学校和社区的文化品位。

5. 政府加大打击盗版力度，制定图书价格管理制度，规范市场行为

政府应继续加大查处和惩罚力度，维护经营者的合法权益。同时，针对网上书店低价倾销等不规范行为，建议政府制定图书价格管理制度，明确在一定

期限内新出版图书以固定价格或折扣销售,限制最低销售折扣,遏制随意打折的不规范行为。目前,法国、德国、西班牙都已实施了图书限价措施,禁止图书在一定时间内随意降价销售的行为。这将为实体书店的图书销售提供更为公平的制度保障。

6. 实体书店抓住有利外部环境,创新经营理念,实现转型升级

打铁还需自身硬,实体书店要谋求发展,关键还在于自我觉醒,在于更新传统经营模式,实现转型升级。

一是实体书店经营者要转变思想观念,抓住当前有利的政策环境和社会环境,找准市场定位,精研读者需求,改善店面环境,提升顾客体验,探索多元经营模式,实现书店与影院、休闲文化、餐饮、文体用品等产业的融合发展,创新经营管理模式。

二是经营者要与时俱进,实现实体书店技术革新,利用"互联网+"思维,打造"实体书店+互联网"的O2O模式,更好地迎合新生代读者接受营销信息的方式和便捷支付的需求;利用数码印刷技术,开展个性化的"按需出版"业务等。

三是有条件的品牌实体书店用好、用足中央以及地方的各类扶持政策,或者吸收社会力量参与,开展书店连锁经营,向集团化和特色化发展,扩大经营规模,改变目前"规模小、经营散、实力弱"的状况,增强抗风险能力。

四是组织全国性或区域性实体书店联盟,建立集采购、物流、宣传、信息等资源于一体的共享平台,以降低单个实体书店的经营成本,提高经营效率。①

(四)破解发展瓶颈问题,助推农家书屋延伸服务

农家书屋工程是党中央实施的公共文化服务五大重点工程之一,经过近10年的建设,让亿万农民享受到了文化改革发展的成果,在缩小城乡文化差别、推动城乡文化协调发展和农村精神文明建设上作出了重大贡献。但随着国家公共文化服务体系建设的推进、农业经济结构调整和农村社会的发展变迁,农家书屋建设在补充更新、维护使用、提质增效等方面面临着新任务新挑战。

深化农家书屋延伸服务工作,要深刻认识到农家书屋工作的重要意义,

---

① 陈含章:《转型中的实体书店发展现状、问题与建议》,《出版发行研究》2016年第3期。

深入调查研究，找准农家书屋发展的瓶颈问题，完善工作设计，持续推进农家书屋延伸服务。要坚持创新精神，继续做好农家书屋维护与使用工作，盘活用好农家书屋存量资源，精准配置增量资源，不断增强广大农民的文化获得感。①

　　未来，延伸农家书屋服务是农家书屋建设的一个重要方面，需要抓好以下几个方面的工作：第一，网点布局创新。可以与电商、农资超市、邮政服务网点、电信移动网点、党员服务站等结合，提高综合服务功能。第二，书屋功能创新。可以通过开展多样化阅读，与商店、银行网点等结合，代办电费、水费等，增加书屋人气。第三，管理员队伍创新。大学生村官、新乡贤、热心人士等都可以选择。第四，选书模式创新。从专家选书到农民选书转变。把选书的权利逐渐下放，把农民真正想看的书配送下去，更多尊重农民的选择权。第五，配书模式创新。可以和出版社、新华书店，甚至民营书店结合起来。第六，技术服务创新。很多数字阅读终端可以应用到农家书屋中，通过技术创新吸引年轻人。第七，资金保障渠道创新。一方面希望国家有稳定的资金保障。此外，也可和其他社会组织、社会企业等进行合作，多渠道解决。②

　　（五）立足优势，找准定位，大力推进期刊媒体融合发展

　　近年来，我国数字出版产业发展速度迅猛，移动阅读成为习惯，传统媒体受众迅速分流，极大地冲击了传统期刊。面对基于互联网平台的各类新型媒体的强势崛起，纸质期刊发行量严重下滑、读者严重流失问题越来越突出，媒体地位日益被弱化和边缘化，停刊、人才流失等现象相继出现。媒体融合发展的深度推进，使得传统期刊发展呈现出一种机遇与危机交织的新常态，新一轮的转型融合迫在眉睫、刻不容缓。在新媒体融合发展的时代，期刊界应当通过自身的优质内容资源和品牌公信力，借助现代信息传播渠道和技术手段，勇敢探索，找准定位，走出一条数字化发展道路。

　　1. 提升产品内容质量，打造精品期刊，推动与新媒体的融合发展

　　我们常说"内容为王"，在信息泛滥的碎片化环境里，人们更加迫切需要

---

① 刘晓凯：《以高质量工作助推农家书屋延伸服务》，《中国新闻出版广电报》，2017 年 4 月 28 日。
② 魏玉山：《农家书屋工程功不可没》，《中国新闻出版广电报》2017 年 04 月 24 日。

优质内容，而这恰恰是期刊的一个优势。期刊应当在内容生产特色化、品牌化、分众化、差异化上下功夫，打造精品期刊，提升品牌效应，切实将传统期刊的专业采编优势、内容资源优势充分发挥出来，力求点对点地把高质量、量身定做的数字内容分类精准推送到读者手中，满足多终端传播和多种体验的信息获取需求，实现内容产品深度开发，切实增加读者的参与度、关注度，更好地发挥期刊舆论引导、思想传播和文化传承的作用，推动与新媒体的融合发展。

2. 搭建网络平台，架构多媒体渠道，支撑和保障新媒体的融合发展

平台建设与内容建设互为依托、不可偏废。因为现代传播体系的本质就是在现代信息技术的引领下，以互联网为基础、以多种媒体为载体，架构多媒体融合传播渠道，形成有效的立体传播效应。如今互联网技术的发展使得期刊和新媒体可以在同一技术平台进行信息的采集、编辑、发布、营销及提供增值服务。目前二微一端，即微博、微信、客户端等新媒体产品技术应用已经十分成熟，期刊应充分运用新媒体技术手段，打造属于自己的基于互联网、移动客户端、智能手机、平板电脑等的各种新型平台，支撑和保障新媒体的融合发展。

3. 强化"互联网＋"思维，创新技术，引领和驱动新媒体的融合发展

要实现期刊和各种媒介资源、生产要素的有效整合，形成一体化的组织结构和传播体系，必须打破传统思维定势和路径依赖，强化互联网思维。互联网思维最重要的是理念创新，核心就是用户至上，通过流量的积累寻找盈利模式等等。要实现与新兴媒体平等交流、互动传播，应树立技术先导理念，向互联网公司学习，不断开发先进技术，加快发展移动阅读、在线服务等新业态，引领和驱动新媒体的融合发展。

4. 从供给侧结构改革入手，调整期刊供给结构

目前期刊面临的问题是结构性的过剩与结构性的不足同时存在。结构性过剩是的确有部分期刊，已经不能满足读者的需求，被读者抛弃；所谓结构性不足，是现有的部分报刊没有抓住和满足读者的新需求，而新的期刊又没有出版。许多期刊应当从大众化向分众化、差异化、专业化方向发展，要根据市场需求增加新的期刊供给和新的内容供给。

互联网和新媒体给传统期刊带来的不仅是严峻的挑战，同时还有无限的机

遇，传统期刊发展正在迎来一次前所未有的变革。传统期刊必须积极拥抱互联网、"接纳"新媒体，以内容建设为根本、平台搭建为支撑、技术创新为动力，实现内容、渠道和技术的融合重构和创新，由此获得的将不只是改变，而是持续发展的转型新动力，从而将再次提升期刊的传播力和影响力。我们必须抓住当前国家大力推进传统媒体与新媒体融合发展的有力契机，统一思想，加强规划设计，借助国家的优惠政策，加快实现期刊转型升级。

（六）加速推进出版业新型智库建设，提高参与决策的能力和水平

中央提出：到2020年，重点建设一批具有较大影响力和国际知名度的高端智库，造就一支坚持正确政治方向、德才兼备、富于创新精神的公共政策研究和决策咨询队伍，建立一套治理完善、充满活力、监管有力的智库管理体制和运行机制。出版领域的智库建设，应该围绕中央提出的总体目标，结合行业智库建设的实际情况加速推进。

1. 向着高端智库的目标看齐，争取进入国家高端智库的行列

中央提出要重点建设50至100个国家急需、特色鲜明、制度创新、引领发展的专业化高端智库。要有出版领域的专业智库进入这50至100个的行列中来。出版业既是重要的宣传思想文化的阵地，在传承与发展先进文化，弘扬核心价值观，丰富人民群众精神文化生活等方面发挥着不可替代的作用，又是重要的产业部门，在文化产业成为国民经济支柱性产业的过程中具有重要的地位。在出版领域建设高端智库符合总体要求。

2. 高校智库要调整定位，整合资源，提高服务决策的能力

目前由高校设立的出版智库数量最多，许多智库在行业里面也有较高的知名度和影响力。但是高校智库也存在不少的问题，比如定位模糊、没有明确的研究方向、没有形成特色的研究领域；未充分利用学校内部资源，没有形成多学科人员的优势等。高校出版智库建设首先应发挥高校人才资源优势和多学科优势，开展跨学科研究；其次，高校智库可以在理论研究和基础研究方面发挥更多的作用；再者，高校智库要加强实体性建设，要有稳定的专职的研究人员。

3. 企业智库要明确定位

企业智库建设越来越受到重视，许多出版集团、出版社及其他出版企业纷

纷建立智库，这是符合中央要求和发展趋势的。但是建设企业智库也应注意以下问题：首先，明确企业智库的非营利性，这是中央对智库的基本定位，也是国外智库的普遍做法，明确智库的非营利性是其区别于一般商业咨询机构的前提，不能把企业智库等同于一般企业。其次，注重与高校、科研单位的结合，既发挥企业智库处于产业一线，了解企业产业需求的优势，又要吸纳院校研究的力量，形成产学研一体的智库。再者，企业应确保所办智库的资金来源稳定，要实现对企业智库投入的制度化、长期化，企业智库不是企业的摇钱树，而是一个需要投入人力物力财力而进行公益性服务的机构。

4. 社会智库要稳步发展

严格地说，目前出版领域还没有真正的社会智库，已有的一些行业咨询机构虽然也为政府提供一些咨询服务，但是在社会信任、非营利性等方面也存在一些不足。现有的社会咨询机构，可以按照中央关于新型智库建设的意见进行改造与转型。①

（七）调整产品结构，加快融合进程，促进民营书业健康发展

国民经济与社会发展"十三五"规划提出：以供给侧结构改革为主线，扩大有效供给，满足有效需求。"十三五"期间民营书业的发展，也需要按照供给侧结构改革的要求进行思考、进行设计。

1. 加快产品结构调整，改变过度依赖教辅的局面

"十三五"期间，中央将进一步深化考试招生制度和教育教学改革，教辅图书的出版将会面临重大的变局，以教辅为主的出版公司，一方面压缩教辅数量，提高教辅品质，更好地适应课程改革和教学要求；另一方面需要加快产品结构调整，改变都在教辅图书这个独木桥上的局面，走向更加专业化的方向。可以借"全民阅读"东风，融入公共文化服务体系建设。"十三五"期间，国家将加快构建现代新闻出版公共服务体系，全面实施全民阅读工程，推动全民阅读进家庭、进社区、进校园、进农村、进企业、进机关等，全民阅读既是公益事业，也有产业的商机。民营书业可以大有作为。

---

① 魏玉山：《关于出版业新型智库建设的思考》，《科技与出版》2017 年第 1 期。

2. 加快组织结构调整，建立具有文化特色的现代企业制度

经过 20 多年的发展，许多民营书业已经具备了较强的实力、较大的规模，一些企业成立了集团，还有一些企业上市，这是民营企业发展走向规模化、现代化的必然。但是还有不少民营企业没有建立完善的现代企业制度，建议这些企业也要向股份制、公司制的方向发展。民营文化公司所建立的现代企业制度不是一般的现代企业制度，而是具有文化特色的现代企业制度。所谓文化特色，就是要把社会效益要求体现在企业宗旨中，内化为企业精神和发展理念，成为员工的自觉追求和行为准则，并体现在制度设置、贯穿到生产经营管理各环节和全过程。民营书业企业也要落实把社会效益放在首位、实现社会效益与经济效益相统一的要求。

3. 加快与科技、资本等融合发展

与科技融合，搭上"互联网＋"、大数据的快车。民营书业企业可借"互联网＋"加快转型升级，加快融合发展，建设专属数据库，搭建知识服务平台，提供多形态产品。与资本融合，搭上上市融资的快车。近年来，许多民营文化公司走上了独立上市的征程，资本对企业的发展影响越来越大，对民营书业企业来说，进入资本市场无疑是实现快速发展的重要途径。希望更多的有实力、有品牌、有责任感的民营书业企业上市，成为令人瞩目、令人仰慕的文化企业。①

（八）完善标准体系建设，提高标准国际化水平

进入"十三五"时期后，新闻出版标准化工作将继续完善顶层设计和总体布局，以构建新闻出版质量保证体系为目标，完善标准体系建设和标准化工作机制，培育发展团体标准，放开搞活企业标准，提高标准国际化水平。

1. 改革标准体系和标准化管理体制

围绕落实国务院《深化标准化工作改革方案》及行动计划，积极推动出版行业领域的标准化工作改革，建立政府主导制定的标准与市场自主制定的标准协同发展、协调配套的新型标准体系，积极支持团体标准与企业标准的市场自主制定的标准，从而提高行业与企业的竞争力。形成政府引导、市场驱动、社

---

① 魏玉山：《总结十二五，展望十三五，民营书业再启航》，《出版参考》2016 年第 5 期。

会参与、协同推进的标准化工作格局。健全标准生命周期管理，建立标准实施信息反馈和评估机制，及时开展标准复审和维护更新，有效解决标准缺失和老化问题。

培训发展团体标准，建立团体标准的评价和监督机制：鼓励具备相应能力的学会、协会、商会、联合会等社会组织和产业技术联盟协调相关市场主体共同制定满足市场和创新需要的团体标准，供市场资源选用，增加标准的有效供给。同时，鼓励企业根据需要自主制定、实施企业标准。鼓励企业制定高于国家标准、行业标准、地方标准，具有竞争力的企业标准。

2. 强化基础能力建设

一是继续强化标准化技术委员会建设。技术委员会负责出版管理标准，只有技术委员会的工作做好了，标准的质量和水平才有保证。这要求提高标准化技术委员会的广泛性、代表性，保证标准制定的科学性、公正性。同时，要抓好技术委员会考核工作，技术委员会严把立项评估、征求意见、标准审查关，将标准宣传贯彻作为重点工作来抓，逐步建立退出机制。二是加大标准化人才培养力度。要建立标准化人才培养计划，积极营造有利于标准化科研人才成长的良好环境，努力形成科学合理的人才培养使用机制，以学科带头人和技术骨干队伍为重点，加强标准化科研队伍建设，提升标准科研水平。按类别、分层次培养标准化专业技术人才。三是加大对标准化资金投入，根据工作需要统筹安排标准化工作经费，广泛吸纳社会各方资金，形成市场化、多元化投入机制，为标准的制定发布提供稳定的经费保障。

3. 提高标准国际化水平

加大国际标准跟踪、评估和转化力度，加强中国标准走出去工作，支撑国家重大战略落地。鼓励社会组织和产业技术联盟、企业积极参与国际标准化活动，争取承担更多国际标准组织技术机构和领导职务，增强话语权，服务中国企业走出去。建设高水平标准化国际智库，培养标准化管理人才，加快落实国际标准化人才培训工作。

参考文献

［1］中宣部、国家新闻出版广电总局等 . 关于支持实体书店发展的指导意见 .

［2］国家新闻出版广电总局规划发展司 . 2015 年新闻出版产业分析报告 .

2016~2017

中国出版业发展报告

［3］国家新闻出版广电总局规划发展司.2016年新闻出版产业分析报告.

［4］中国新闻出版研究院.2016—2017中国数字出版产业年度报告［M］.北京：中国书籍出版社，2017.

［5］周慧琳.努力做好新形势下的主题出版工作［J］.出版参考，2017（1）.

［6］何成梁.开辟多种途径 做强主题出版［J］.出版发行研究，2016（7）.

［7］聂震宁.印象2016：新常态 新气象［N］.中国新闻出版广电报，2016-12-19.

［8］李学谦.中国少儿出版：把握新趋势 发力走出去［N］.中国新闻出版广电报，2017-03-22.

［9］周贺.2016出版业：遥望诗与远方，脚踏实地前行［N］.出版商务周报，2016-12-27.

［10］王婷.2016中国书业大势大事 出版传媒十大热搜［N］.中国出版传媒商报，2016-12-30.

［11］2016年度中国出版业十件大事［N］.中国新闻出版广电报，2017-01-17.

［12］陈香.浙江人民社：闯出主题出版的市场之路［N］.中华读书报，2016-07-20.

［13］开卷报告：2016年少儿出版市场数据分析［N］.出版商务周报，2017-02-08.

［14］龚牟利.11部委五策力挺实体书店［N］.中国出版传媒商报，2016-06-16.

［15］龚牟利.图书"制版分离"改革试点：民营书企新机会［N］.中国出版传媒商报，2016-11-11.

（课题组组长：范军；副组长：李晓晔；成员：张羽玲、陈含章、香江波、王扬、毛文思、刘成芳、田菲、高洁、鲍红、息慧娇、于秀丽、孙鲁燕、段艳文、金太鑫；执笔人：李晓晔；统稿：范军）

第二章 分类报告

第一节　2016～2017中国图书出版业报告

2016年是"十三五"开局之年，行业整体的诸多走势和变化也因此带有了更强的标志性意义，而这一年诸多动向也为未来一段时间的产业发展昭示着新的可能。

近两年来，我国纸质图书的零售规模稳步增长，我国在图书销售成长性方面仍旧在全球范围保持强大的活力。国内图书零售渠道不断丰富和拓展，多元化图书销售格局成为业界的共识；电商渠道经过了多年的快速成长之后终于超过了实体书店渠道的销售规模，线上与线下的融合发展也成为众多出版发行企业业务部署的方向。面对新技术手段给知识载体和阅读形式带来的新变化，整个出版发行行业都在积极做着准备：政府层面的规划与引导、大型传媒集团通过资本手段布局发展、各家出版发行机构在产品以及发行营销方式方面不断求新求变。"变革"已然成为这一年度的重要主题。

一、2016年图书市场基本状况

（一）纸质图书零售市场稳步增长

2016年，我国纸质图书零售年度增长率达到12.3%。对比Nielsen Book-Scan监测的全球主要英语言国家市场和GFK Entertainment监测的欧洲三个非英语言国家市场，我国的纸质书零售市场发展速度仍旧是非常可观的。

2016年，美国纸质图书零售增长率为3.4%，英国纸质图书零售增长率为4.1%，爱尔兰纸质书图书零售增长了10.9%。在2015至2016年期间，这几个国家此前受到电子书快速增长的影响冲击已经基本过去，纸质书销量已经恢复了正向增长。但是在欧洲的德国、奥地利、瑞士、意大利、西班牙以及其他英语系国家当中的澳大利亚、新西兰和巴西等地，纸质书销量仍旧面临不同幅度的收缩态势。

表1 2016年中国及全球主要国家纸质书年度增长率比较
（数据来源：开卷、Nielsen BookScan、GFK）

国别	年度增长率	国别	年度增长率
中国	12.3%	德国	-0.3%
美国	3.4%	奥地利	-0.5%
英国	4.1%	瑞士	-4.6%
爱尔兰	10.9%	澳大利亚	-3.4%
意大利	-0.4%	新西兰	-6.4%
西班牙	-3.4%	巴西	-8.4%

（二）零售渠道多元化成必然趋势

在2016年，图书零售渠道结构发生了一项重要的变化事件，那就是线上图书零售的码洋规模在多年扩张之后终于超过了实体书店渠道——2016年，线上图书零售的码洋规模已经达到365亿元，年增长率30%左右，实现了在规模方面对实体书店渠道的反超，同期线下图书零售码洋规模仅为336亿元。这一现象的出现，是网店渠道多年量变积累的结果，也充分体现了如今的购书者在图书电商多年的经营之下其购书方式已经发生了深刻的变化。以当当、京东、亚马逊、天猫书城为代表的大型电商图书平台已然成为图书销售重要的途径和通道。

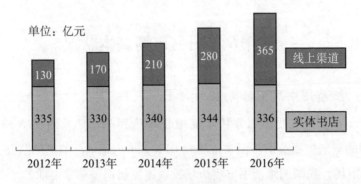

图1 近5年我国纸质书零售线上渠道与线下分布图（开卷数据）

追溯过去十年我国图书零售市场的发展历史会发现，这是一个线上零售渠道不断崛起和快速发展的过程，也是实体书店渠道从年增速10%以上、主要控制图书零售渠道的阶段向增速回落、规模趋于稳定的阶段进行过渡的过程。

当然，这一变化绝不是几家主要图书电商平台凭借一己之力促成的，线上购物尤其是在线支付便捷工具的不断完善、电商平台在拉动网站和手机端流量方面做出的种种营销努力，都在促成全社会在线消费习惯的形成，这一变化深切影响到了包括图书在内的各个行业的产品零售。在这一趋势形成的过程中，传统图书渠道商、实体书店和出版社也是推动线上图书零售规模扩展的重要推动力。根据天猫平台公开发布的数据，目前在其平台上从事图书零售业务的店铺超过3 000家。从开卷监测的线上图书零售数据来看，全国580家出版社当中有超过250家在第三方电商平台开设了图书零售旗舰店或专营店；新华系实体书店触网第三方平台的有近100家；据不完全统计，大型知名图书策划公司在第三方平台开店的数量也达到90家左右。而这其中已经不乏能在电商平台的图书零售板块排在前列的店铺。这也是近几年来电商图书自营业务增速放缓、第三方平台零售成为增长主力的背后原因。

除了以综合图书销售见长的大型电商平台以外，近年来不断崛起的自媒体电商和基于社会化营销的线上图书零售模式也已经在垂直领域图书零售方面发挥了重要作用。一些出版社的重点图书甚至选择在"罗辑思维"、大V店、一条等新媒体渠道首发，基于"童书三川玲妈妈""凯叔讲故事"粉丝群进行图书团购活动的做法更是屡见不鲜。这些新兴渠道的出现，也在更新着图书出版者对于渠道和零售方式的组织形式，并由此开拓出更加多元化的图书销售通路。

因此，可以判断图书零售渠道的多元化已经成为必然，而线上渠道图书零售的快速发展其实已经是电商平台、新兴自媒体平台和广大出版行业传统机构合力推动的结果。

（三）实体店渠道再现负增长，门店多类型定位与模式调整进行中

在实体书店大量触网以分享线上渠道的销售增长的同时，实体书店在店面的图书零售仍旧面临一定的压力。2016年实体书店渠道码洋规模比上一年度略有收缩，同比增长率为 -2.23%，没有能够延续2014年和2015年正向增长的势头。这也是在2012~2013年一度出现码洋负增长以后实体渠道的再次负增长。

其实，实体书店在图书店内零售方面所面临的局面和压力与其他实体商业所面临的情形非常类似。由于售价低、便捷性强等特点，线上渠道开始吸纳越来越多的购买力，这一影响产生了对各类实体商业场所的冲击。目前，实体零

售的定位早已不再是单纯的"购物场所"，而是逐渐转化成为"现场体验和社交的聚集地"，或者是"遇见产品和服务的地方"。因此，"吸引客流到店""延长停留时间"和"转化及扩展购物消费"成为大家普遍关注的话题。所以，我们看到近期众多实体书店的升级改造以及新开门店往往都是围绕着这些方向去延展的，从"经营商品"到"经营需求和经营场所"给当下的书店带来了越来越多新的可能。

2016年前后全国各地新开书店尤其是特色门店的现象非常突出，这其中既有老牌新华书店在经营模式方面的局部创新，比如通过布局规划扩展城市覆盖范围或者通过合作模式进驻当地新兴商圈；也有先锋书店、西西弗、钟书阁、言几又等民营书店品牌的跨地域尝试等等。这些新开的门店在人群定位、商品品类选择、内部动线规划以及顾客服务方式等方面都做出了新的尝试，这些努力已经为书店客流的回升、图书购买、阅读相关消费的扩展创造了价值。2016年还有一个特别的新开书店是当当网在长沙合作开业的梅溪书店，这也是我国首家由电商主导开启的实体门店。

表2　2016年各地部分新开书店记录

新华系	非新华系
	言几又—今日阅读【1月，天津】
杭州新华—越烂熟【4月，杭州】	甲骨文—悦读空间【2月，北京】
长江书城—时光书馆【4月，武汉】	北京三联韬奋书店—政务中心店【4月，北京】
石家庄新华—儿童书城【4月，石家庄】	新知集团—瑞丽国门书城【4月，云南瑞丽】
中原图书大厦—回声馆【4月，郑州】	钟书阁—上海闵行店、杭州店【4月】
东华书店【5月，石家庄】	言几又—北京荟聚店【7月】
青岛书城—明阅岛【5月，青岛】	方所—青岛店【6月】
上海书城—玛德琳绘本馆【5月，上海】	先锋书店—碧山书局【7月，安徽黔山】
牡丹江书城【6月，牡丹江】	钟书阁—扬州店【7月】
子午书巷图书馆【8月，南京】	虫洞书店【7月，厦门】
鹤之魂绿色书店【6月，齐齐哈尔】	猫的天空之城—西安印象城店【8月，西安】
北方图书城—歌德书店【8月，沈阳】	钟书阁—上海静安店【8月】
北方图书城—奥莱书店【9月，沈阳】	言几又—成都来福士店、上海百联世纪店【9月】
曲江书城【9月，西安】	字里行间—太阳宫店【10月，北京】
无锡新华—不纸书店【11月，无锡】	大众书局—合生店【2月，上海】
青岛书城—涵泳复合阅读空间【10月，青岛】	当当梅溪书店【9月，长沙】
	西西弗—23家新开门店

（四）少儿类成为零售市场最大细分类，童书增速表现突出

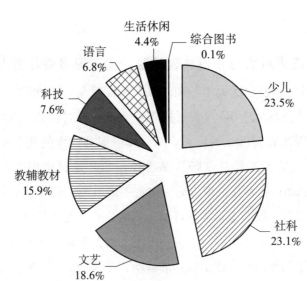

图2　2016 年全国图书零售码洋结构（开卷数据）

2016 年图书零售市场中，少儿类图书以 23.5% 的码洋比重超过了社科类图书，成为销售规模最大的细分市场。社科类码洋比重为 23.1%，与少儿类规模最为接近。同时，教辅教材和文艺类图书的码洋比重均超过了 15%；语言和科技类图书的码洋比重均在 7% 左右。

从主要细分市场增速来看，少儿类的同比增速也是最快的，2016 年度同比增长率达到 28.8%；教辅、语言和文学类的同比增幅也在 13% 以上。少儿、教辅和语言类的主要读者对象都是儿童和青少年，可见年轻一代阅读需求的持续增长是图书市场增长的最主要动力，这些人群良好阅读习惯的持续，也正代表着图书市场的未来。教育出版和专业出版更接近于刚需的图书市场，市场规模的增长受需求影响较大，而相对稳定的市场需求让这样的市场不会发生较大的波动。大众阅读市场则不同，更多的购书需求来自读者对阅读行为本身的增长，随着平均文化水平的进一步提高、整个社会对于"全民阅读"的持续推动，以及生育率的提高，以少儿和文学为代表的大众阅读依然会持续成为图书零售市场的增长点。

在 2016 年，艺术类是增速表现相对最低的细分市场，出现了较大幅度的

销售负增长，这主要是由于 2015 年以《秘密花园》为代表的一系列成人涂色书的畅销强劲势头在 2016 年并未持续，销量较上一年度出现较大回落所造成的。

（五）主题出版成为年内热销话题，重点图书销售突出

2016 年恰逢"建党 95 周年"和"红军长征胜利 80 周年"，图书市场上涌现了《中国共产党的九十年》《长征》等一大批有针对性的主题出版物，而且都属于各家出版社筹划已久的重点产品。《中国共产党的九十年（全三册）》和《长征》先后进入开卷月度畅销书榜单，尤其是《中国共产党的九十年（全三册）》在 2016 年 6 月上市以后，销售不断升温，长期位居畅销书榜单前列并一度成为开卷月度非虚构类榜首书。同时，《习近平总书记系列重要讲话读本（2016 年版）》的出版发行，也在图书市场上带动了购买和学习的热潮。

也正是由于受到这些主题出版物的带动，零售书店在一般书销售的基础上形成了更加丰富的主题元素，甚至带动众多书店在店面零售之外扩大了有针对性的大客户直销业务。

（六）"配盘"图书品种规模庞大，但销售量呈收缩趋势

配盘图书一直是图书出版的重要形式之一，根据数据统计，配盘图书在 2016 年全年的动销品种数高达 48 000 多种，年销售占整体零售市场的码洋比重达到 2.73%。在所有市场在销的配盘图书当中，语言类、计算机类品种规模最大，合计占配盘图书品种总量的一半以上；同时，音乐类、少儿类、教辅类、生活类、工程技术、经管等类别也有数量不等地图书品种附带光盘资源。

从具体的销售情况来看，语言类图书表现最为突出，配盘图书所创造的销售码洋当中有超过 45% 为语言类图书创造产生；其次是计算机类和少儿类，码洋比重分别达到 10% 以上。也就是说，语言学习、幼教学习、软件学习相关资源是目前配盘图书销售的最主要类型。

总体来说，市场在销的配盘图书存量还是非常可观的。不过，数据也显示近几年配盘图书无论是在新书出版量、市场动销规模还是占整个图书零售市场的销售码洋比重上都呈现出下降的现象。最近三年新出版的配盘图书品种数下

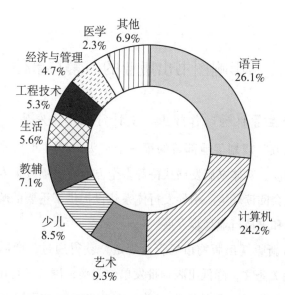

图3 2016 年配盘图书的主要类别品种规模构成（开卷数据）

降尤其明显，2014 年上市的此类新书品种数达到 3 372 种，但是到 2016 年已经收缩到 1 452 种。

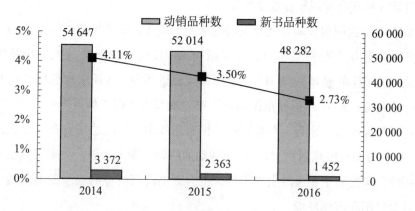

图4 配盘图书近三年品种规模和销售表现（开卷数据）

这一表现与数字内容存储和传输网络化工具越来越丰富的背景有直接关系，出版社面向读者提供数字资源和内容的方式已经越来越不局限于附带光盘的形式，通过一些新的工具和技术手段读者可以直接在网络上获取电子资源。因此相关的配盘图书品种量出现一定幅度收缩也属情理之中。

二、影响图书出版业的因素与事件

（一）行业主管机构动作频出，支持行业稳步发展

作为"十三五"规划落地部署的第一个年头，2016年相关政府部门在市场管理、全民阅读、实体书店发展扶持等多个方面有多项政策发布，为规范市场秩序、优化社会阅读环境、引导发行体系建设提供了重要的政策支持，这无疑将进一步引导和支持行业稳步发展。

2016年4月新版《出版物市场管理规定》获得通过，增加"中小学教科书发行资质"相关条文，降低出版物批发单位门槛，国有发行单位和民营个体发行单位、内资发行单位和外资发行单位在市场准入方面享受完全一致的条件。相关举措不仅对中小学教科书特别是图书的发行资质进行了规范，也对批发、零售企业的业务拓展进行松绑，这将对发挥市场决定作用、降低准入门槛、打破区域壁垒起到积极推动作用。

2016年是我国倡导和开展全民阅读活动十周年，政策保障再一次成为全民阅读开展的有力"推手"。1月，国家新闻出版广电总局下发《关于开展2016年全民阅读工作的通知》；2月，《全民阅读促进条例》（征求意见稿）向社会公开征求意见；3月，"倡导全民阅读"第三次写入政府工作报告；12月，《公共文化服务保障法》出台，与此同时，国家新闻出版广电总局发布《全民阅读"十三五"时期发展规划》。全民阅读活动的持续、深入开展，为丰富和引导读者的阅读需求起到了积极的引导作用，也为图书出版行业的稳步发展打造了良好的社会氛围和市场环境。

2016年6月，中宣部、国家新闻出版广电总局等11部门联合印发《关于支持实体书店发展的指导意见》。《意见》指出，到2020年，要基本建立以大城市为中心、中小城市相配套、乡镇网点为延伸、贯通城乡的实体书店建设体系，形成大型书城、连锁书店、中小特色书店及社区便民书店、农村书店、校园书店等合理布局、协调发展的良性格局。《意见》对图书发行零售网点的结构化体系建设提出了明确的方向，也为实体书店的整体发展构建了有力的政策支持。

2016 年 6 月 8 日，财政部等 20 部委首次面向文化领域征集政府和社会资本合作项目，鼓励社会资本进入文化领域，提高文化产品和服务的供给效率。这将有利于出版发行行业引入更多资源、提升新型服务的供给能力和供给效率，当然也将在一定程度上为出版发行企业跨行业合作创造更多可能。

（二）出版机构强化内容本源，借助新技术和新模式加速产业链渗透

出版机构的核心资源在于内容，如何让内容发挥最大的价值，其实是版权拥有者时时关心的话题。

在技术方面，在互联网高速发展和信息传播方式不断推陈出新的环境下，电子书、VR、AR、有声书成为一个又一个的技术风口。出版机构在将传统纸质图书推向更多元的互联网销售渠道的同时，也根据互联网上新兴的内容传播形式对内容产品本身进行探讨。据不完全统计，在 2016 年，试水有声书平台以及视频产品开发的出版机构不在少数——上文分析到的配盘图书市场销售规模缩小就是受到了这种科技推动的载体迁移的影响。对于出版机构来说，根据自家内容特点摸索适用的载体和产品形式成为需要掌握的新技能。

在商业运作方面，IP 的价值在前几年就已经得到了行业内外的广泛认可，跨界拓展和合作早已展开。对于优质 IP 的发掘和深度运作也已经成为图书出版行业的惯例——作为众多优质内容的发掘者和版权拥有方，"出版全产业链开发"也成了出版机构新的价值变现通道。

不管是产品形式的扩展还是基于 IP 的商业运营，对于多年沉浸在纸质图书出版行业当中的各家机构来说都是新的机遇与挑战。大量出版机构的跨界之举也是这一思路的体现，已经有众多先行者迈出了探索的步伐，从大型出版集团对数字出版以及在线教育产品的部署，到众多少儿出版社的集团化布局，以及众多专业社在 APP、阅读社区等数字化产品方面的深入尝试，出版机构对于内容核心价值的充分发掘已经成为普遍的共识。因此，跨行业、跨媒体融合的现象成为业务发展推动下出版企业的内生需求，这也正是推动出版机构向更广范围产业链渗透的直接原因。

（三）新生网络渠道环境下催生多样化的产品运作方式

在新型网店渠道崛起的过程当中，社群营销模式一直是非常重要的推动

力，从通过"自媒体手段宣传本版图书"到"与自媒体大V合作开展图书销售业务"，再到让读书内容搭上"知识付费"的风口，图书出版业一直在进行着积极的尝试。在"知识付费"的浪潮当中，出版业的角色虽然并不抢眼，但是一直作为冷静的观察者和积极的学习者。以"逻辑思维"为代表的内容付费模式也让图书出版业看到了垂直领域强大的知识购买力和新的业务可能性。

虽然出版界目前还没有太多与知识付费典型产品合作的成功案例，但是借助知识付费平台形成的人群聚集效应和有针对性的产品策划销售已经初见端倪。在新型互联网渠道当中，精准定位与垂直运营一直是经营成功的重要思路，主流知识付费平台目前的客群聚集能力也是其最大的价值。在经历了面对电商平台的产品定制方式之后，出版机构面对新型知识付费平台，读者策划产品并首发销售的做法已然出现。2016年初《科学跑出来》系列借助其独特的AR元素引发了读者的热议，而点燃这把"火"的正是"小中信"出版品牌和"罗辑思维"。从规模发展速度来看，小中信成了2016年童书界的一匹"黑马"，这家成立于2015年的出版社内部子机构，用一年多的时间冲入全国少儿出版前十强。其影响力的快速爆发，决然离不开有针对性的产品设计能力以及通过新生网络渠道的销售创新。

（四）上市公司队伍扩展，借助资本工具和外部资源加速布局发展

截至2016年年底，共有33家出版传媒企业在境内主板和创业板上市。2016年内，南方传媒、新华文轩完成主板IPO上市；2017年年初，中国科技出版传媒股份有限公司和新经典文化股份有限公司先后完成上市发行。另有中国出版传媒股份有限公司、山东出版传媒股份有限公司、中国南航集团文化传媒股份有限公司、掌阅科技股份有限公司、山东世纪天鸿文教科技股份有限公司5家公司列入证监会预披露名单。

从近期已上市企业和待上市企业的名单来看，已然进入上市通道的出版传媒类企业类型多样，既有大型综合出版集团，也有文艺、科技、教育类产品为主的大型专业出版机构。这些机构分别在各自从事的内容领域进行更广的产品发展布局，利用资本市场融资的规模无疑将会为其业务发展带来巨大的支撑。因此，我们可以预见，在未来一段时间，资本市场对出版发行企业的助力必将继续加大。

（五）文化走出去效果显现，中国作家及出版机构再获国际大奖

伴随着出版走出去的工作不断深入，借助出版形式推动文化交流和文化传播为出版行业带来了新的收获。继2012年中国作家莫言被授予诺贝尔文学奖、2015年中国科幻文学作家刘慈欣的《三体》获得雨果奖之后，曹文轩在2016年成为第一位获得国际安徒生奖殊荣的中国作家。这些奖项的获得，既是作家本人的成绩，也是中国出版界的成就。

对于我国出版发行企业来说，2016年也有新的斩获。3月，《订单——方圆故事》和《学而不厌》两本国内图书在德国莱比锡2016"世界最美的书"评选中分获金奖和铜奖。4月，在伦敦书展与英国出版商协会共同主办的国际卓越奖颁奖典礼上，中国图书进出口（集团）总公司摘取"市场焦点成就奖"，接力出版社摘取"国际儿童及青少年出版商奖"。

近几年来，中国作者和国内出版机构获得国际大奖已经不再是突破性的新闻，在未来一段时期可能成为中国出版界的一种经常现象。

三、图书出版业发展趋势与展望

（一）渠道融合再造，门店差异化定位、升级再发展愈发普遍

无论是实体书店还是网上书店，都是面对面向读者提供图书产品和阅读服务的通路，只不过在不同的渠道中可能面临的是读者的不同消费场景和消费习惯的差异。目前，不管是实体书店触网，还是电商平台开设实体门店，都在预示着实体商业与线上零售之间的融合趋势。

对网上书店来说，在第三方平台业务中充分吸纳各类实体书店的参与，而与实体消费场景的结合也可以丰富顾客体验。不管是亚马逊在国外开出的实体书店，还是国内的当当梅溪书店、京东线下生活馆，都是电商主动向实体商业形式进行融合的尝试。

而对实体书店本身，基于读者人群差异的门店类型多样化和特色化也已经成为趋势，同时把线上互动元素引入店面的做法也在明显增加。这从2016年

新开的各类实体门店就可以很清晰地看到一些线索，而这一趋势在政府层面对"大型书城、连锁书店、中小特色书店及社区便民书店、农村书店、校园书店等合理布局"明朗之后将会得到更加全面的推动——小型门店注重专业化，中型门店打造以书为主题的文化消费体验场所，大型门店构建以图书为主营业态的多业态文化消费综合体。同时，在门店升级的过程中，新的技术手段引入也将非常普遍。近几年来各地不断探讨和尝试"智慧书城"建设。从场内 Wi-Fi 到移动支付，从微信书城到现场导航，这些基于移动互联网的深度应用已经在改变着实体门店的面貌和服务能力。可见，大型门店的升级改造、中小型门店的推陈出新，都在以科技手段提升卖场内的读者体验，同时也在加大基于不同场景下对顾客服务的便捷性。

(二) 新技术丰富图书出版形式，知识传播途径愈发多样化

内容传播形式的极大丰富，很大程度上也在改变公众获取信息的方式和途径。纸质图书作为深度阅读的知识载体，在未来信息和知识阅读中的地位如何，现在还无法得出明确的结论。但是运用新的内容展现形式来丰富图书的外延，是必然的趋势。通过二维码扫描或者嵌入 AR 和 VR 技术，让图书跳出传统纸张和图文的范畴，可以更加形象、生动，阅读和使用的场景也可以更加多样和便捷。

时至今日，基于移动互联网的新应用还在不断产生，更多基于文本分析和挖掘的工具也还在发展过程中，所有这些，都可能会给知识载体的图书带来更多可用的工具和元素。

(三) 围绕内容核心，出版机构异业扩展成为必然

如果不局限在图书的产品形式，出版机构作为内容版权的拥有者，在内容产品的延展方面有着巨大的空间，无论是以往的影视行业还是新兴的知识付费领域，都视图书内容为可以广泛挖掘的矿藏。目前，出版企业由内容提供商向内容服务提供商转型已经成为潮流，出版业已经可以沿着相关内容产业链延伸至广阔的实体经济领域，开始实现跨界发展。近几年来，由出版机构推动的各种投资行为和异业资本合作已经越来越多。

尤其是伴随着上市企业数量的增加以及对更多融资工具运用日趋成熟，出版企业的资金实力大大加强，这将为行业内更多方向的业务扩展和产业链延展创造巨大的空间。

（四）政府发挥行业指导职能，在引导和规划方面发挥更突出作用

近几年图书出版行业整体发展稳定，但是行业内部的各种变化仍旧非常突出。在变革相对明显的时期，政府在宏观层面发挥指导和支持的作用将会更为重要。无论是从全民阅读活动的持续推动，还是实体书店扶持资金的连续投入，还是在数字出版、新技术升级、重点出版项目等方面的带动和支持，都在为行业健康发展创造提供重要支撑。

（特别说明：除特殊说明，本文所涉及零售市场数据均来源于北京开卷信息技术有限公司自1998年建立的"全国图书零售观测系统"。）

（杨 伟 北京开卷信息技术有限公司）

第二节　2016～2017中国期刊出版业发展报告

2016年是"十三五"发展规划的开局之年，是期刊业深化结构性改革、推进期刊媒体融合的攻坚之年。回顾2016年我国期刊出版业可谓"忧喜参半"，一方面，随着数字化转型、体制变革、经济下行的多重压力，我国期刊业从高速增长进入低速增长阶段，大部分期刊利润呈现下滑趋势，业界感到困难重重，同时面对互联网和移动互联网的迅猛发展，重新树立行业信心和创新力迫在眉睫。另一方面，我国期刊经过多年发展，已经形成门类比较齐全、结构日趋合理、多品种多层次共同繁荣，期刊出版产业和事业共同发展的现代期刊出版体系。我国期刊数字化转型和融合发展更加深入，精品期刊逆势上扬，舆论引导力、内容传播力、市场竞争力、品牌影响力均不断增强。老牌期刊传播先进文化，生机勃勃；学术期刊推动学术繁荣、实现智库服务；行业期刊深耕主业、产业延伸；外宣期刊推动中国文化走出去，促进国际文明互学互鉴。

一、2016年期刊出版业基本状况

（一）期刊出版总量规模

根据国家新闻出版广电总局发布的《2016年新闻出版产业分析报告》显示，2016年全国共出版期刊10 084种，较2015年增长0.7%；总印数27.0亿册，降低6.3%；总印张152.0亿印张，降低9.4%；定价总金额232.4亿元，降低4.3%。期刊出版实现营业收入193.7亿元，降低3.6%；利润总额25.7亿元，降低2.2%。与报纸和音像出版物实现的营业收入、利润总额相比降幅较小。

（二）各类期刊出版情况

各类期刊的出版数量、所占比重及与2015年相比增减百分比如下。

（1）综合类期刊365种，平均期印数851万册，总印数18 230万册，总印张968 323千印张；占期刊总品种3.62%，总印数6.76%，总印张6.37%。与上年相比，种数下降0.27%，平均期印数下降6.72%，总印数下降7.43%，总印张下降7.67%。

（2）哲学、社会科学类期刊2 664种，平均期印数6 861万册，总印数126 966万册，总印张6 490 942千印张；占期刊总品种26.42%，总印数47.08%，总印张42.72%。与上年相比，种数增长1.10%，平均期印数下降2.32%，总印数下降3.39%，总印张下降5.54%。

（3）自然科学、技术类期刊5 014种，平均期印数2 496万册，总印数36 920万册，总印张3 040 433千印张；占期刊总品种49.72%，总印数13.69%，总印张20.01%。与上年相比，种数增长0.62%，平均期印数下降5.74%，总印数下降6.65%，总印张下降9.33%。

（4）文化、教育类期刊1 383种，平均期印数2 679万册，总印数61 745万册，总印张3 198 073千印张；占期刊总品种13.71%，总印数22.90%，总印张21.05%。与上年相比，种数增长0.44%，平均期印数下降5.33%，总印数下降4.68%，总印张下降9.32%。

（5）文学、艺术类期刊658种，平均期印数1 019万册，总印数25 808万册，总印张1 497 528千印张；占期刊总品种6.53%，总印数9.57%，总印张9.86%。与上年相比，种数增长0.77%，平均期印数下降16.15%，总印数下降20.31%，总印张下降24.29%。

（三）期刊发行情况

2016年，全国各类期刊零售为0.30亿册，销售11.76亿元。期刊出口265.69万册，443.78万美元，数量增长10.54%。期刊进口338.37万册，14 137.21万美元，数量下降5.39%。

2016年，共有《求是》《时事报告（大学生版）》《时事（时事报告中学

生版)》《读者》等 10 种期刊平均期印数超过 100 万册。其中,《时事报告
(大学生版)》平均期印数超过 400 万册,《读者》《特别关注》《小学生时代》
《青年文摘》和《家庭医生》等文摘类、少儿类、科普类期刊总发行量占据半
数。与 2015 年相比,《家庭医生》《半月谈》进入前十位,《知音漫客》《意
林》退出前十位;前 10 位中,《求是》《青年文摘》排名上升,《小学生时代》
排名下降;排名第 10 位期刊的平均期印数较 2015 年排名第 10 位期刊减少 3 万
册;平均期印数超过 100 万册的期刊减少 3 种;平均期印数和总印数整体继续
下降。

(四) 期刊阅读情况

据中国新闻出版研究院 2016 年 4 月 18 日发布的第十四次《全国国民阅读
调查报告》显示:2016 年我国成年国民期刊的人均阅读量为 3.44 期 (份),
期刊阅读率为 26.3%,与 2015 年相比,期刊阅读量和阅读率均持续下降。

二、2016 年期刊出版业的主要变化

(一) 结构性改革和优化出版产品供给初见成效

新闻出版业积极贯彻落实中央要求,积极推进报刊结构性改革。中央各部
门全国各省市区也都积极推动报刊集约经营,纷纷成立报刊集团,推动专业和
区域报刊集群建设。

随着我国社会结构与居民消费结构的重大转变,细分读者市场已经成为推
进期刊业供给侧改革的重要手段。众多期刊出版单位主动寻求"转身"和"变
脸",纷纷更名、重新定位,在市场变革中重新寻找市场机会的"战略转移"。
小众定位,细分读者市场,如《美术向导》更名为《油画》,《湖南造纸》更
名为《造纸装备及材料》;填补学科空白,壮大学科发展,如《网络运维与管
理》更名为《网络安全和信息化》,《贵州农村金融》更名为《大数据时代》,
《武汉金融高等专科学校学报》更名为《环境经济研究》,《人间》更名为《网
络文学评论》;配合国家重大项目,如《新华西》更名为《一带一路报道》,

《科技展望》更名为《中阿科技论坛（中英阿文）》等。

（二）政策利好，全民阅读蔚然成风

2016年2月15日，国家新闻出版广电总局发布《全民阅读促进条例》，向全社会公开征求意见。这意味着，国家层面的全民阅读立法工作又向前迈出了实质性的步伐。

2016年3月5日，第十二届全国人民代表大会第四次会议在北京开幕。国务院总理李克强在向大会提交的政府工作报告中，再次提出要深化群众性精神文明创建活动，倡导全民阅读，普及科学知识，提高国民素质和社会文明程度。这是继2014年和2015年后，"倡导全民阅读"第三次写进政府工作报告。2016年3月17日，《"十三五"规划纲要》全文发布。"全民阅读"位列"十三五"规划的国家八大文化重大工程之一。

2016年12月25日，第十二届全国人大常委会第二十五次会议表决通过了《公共文化服务保障法》。人民群众基本文化权益和基本文化需求实现了从行政性"维护"到法律"保障"的跨越，公共文化服务将实现从可多可少、可急可缓的随机状态到标准化、均等化、专业化发展的跨越。《公共文化服务保障法》使阅读有了法律护航。

2016年12月27日，国家新闻出版广电总局发布《全民阅读"十三五"时期发展规划》，这是我国首个国家级全民阅读规划。《规划》坚持政府主导，社会参与；坚持重在内容，提升质量；坚持少儿优先，保障重点；坚持公益普惠、深入基层的原则，对未来5年的全民阅读做了全面安排。这一规划的出台，将再次推动全民阅读工作的开展。

全国各省、自治区、直辖市都已开展全民阅读活动，400多个城市常设读书节、读书月。"北京阅读季""书香江苏""书香荆楚""南国书香节"等一大批活动，国家新闻出版广电总局新闻报刊司组织开展的"少儿报刊阅读季"活动，中国期刊协会、北京蔚蓝公益会等单位组织开展的关注革命老区"勉学书屋"公益活动，杂志铺组织开展的"杂志漂流进校园"活动……尤其是2016年9月23日举办的2016中国（武汉）期刊交易博览会，已经成为促进期刊业发展、推动全民阅读、服务文化强国建设的重要平台，也为全国广大期刊爱好者提供了一场饕餮盛宴。

利好政策纷纷出台，各个"全民阅读"等项目的设立，为期刊业转型升级提供了政策、资金支持、制度保障及广阔发展空间。

（三）媒体深度融合，推动期刊出版模式重构

2016年2月19日，习近平总书记在党的新闻舆论工作座谈会上发表重要讲话，提出"融合发展关键在融为一体、合而为一"的要求。总书记的重要讲话，为推动媒体融合发展、重构期刊出版模式提供了根本遵循和方向。

2016年7月，国家新闻出版广电总局发布《关于进一步加快广播电视媒体与新兴媒体融合发展的意见》，提出"深度融合"理念。期刊媒体融合要适应分众化、差异化传播趋势，强化互联网思维，坚持传统媒体和新兴媒体优势互补、一体发展，坚持先进技术为支撑、内容建设为根本，推动传统媒体和新兴媒体在内容、渠道、平台、经营、管理等方面的深度融合。

2016年8月，国家新闻出版广电总局新闻报刊司开展评选"全国报刊媒体融合创新30佳案例"活动。如《读者》杂志致力于打造微《读者》新媒体产品，以新媒体为平台，全面整合读者的文化品牌、优秀内容、编辑力量、出版信息等资源优势，在互联网时代提升杂志在新媒体领域的影响力；中国社会科学院承建的国家哲学社会科学学术期刊数据库，收录了精品学术期刊600余种，论文近300万篇，是以开放获取模式出版的国家级、开放型、公益性的哲学社会科学精品数据库平台；《中国科学》杂志社有限责任公司经过丰富优质的学术期刊内容整合，打造生成了各类形态数字产品。可见深度融合需要内容与技术双轮驱动，传统媒体与新兴媒体优势互补，协同推进深度融合。

同时，我国期刊媒体的影响力从单一的纸质形态延伸到PC、智能手机、平板电脑等各种数字终端，并以微博、微信、微视频、微社区及独立APP等各类数字传媒形态呈现。如《三联生活周刊》"松果生活"倡导用户面对面的交流与线下体验。聚集分散在各个领域里的生活家，用共享经济的模式重新建构优质内容的智能传播；《幼儿画刊》打造全新视、听、玩相结合的立体阅读新模式；《中国家庭医生》APP依托杂志30多年的精品内容，把权威、贴心的健康资讯免费奉献给用户，让用户远离网络纷乱繁杂、似是而非的健康信息。同时与"乐心"品牌的健康设备通过蓝牙对接，将运动手环、血压计、体脂秤、身高尺等同步数据。医务工作者也可以通过配套的医生端APP查看所有患者的

信息和预约记录，联系患者，实现全面无障碍交流；《悦游》VR杂志可以让用户透过HTC Vive虚拟现实头显（或其他兼容的手机VR设备），完全置身于全新的互动内容之中，身临其境地"阅读"360°全景照片与视频、3D模型、2D图文以及音频等丰富内容。Vivepaper技术将改变读者获取内容以及出版商分发内容的方式，为期刊业带来新的盈利模式；《收获》"行距"APP客户端用新媒体新的方式进行写作和发表，从中延伸出在线写作教育的可能性，并直接通往剧本工厂，实现"多出作品，多出新人"及改变现有的作家、编辑、读者的沟通方式。

另外，大量数字出版企业积极推动期刊媒体融合发展，共建期刊融媒生态新系统。如超星"域出版学术平台"，通过"以智带栏"模式，汇集学者、作者、读者就相关栏目与主题开展观点交流与碰撞，打造包括专栏出版、文献、图片、音频、视频、论坛和授课等多媒体功能在内的学术交流移动互动平台，针对各种聚类问题提出解决方案。不仅使聚合型平台从无序走向有序，而且逐步使期刊媒体回归知识共同体；人大数媒科技（北京）有限公司开发的"壹学者"移动学术科研服务平台依托于中国人民大学书报资料中心多年来积累的品牌效应，坚持用户价值导向，打造"内容＋工具＋社交"的产品架构，致力于用户价值运营，在打造新型"刊网互动"学术出版与评价模式中，携手国内学术期刊出版单位进行了有益的探索。自2014年上线以来，推出了覆盖微信端、APP端、PC端的产品矩阵，吸引了55万学者用户。武汉理工大学数字传播工程研究中心RAYS系统采用首创的双线盈利模式和版权保护体系，将所有渠道的终端用户吸纳为自有平台读者，重构用户连接，挖掘用户价值。为推动期刊媒体转型升级做好"系统支撑＋运营策划"的全方位服务。期刊出版单位积极探索期刊媒体融合的智能传播模式，一批致力于构建主流舆论阵地、提升期刊智能传播能力的融媒体项目纷纷问世，将传统期刊与新媒体融合智能传播推向更加深入发展的新阶段。

（四）坚持服务大局，主题出版叫好又叫座

全国期刊围绕十八届六中全会、G20杭州峰会、庆祝建党九十五周年、纪念长征胜利80周年等重要会议、重大活动和重要时间节点，全方位、多层次、多角度、全媒体地开展了宣传报道。《紫光阁》2016年11期，刊发了《执政

与行政·热点聚焦·学习宣传贯彻党的十八届六中全会精神》,《人民论坛》杂志 2016 年第 25 期策划了 G20 峰会策划专题。分别以《G20 杭州峰会,习近平为全球治理确立"新坐标"》《G20 杭州峰会让中国更自信》《G20 杭州峰会的"中国智慧"》等为题做深入报道;《小康》杂志 2016 年第 28 期刊发了 G20 峰会策划专题。分别以《G20 杭州峰会主题就是一张"处方"》《杭州向世界递上新名片》等为题做深入报道。《新湘评论》2016 年第 13 期策划了主题阅读《没有共产党就没有新中国》专题。《共产党员》2016 年第 13 期策划了《习近平关于讲规矩守纪律的重要论述》专题。《党史文汇》2016 年第 6 期,刊发了《纪念红军长征胜利 80 周年》……众多期刊出版单位充分发挥期刊主流舆论阵地作用,将主题报道做得出彩叫座。

2016 年 9 月 24 日,《中国期刊年鉴》杂志社、《紫光阁》杂志社、《当代党员》杂志社、《新湘评论》杂志社在中国(武汉)期刊交易博览会上联合主办了"号声嘹亮——纪念中国共产党成立 95 周年党刊文献展"。展出了中国共产党各级党组织在不同历史时期创办的党建工作指导类、党建普及类、党建理论类和党史类期刊以及各类文献资料 300 余件。藉此加强期刊工作者的历史责任感和使命感,弘扬党刊优良传统,做中华民族伟大复兴的筑梦者、建设者和见证者。

(五)"期刊 +"平台化经营,共建良性期刊出版生态系统

2016 年,期刊出版业在发展过程中,利用跨界思维,创新了业务形态和经营方式,如果说"期刊+影视""期刊+图书"等形式还在新闻出版的大范围内的话,"期刊+会展""期刊+公关""期刊+活动""期刊+创业""期刊+教育""期刊+旅游""期刊+电商"等,这一系列尝试则实现了真正的跨界。"期刊+"等发展趋势日益显现,大量期刊深耕主业,产业跨界延伸。《农村百事通》杂志社电商平台入驻阿里巴巴,并依托多年的品牌优势,开通阿里巴巴农产品批发平台、淘宝农产品零售平台,吸引全国优质农产品入驻销售;《中国国家地理》杂志社打造中国第一家以专业地理百科知识为基础、线上线下为一体的多元化经营体系。主要经营门户网站、电子杂志、无线增值业务、广告传媒、线下活动、旅游房地产等项目。"专业地理多元化经营体系"让用户实现"阅古今,行天下,品生活";《中国医院院长》整合行业相关资源,通过

举办"中国医院院长年会""最具领导力中国医院院长评选"及专项培训，打造品牌活动集群，形成"期刊 + 会展"为核心的经济体，实现期刊的第三次售卖；《党建》杂志社开始进军影视制作和图书出版业，制作了《政德的力量》电视教育片，先后策划推出了《毛泽东的人民观》《根据地——冀鲁豫的中国故事》《抗日根据地的杰出共产党员》《我家的抗战故事》《大学生村官张广秀》《思想中国》等图书；《徽商》杂志社自 2009 年 3 月创刊以来，以"国际视野、中国角度、安徽观点"深刻影响徽商群体，其独家策划的大型品牌活动，如"徽商奥斯卡全球年度盛典""寻找徽商最佳投资区域""徽商互联网金融峰会""第七届中国（安庆）黄梅戏艺术节"等均获得社会各界好评。《徽商》杂志社推出的各大榜单不仅已经成为徽商企业和徽商经济发展的年轮，也成为发展风向标。

"期刊 +"就是依靠期刊多年形成的内容优势、人才优势、品牌优势，以互联网思维引领期刊创新传播方式、创新出版理念、创新经营模式，激发创新活力。多层次、多角度、多方面满足受众需求，培育新兴业态，完成期刊转型创新和产业升级，实现期刊的"媒介平台价值"。

（六）期刊走出去成果斐然

2016 年 3 月 31 日，同方知网美国子公司 CNKI（美国）在 2016 美国亚洲研究协会（AAS）年会上首次发布了中国知网翻译出版的《经济研究》《东北亚论坛》《敦煌研究》《心理学报》《中国针灸》等近百种中英双语对照学术期刊网络版。

2016 年 4 月 18 日，中国科学杂志社自主研发的 SciEngine 平台开始试运营。SciEngine 以《科学通报》和《中国科学》系列期刊的内容资源为依托，是我国首个集全流程数字出版与国际化传播于一体的科技期刊服务平台。

在国家"一带一路"战略的支持和推动下，2016 年 5 月 24 日，我国第一本以"一带一路"为主题的《丝路瞭望》杂志（俄文版、哈文版）在哈萨克斯坦首都阿斯塔纳首发。该刊以助力"丝绸之路经济带"建设为宗旨，关注区域内各国时政、财经等领域有关新闻，搭建中国与中亚国家共享信息、表达观点、交流共识的平台。

2016 年 7 月 29 日，中国科学技术协会协同多部门组织实施"中国科技期刊国际影响力提升计划第二期项目"（2016～2018 年）。经项目发布、自主申报、资格审查、专家评审和项目公示，遴选出 105 种期刊和 20 种拟创办期刊，予以资金和出版资源支持。

2016 年 12 月 10 日，第十一届全球孔子学院大会 10 日在云南昆明举行，140 个国家和地区的大学校长、孔子学院代表共 2 200 多人出席大会。孔子学院院刊《孔子学院》杂志编委会同期召开，交流办刊心得。《孔子学院》杂志共出版 11 个语种向全球 140 个国家、511 所孔子学院和 1 073 个中小学的孔子课堂发行。

三、期刊业面临的问题与对策

（一）转企改制的细化与深化

经过十余年的改革，经营性期刊出版单位基本完成了转企改制，但是内部经营管理机制还不完善，现代企业制度还没有完全建立起来，活力还没有激发出来。体制和机制依然是制约期刊业发展的重要因素。

（二）版权关乎整个业态的健康发展

期刊媒体融合发展，显著的特征就是多元传播，将纸质内容转化成相关内容产品。所以期刊出版单位要联合版权方，需要对版权统筹考虑，提高数字版权管理、运用、维护能力和水平，加速版权作品的产业化。

（三）融合发展亟待制度约束和保障

期刊融媒快速发展，亟待出台相关法律法规和规范，从制度层面上对期刊媒体的传播行为、传播内容等多方面予以规范管理和保障。

2016 年，出台了一批互联网信息服务领域的法律法规，如 2 月 4 日发布的《网络出版服务管理规定》，6 月 25 日发布的《互联网信息搜索服务管理规定》，6 月 28 日发布的《移动互联网应用程序信息服务管理规定》，7 月 4 日发布的《互联网广告管理暂行办法》，及 11 月 4 日发布的《互联网直播服务管理规定》。出台的政策既包括鼓励性和引导性政策，又包括规范性和限制性政策，这意味着既要加强对新媒体发展的规范和管理，又不能因为规范管理而限制其发展；既要保障网络自由，又要构建网络秩序；既要重视管理的有效性，又要突出服务的完善性。

（四）人才是发展的重要因素

新兴媒体的快速发展正是得益于用人机制的创新。期刊出版业人力资源的机制和体制的束缚依然制约着期刊出版业健康快速发展。人才资源是期刊出版业的第一资源，要牢固树立重视人才的理念，坚持用人机制的改革创新，要从"权利创新"观念转变为"人才创新"理念，从"管人才"转变为"尊重人才"，建立科学、开放、灵活、高效的用人机制。创造人才聚集的环境，建设"一支队伍可以生产多个产品，一个产品可以进行多次开发"的新型期刊出版队伍；让这些人才引得进、留得住、用得好，为我国期刊转型升级和融合创新发展汇聚力量。

四、未来我国期刊出版发展的几大趋势

（一）以政策带动为主要推动力量

2016年，在国家政策的影响下，我国期刊出版业发展势头良好，取得了不错的成绩。全民阅读正是在国家层面的推动下实现了遍地开花。在国家"一带一路"战略实施的背景下，我国期刊出版业走出去也取得了较大的成功。同时，期刊业的供给侧改革等也在国家政策利好的情况下得以快速推进。由此可见，在未来，我国期刊出版的发展，还需要以政策为主要推动力量来实现进一步发展。

（二）推动期刊业融合发展要正确认识和处理的五个关系

一是挑战与机遇的关系。我国期刊出版业不忘初心、抓住机遇，勇于变革、锐意进取，利用互联网的特点和优势，推进理念、内容、手段、体制机制

等全方位创新，为建立现代传播体系而奋力前行。二是渠道与内容的关系。传播渠道的拓展给期刊业的发展带来新的机遇，但是渠道要为内容服务，做好内容是期刊出版永恒的主题。三是社会效益与经济效益的关系。四是技术与人才关系。习近平总书记指出："媒体竞争关键是人才竞争，媒体优势核心是人才优势。"决定媒体未来发展方向的首要因素是人而不是技术，因为任何技术都是由人创造和掌控的，人是推动媒体变革的原动力。五是当前与长远的关系。媒体融合是一个不断发展、不断完善的过程，要从长计议，要有长远谋划。

（三）期刊出版的数字化、移动化趋势将更加明显

2017 年 5 月 31 日，中国记协发布的《中国新闻事业发展报告（2016 年）》显示：中国传媒产业整体保持增长态势。中国已进入移动互联时代，中国的移动新闻用户已超过 5 亿，占网民总数的 70% 以上。

新技术、新应用的诞生，为期刊出版业的发展提供了新的思路和新的契机。一些传统的期刊出版单位也纷纷开始尝试进行数字化、移动化和新技术的应用。伴随着媒体融合进程的进一步推进，以及新技术的进一步发展，在未来，期刊出版业将与新媒体、新技术实现更为深入的融合，期刊出版的数字化、移动化趋势将更加明显。

（四）期刊出版业的跨界经营将成为新方向

2016 年，在跨界营销成为新的营销手段的背景下，跨界成为期刊出版业经营的重要突破口，无论是传统的报纸、广播还是电视，甚至是网站、自媒体等一些新兴的媒体平台，也都进行了跨界的尝试。"期刊＋电商""期刊＋旅游""期刊＋教育"等一系列新的"期刊＋"产品不断产生，这也为传统期刊出版业带来了新的经济效益和社会效益，成为期刊转型升级的新方向。

（五）知识付费将建构期刊媒体融合盈利模式

2016 年被称为知识付费元年，知识付费也被称为下一个风口。知识付费成为众多媒体人的重要关注点。在这一背景下，传统期刊媒体在借助互联网新技

术延展期刊内容，引导读者在阅读纸质期刊后，再次为深度扩展内容付费。同时，通过强大的技术手段抓取读者数据，与读者建立长期联系，培养了忠实用户与付费习惯。这些将有可能成为期刊转型升级、融合发展的新方向。

参考文献

［1］段艳文，秦洁雯．2016年中国期刊困难与机遇共存［J］．青年记者，2016（1）．

［2］李军．报刊融合发展实践［J］．传媒，2017－03－08．

［3］石峰．当前期刊媒体融合中必须正确认识和处理的五个关系［R］．北京：国家新闻出版广电总局研修中心，2017.

（段艳文　中国期刊协会；王军峰　西京学院）

第三节　2016～2017 中国报纸出版业发展报告

2016 年以来，我国报业深入学习宣传贯彻习近平总书记系列重要讲话精神，牢固树立"四个意识"，特别是核心意识、看齐意识，认真贯彻落实党中央、国务院决策部署，牢牢坚持正确政治方向和出版导向，锐意进取、开拓创新，改革发展、媒体融合等各方面工作都取得了积极进展。目前，报业正按照国家"十三五"规划部署，切实加强统筹协调、资源整合、业务聚合、媒体融合，深入推进改革创新、繁荣发展，着力推动转型升级、提质增效，为实现"两个一百年"奋斗目标、实现中华民族伟大复兴的中国梦做出应有的贡献。

一、2016 年报业发展情况分析

2016 年，我国报纸出版业加快体制改革和机制创新，不断推动产业发展，积极与新媒体融合发展，加强公共文化服务体系建设，在改革、发展、公共文化服务等方面有了新的进展。

（一）报业结构较为合理，呈现出"一体两翼"的总体格局

我国报业经过近年来的宏观调控及综合治理，结构不断优化，布局趋于合理，逐步形成以党报为主体，区域性城市类、生活服务类报纸和行业专业类报纸为两翼共同发展的格局，满足了读者多层次的阅读需求。据统计，2016 年全国共出版 1 894 种报纸，按照内容区分，党报 430 余种，占报纸总数的 23%；晚报都市报等区域性城市类报纸 280 余种，占报纸总数的 14%；行业专业类、读者对象类报纸 730 余种，占报纸总数的 39%；生活服务类报纸 250 余种，占

报纸总数的 13%；另外还有文摘类、外宣类、政协人大类、广播电视报等类型报纸合计 200 余种，占报纸总数的 11%。目前，各级党报总体情况较好，晚报都市报受新媒体冲击影响较大。按照发行范围分，全国性报纸 217 种，占报纸总数的 11.46%；省（自治区、直辖市）级报纸 780 种，占报纸总数的 41.18%；地市级报纸 878 种，占报纸总数的 46.36%；县级报纸 19 种，占报纸总数的 1.00%。全国性报纸所占比重继续提高，省级报纸仍占据半壁江山，但比重继续减少。

（二）日报出版规模较大，发行量较大

2016 年，全国共出版 1 894 种报纸，相比 2015 年（1 906 种）减少了 12 种。全国报纸总印数 390.07 亿份，总印张 1 267.27 亿印张，报纸出版（包括相关广告业务）实现营业收入 578.5 亿元人民币，利润总额 30.1 亿元。2016 年度，我国平均期印数超过 100 万份的报纸共有 25 种，与 2015 年相比减少 1 种，其中《人民日报》平均期印数 337 万份，《参考消息》平均期印数 214 万份，另有《南方都市报》《钱江晚报》《半岛都市报》《都市快报》《齐鲁晚报》等 5 家都市报发行量超过 100 万份。在行业专业类报纸中，目前发行量较大的有少儿类、健康养生类、教辅类等报纸，例如《英语周报》《当代中学生报》《快乐老人报》《健康时报》等。

（三）媒体融合加速，报业经营日趋多元化

2016 年，我国报业"深耕主业、多元开拓、加快转型、融合发展"的趋势较为明显。各报社一方面整合传播资源，打造新媒体传播矩阵，巩固主流媒体影响力，夯实主业；另一方面，布局网络游戏、大数据等相关领域，缓解主业压力，新的经济增长点不断出现，逐步形成以广告和发行经营为主，新媒体、会展、培训、行业顾问、信息定制等多种经营方式相互补充的经营模式。一些报社还成立了各类子公司，以多种方式实现上市融资，开创了传媒融资的新渠道。全国报纸出版单位采取多种措施，加快推进纸媒和新兴媒体深度融合，采编平台改造稳步推进，内容产品更加丰富，技术水平得到提升，用户规模持续扩大，主流报业的传播力、公信力、影响力进一步增强，融合发展取得

了良好开局，展现出更加广阔的前景。大数据、云计算等技术运用到全媒采编平台构建之中，移动直播、H5 应用等技术在采编制作环节普遍采用，机器人写稿、无人机采集、虚拟现实等技术从无到有，实现了突破。

例如，作为新闻战线的排头兵，人民日报社把媒体融合发展当作头号工程，夯实基础、整合资源、深挖潜力，在多个新媒体平台上着力打造"人民日报"这一响亮的传播品牌。现在，人民日报已经从一张报纸，发展成为拥有报纸、杂志、网站、网络电视、网络广播、电子屏、手机报、微博、微信、客户端等多个类别、数百个终端载体的新型主流媒体集团。光明日报以融媒体中心为依托，逐步建立包括报纸、网站、移动互联网产品、社交媒体平台、楼宇信息屏在内的多载体、多层次的传播报道体系。经济日报巧用新技术新载体，推动报纸、网站、法人微博等梯次传播，形成各显所长的立体化传播格局。截至 2016 年 12 月，人民日报、新华社、中央电视台"央视影音"客户端下载量分别达到 1.5 亿、1.8 亿、5.5 亿，中央主流媒体网上传播力影响力明显提升。

在地方媒体中，浙报传媒集团股份有限公司、浙江华媒控股股份有限公司、华闻传媒投资集团股份有限公司等单位数字出版、动漫等新业态业务收入实现较大幅度增长。其中，华媒控股积极发展新媒体业务，将其列入主营业务；华闻传媒通过打造覆盖用户主要生活和工作场景的立体化现代传播体系，数字内容服务业务收入同比增长 30.9%，成为公司业务增长最快的版块。粤传媒和浙报传媒积极探索业务升级、媒体融合和跨界融合，推进产业升级转型。

（四）出版传媒集团整体规模稳步提升，经营情况出现明显差异

截至 2016 年年底，全国共有经国务院新闻出版行政管理部门或省级新闻出版行政管理部门批准的出版传媒集团 126 家，其中图书出版集团 40 家，报刊出版集团 47 家、发行集团 27 家、印刷集团 12 家。2016 年度，出版传媒集团资产规模进一步扩大，主营业务收入和利润总额显著增长。全国 120 家图书出版、报刊出版、发行和印刷集团共实现主营业务收入 3 476.1 亿元，较 2015 年增加 474.3 亿元，增长 15.8%；拥有资产总额 6 541.5 亿元，增加 523.4 亿元，增长 8.7%；实现利润总额 296.6 亿元，增加 49.4 亿元，增长 20.0%。各类集团经营情况表现各异：图书出版集团主要经济指标均实现两位数增长；报刊出

版传媒集团主营业务收入降幅趋缓，利润总额止跌后大幅回升；发行集团主营业务收入和利润总额快速增长；印刷集团主营业务收入和利润总额继续下滑。其中，47家报刊出版传媒集团资产规模继续扩大，营业收入继续下滑，但降幅趋缓；得益于投资收益和营业外收入增加，利润总额大幅增加。上海报业集团、浙江日报报业集团、成都传媒集团、广州日报报业集团、山东大众报业集团、陕西华商传媒集团、湖北日报传媒集团、河南日报报业集团、深圳报业集团和南方报业传媒集团等10家报业集团的总体经济规模居于前列，其中上海报业集团、成都传媒集团和浙江日报报业集团资产总额超过100亿元。目前各大报业集团正加大改革创新力度，推动融合发展，努力把报业集团打造成拥有强大实力和传播力、公信力、影响力的新型媒体集团。例如，上海报业集团2013年10月成立以来，不断进行资源整合，已关停、合并了6家报刊；同时，探索新业态，设立润力基金、825基金，搭建文化产品投融资平台、文化地产和金融股权投融资平台。该集团还在上海市委宣传部的支持下发展新媒体：以《解放日报》为主设立"上海观察"，探索党报收费发展新模式；以《东方早报》为主体，全力做好"澎湃新闻"，探索免费新闻的一体化发展模式；"界面"则是上报集团探索借用社会资源搭建的高素质人群聚集的新闻及商业社交平台，有收费及免费两种模式。

（五）积极推动报纸出版单位深化改革

国家新闻出版广电总局继续做好中央和地方非时政类报刊出版单位转企改制工作，截至2016年年底，累计审核107家中央和地方非时政类报刊出版单位转企改制方案、77家报刊编辑部改革实施方案，6家报刊出版企业上市融资。同时，积极推动已转企的出版传媒企业中符合上市条件的企业尽快上市。目前，在上市的出版传媒企业中，江苏凤凰出版传媒股份有限公司、中南出版传媒集团股份有限公司、浙报传媒集团股份有限公司、华闻传媒投资集团股份有限公司、中文天地出版传媒股份有限公司、成都博瑞传播股份有限公司、长江出版传媒股份有限公司、时代出版传媒股份有限公司、广东九州阳光传媒股份有限公司、中原大地传媒股份有限公司、北方联合出版传媒（集团）股份有限公司和北京赛迪传媒投资股份有限公司等12家公司涉及书报刊等业务。

（六）公共文化服务水平和能力进一步加强

文化是一个民族的精神和灵魂，是国家发展和民族振兴的强大力量。为进一步满足人民群众看电视、听广播、读书看报、参加公共文化活动等基本文化权益，为深入贯彻落实中共中央办公厅、国务院办公厅印发的《关于加快构建现代公共文化服务体系的意见》精神，2016 年，中央财政加大了公共文化服务支持力度，全年专门用于公共文化服务体系建设的资金达 200 多亿元，主要用于支持公益性文化设施免费开放、引导社会提供基本公共文化服务项目、改善基层公共文化设施条件、加强基层公共文化服务人才队伍建设和支持少数民族文化事业发展。目前已向西部、中部和东北农村地区赠阅《人民日报》，向全国高校党支部赠阅《人民日报》，受到基层单位的普遍欢迎。一些省份已着手推动党报由订改赠，例如内蒙古、吉林、海南等地已全部由省级财政和党费专项征订党报党刊，按比例免费赠阅，大幅减轻基层负担，有效扩大党报党刊传播覆盖面。《农民日报》《中国妇女报》等报纸也在部分西部省（区、市）农村免费赠阅。总局也鼓励各地及中央报刊主管单位积极学习借鉴这些好的做法，积极推动把党报党刊作为公共文化服务产品由财政分级购买、免费增阅，切实减轻基层负担。此外，加强农家书屋等公共文化服务工程建设。目前，全国累计投入资金 150 多亿元，按照每个书屋配备不少于 1 200 种、1 500 册图书，20 种报刊，100 种音像制品和电子出版物的建设标准，共建成 60 多万个农家书屋，全国共计配送图书 9.4 亿册、报刊 5.4 亿份，音像制品和电子出版物 1.2 亿张，供农村及民族地区群众免费阅读。全国已在交通枢纽、广场、社区、学校等人流密集地点建成约 10 万个阅报栏及电子阅报屏，方便群众免费阅读。

二、当前报业面临的问题与挑战

在看到我国报业发展的同时，也要看到，随着我国经济发展进入新常态，改革进入攻坚期和深水区，文化体制改革深入推进，媒体格局深刻变化，报业在新闻宣传、产业发展、媒体融合等方面面临着许多新形势、新要求、新机遇。

（一）国内外形势的发展变化对报刊工作提出了新任务和要求

报刊同其他媒体一样，都要服务于社会、服务于读者。社会形势的变化，读者需求的变化，对报刊工作提出了新的任务和要求。一是我国经济发展进入新常态，既对经济建设提出了新的更高要求，也需要人们转变思想观念和发展理念。因而，报业承担的统一思想认识、引导社会预期、提振发展信心的任务更重。二是全面深化改革进入关键期，触及许多深层次的矛盾和问题。报业承担凝聚改革共识、维护和谐稳定的任务更重。三是全面依法治国的推进，需要全社会牢固树立法律意识。报刊承担弘扬法治精神、建设法治文化、推动法治实践的任务更重，四是人民群众对精神文化的需求更高了。报业承担多出优秀精神文化产品的任务更重。五是意识形态领域日益呈现新的复杂形势。报业承担维护我国意识形态安全和文化安全的任务更重。特别是巩固马克思主义在意识形态领域的指导地位、巩固全党全国各族人民团结奋斗的共同思想基础的任务更重。

（二）受新媒体强劲发展的影响，传统媒体受到了巨大挑战

改革开放后报业已经历过多次冲击。

首先受到冲击的报业类型是广播电视报。20世纪80年代，有些广电报等报纸发行量曾经达到二三百万份，广告客户排队等着刊登广告。但是随着有线电视的普及各类晚报都市报和文化生活类报纸的兴起，广电报迅速衰落下去。

紧接着受到冲击的是中央各部委的行业专业报。这一类报纸在20世纪八九十年代获得迅速增长。伴随着行业报的快速发展，规模小、分布散、结构不合理、"小散滥"等问题开始凸显。经过各级党委、政府和有关部门的多次治理，取得了一定成效，数百家中央部委和地方厅（局）所办报纸停办、合并、划转或转为内部资料。当前部分行业报遇到严重的挑战，报纸发行量、广告经营收入、人员数量等指标在各类报纸中均属于偏低的。

目前受到冲击较大的是文化生活类报纸和晚报都市报。它们在1995年前

后随着四川《华西都市报》的创办迅速发展，在21世纪前10年达到巅峰状态，《楚天都市报》《扬子晚报》等期发行量均一度达到100余万份，有的甚至超过200万份。但是近几年受新媒体冲击和宏观经济影响，都市报的广告经营下滑严重。有些报纸已经退出了市场，例如北京的《竞报》、上海的《天天新报》、湖南的《长株潭报》、辽宁的《辽西商报》、云南的《生活新报》、四川的《成都女报》等。

2016年报业的营业收入、利润均呈明显下降趋势。目前报业已不可能维持20世纪八九十年代的那种高速增长了。根据2015年、2016年的年检及产业统计数据分析，报业整体上处于下滑的时期，其中尤以2015年下降幅度最大，2016年报纸出版主要经济指标降幅趋缓。与2015年相比，2016年报纸总印数降低9.3%，总印张降低18.5%，但市场定位和读者对象更为明确的专业类、读者对象类报纸，总印数降幅分别为3.6%和1.0%，低于整体降幅5.7个百分点和8.3个百分点，反映出报纸出版供给侧的专业化、细分化改革成果初现。报纸出版主要经济指标下滑速度趋缓。报纸出版营业收入降低7.6%，利润降低15.7%，分别比2015年收窄2.7个百分点和37.5个百分点。43家报业集团主营业务收入降低2.5%，收窄4.4个百分点；受益于投资收益与补贴收入等大幅增加，利润总额止跌回升，增长59.4%，提高104.5个百分点；营业利润出现亏损的报业集团29家，减少2家。对此，我们要客观评价，报刊经济效益的评价体系不应该仅仅停留在一张新闻纸上，报刊、网络、手机、手机报、公众号、微博和客户端都在进行传播，新媒体在报业的受众规模和影响规模上已经超过了原来的纸质报刊。

令人欣慰的是，我国报业在应对新媒体冲击等方面，并非束手无策，而是不断地探索媒体融合、深化改革，出现了很多新的亮点。媒体融合发展从最初只有几家单位试水到逐渐兴起实践的热潮，流程再造、移动化迁移、融合报道、跨界合作、中央厨房等一系列新生的采编模式逐渐为外界所熟悉，为各媒体所熟练应用。按照中央的要求，未来我们要打造一批导向正确、覆盖广泛、具有较强影响力的新兴传播平台，一批形态多样、手段先进、具有较强竞争力的新型传播平台，一批形态多样、手段先进、具有较强竞争力的新型主流媒体。

（三）新兴媒体分流读者，推动媒体融合仍在探索中，现有盈利模式难以弥补广告经营断崖式下滑

截至2016年12月底，中国网民规模达到7.31亿，互联网普及率达到53.3%，手机网民规模高达6.95亿，有95.1%的网民通过手机上网。随着新应用和新传播形态的出现，原有的应用和传播形态乃至市场占有式微是必然的。自2014年上海报业集团主办的澎湃新闻一炮打响后，不少媒体集团推出以客户端为主打的产品，九派新闻、并读新闻、交汇点新闻、前沿新闻、封面新闻、上游新闻、"南方+"等。当然，媒体融合涉及思维创新、资产重组、资源整合、平台再造、渠道开拓、形态创新、用户争夺等系统性的改革。然而，很多新闻客户端在定位、运营理念等战略问题上的含糊不清与摇摆不定，加之体制机制上的一些问题，部分新闻客户端无法建立竞争优势，传播力及赢利能力较差。例如有些客户端虽然下载量很高，超过1 000万用户，但是每日活跃度却很低。当前各大报社由于传统经营收入快速下滑，自身加快转型的意愿比较强烈，但是碍于自有资金有限、外投资金不足，项目体量小，盈利能力弱，难以规模化发展并发挥示范效应，对整个报业的提升拉动作用不足。如果传统媒体放弃自己的阵地，盲目进行新媒体尝试，短期内的盈利并不现实。因此，制定媒体融合计划要从自身实际出发，量力而行。

（四）精品报刊数量不足，产业结构矛盾突出

近年来，我国报业的内容生产和品牌建设取得了很大的成绩，但是与我国1 894种报刊的总量相比，以"百强"报纸为代表的精品报纸的数量仍是很少的，与国际先进水平相比，我国报纸的内容品质、话语权、传播力还存在不小的差距。现在世界发达国家的报刊出版普遍采用现代化运作、集团化发展的模式。而在我国，报业"小散弱"问题突出，发展后续能力不足，亟待改革和调整，出版资源分散，产业集中度低，无法形成发展合力。此外，受长期以来计划经济体制的资源配置方式的影响，我国报业还存在着条块分割严重、同质化现象突出的问题，许多报纸定位趋同、内容趋同、风格趋同，也无法形成内容上的竞争力。与产业结构问题紧密相连的还有体制机制问题。目前我国报纸出版单位中真正转企的比例较小，大部分是事业体制，有些还是非法人编辑部，不是真正的市场主体，缺乏法人治理结构，没有财务、人事、经营的自主权，存在着体制机制不健全、市场竞争力弱等问题。

三、报业发展面临的机遇

"十三五"期间，各类主流媒体都有机会，关键是要处于所属类别媒体的第一阵营。那些长期亏损、资不抵债、靠有偿新闻和敲诈勒索过日子的媒体，今后是没有任何出路的。

（一）服务党和国家工作大局：受益最大的将是各级党报、各部委所办工作指导类报纸

目前受冲击影响较大的是严重依赖广告和发行、转型不成功、同质化竞争的晚报都市报等，各级党报党刊及部分部委工作指导类报刊却逆势上扬。其中一个重要原因就是各级党报加大主题宣传力度，获得中央及地方各类资助项目较多。例如，安徽时代出版传媒 2017 年 2 月 26 日发布公告，该公司及下属子公司 2016 年度共获得中央及安徽省文化产业各类补助资金到账金额为 4 422 万元。报业这方面的补助应该更多。粤传媒于 2017 年 2 月 28 日发布公告，2016 年实现营业收入 10.29 亿元，同比减少 19.97%；营业利润亏损 1.53 亿元，同比减少 296.23%；但是其利润总额为 1.85 亿元，同比增长 433.41%，业绩变动幅度较大的主要原因是，传统纸媒经营受到持续冲击，造成营收下降；公司年末收到政府补助 3.5 亿元，造成利润增加。

（二）服务好"一老一小"两类人群：受益最大的将是老年类报刊、医药养生保健类报刊、少儿类报刊等

中国正进入老龄化社会，目前，我国 60 岁以上老年人数已超过 2.3 亿人，约占总人口的 15%。我国拥有全世界最庞大的老年人群体，每天还有 2.5 万人进入老年，健康是中老年人最关切的事。2016 年 8 月 19 日召开的全国卫生与

健康大会上，习近平总书记提出，要把人民健康放在优先发展的战略地位。今后养老产业将迎来快速发展的"黄金阶段"。新增老年人口可支配财富更多，从这部分高净值人群的消费需求来看，高端健康管理和养老将成为未来的主要消费需求。这使得我国的老年类报刊、医疗健康养生类报刊发展进入较好的时期。近年来，湖南的《快乐老人报》、人民日报社的《生命时报》《健康时报》发行量均较大，已很好地说明了这一点。

另外，我国的少年儿童类报刊情况也较好，随着二胎的放开，我国将迎来第四次新生儿出生高峰期，中国城市化进程的推进及公共文化服务的加强，为儿童产业的繁荣奠定了稳固的需求基础。目前，国内 0~12 岁儿童数量达到 2.9 亿人，儿童消费支出占整个家庭收入的 25%，且以每年 9% 以上的速度递增。2015 年，我国的儿童产业规模已达 3 万亿元，预计 2020 年产业规模将达到 7.5 万亿元。这为我国的少年儿童出版带来巨大的发展机遇，无论是书报刊还是动漫、电影等，均有很大的发展潜力。2016 年，《英语周报》《当代中学生报》《学习方法报》《中学生学习报》《英语辅导报》《语文学习报》《学生周报》《英语测试报》《学英语报》等 9 种报纸平均期印数均超过 100 万份。

（三）服务于社科及科技前沿研究领域：各类顶级学术期刊至少要是核心期刊

2016 年 5 月 30 日，习近平总书记在全国科技创新大会、两院院士大会、中国科协第九次全国代表大会上发表重要讲话指出，召开这次会议，"就是要在我国发展新的历史起点上，把科技创新摆在更加重要位置，吹响建设世界科技强国的号角"。党中央 2016 年颁布的《国家创新驱动发展战略纲要》明确，我国科技事业发展的目标是，到 2020 年时使我国进入创新型国家行列，到 2030 年使我国进入创新型国家前列，到新中国成立 100 年时使我国成为世界科技强国。科技成果的呈现离不开一流的科技期刊。目前我国对报刊实行总量控制，但是总局对创办填补学科领域空白的科技期刊一直予以大力支持。据统计，2010 年以来，国家新闻出版广电总局共批准新创办科技期刊 111 种（其中英文 55 种），更名创办科技期刊 102 种（其中英文 19 种）。另外，2013 年总局和中国科协、财政部、教育部、中国科学院、中国工程院等六部门联合启动"中国科技期刊国际影响力提升计划"以来，我国英文科技期刊得到快速发展。

该计划以三年为一周期，每年拨付财政专项资金 1 亿元，用于支持我国优秀英文科技期刊的发展。计划实施以来，已有 135 种期刊获得资助，累计支持资金 2.91 亿元，支持创办英文科技期刊 34 种，计划支持期刊中，进入全球各学科领域 Q1 区 20 个刊次。从 2016 年第二期"中国科技期刊国际影响力提升计划"项目实施起，总局继续提供英文科技期刊的刊号支持。目前，有些报纸停办，转为期刊，有些大众类期刊转为学术期刊，都是看到了我国学术期刊出版的巨大潜力。

（四）互联网等新媒体领域：目前传统媒体尚在探索中，有效的盈利模式不多，今日头条等新媒体广告收入持续增加

正如阿里巴巴董事局主席马云所说：未来 30 年，这个世界不属于互联网公司，而属于那些用好互联网的公司。2012 年 8 月，今日头条正式上线，截至 2016 年 9 月底，已有 5.8 亿用户，日活跃用户超过 6 300 万。2016 年年底完成新一轮融资，金额 10 亿美元，投后估值达到 110 亿美元。2016 年，该公司的营收超过 60 亿元。该公司的主要竞争力是利用人工智能推荐算法提升了信息分发效率，它的盈利模式也主要靠精准的信息流广告投放。今日头条根据用户特征、环境特征、文章特征等数据，进行组合推荐。这背后是数据挖掘、神经网络、自然语言理解、机器学习等人工智能技术的支持。

四、进一步推进报刊繁荣发展

"十三五"时期是全面建成小康社会决胜阶段，也是促进文化繁荣发展的关键时期。2017 年 5 月，中共中央办公厅、国务院办公厅印发了《国家"十三五"时期文化发展改革规划纲要》，对繁荣文化产品创作生产、推进文化体制改革创新等 11 个方面的工作进行了部署。6 月，国家新闻出版广电总局印发了《新闻出版广播影视"十三五"发展规划》，总局正按照中央统一部署抓好贯彻落实工作。当前，重点任务如下。

（一）加强导向审核把关，提高舆论引导能力

报业要牢牢坚持党性原则，牢牢掌握报纸的领导权和舆论引导的话语权，

旗帜鲜明，守好阵地，始终在思想上、政治上、行动上同以习近平同志为核心的党中央保持高度一致。

当前，报业管理领域存在的一些突出问题应当引起高度重视，例如，个别报社存在严重导向问题，新闻敲诈问题尚未根治，有些报纸成为假新闻"重灾区"，有些报纸编校质量差错严重，甚至在标题中将有关负责人的姓名等重要信息搞错，严重损害媒体的公信力，引起社会的批评。有些报道使用网络低俗语言，内容媚俗、庸俗。针对这些问题，报业要落实导向管理全覆盖要求，坚决守好阵地、管好阵地、把好关口，决不能为错误思想言论提供传播渠道，坚决防止报刊出版工作出现杂音噪音。

各报纸出版单位均要把意识形态责任制落实落细，加强内容审核把关，坚持新兴媒体与传统媒体在导向把关上同一个标准、同一个尺度，决不允许刊载违背党中央精神的错误观点，不允许出现所谓的"舆论飞地"，不允许出现管理盲区。加强报刊及其所办新媒体社会效益考核，始终把社会效益放在首位，讲品味、讲格调、讲责任，绝不能搞唯发行量、唯点击率，决不能让无节操、无底线的报道和广告充斥其中。

（二）加快推动报刊融合发展

推动传统媒体与新兴媒体深度融合，是新闻报刊领域面临的重大课题，也是主流媒体的使命和职责所在。当前融合发展已经进入向纵深推进的关键时期，我们要戮力同心、迎难而上，打好这场攻坚战。

我们要把深度融合、一体发展作为关系行业生存发展的战略工程，在思想认识上再深化，在资源配置上再倾斜，在工作推进上再抓紧，在方法举措上再创新，以自我革命的精神推进融合发展。要把移动优先作为重要战略，创新移动新闻产品，打造移动传播矩阵。重点突破采编发流程再造这个关键环节，以"中央厨房"采编系统建设为龙头，创新媒体内部组织结构，构建新型采编发网络。要打通制作生产环节，推进制作流程一体化、资源共享便捷化，实现内容产品融媒化，不断夯实融合发展的技术支撑。同时，要推动新闻出版与广播影视的深度融合，推动产业的转型升级。

（三）加强精品建设，推进集约化发展

深入贯彻落实《国家"十三五"时期文化发展改革规划纲要》和国家新

闻出版广电总局的《新闻出版广播影视"十三五"发展规划》，深化供给侧结构性改革，在开发新媒体做"增量"的基础上，尽快推进报刊"存量"改革创新，支持行政部门及主管单位调整优化报刊资源，采取有效措施，停办退出一批、整合兼并一批、做强做大一批。支持各省（区、市）加强报刊出版质量综合评估，停办、退出一批存在违法违规问题、社会效益差、不具备出版条件的报刊，减少同质化恶性竞争。结合"十三五"规划，以"中国出版政府奖"获奖期刊、百强报刊为抓手，加强政策、项目、资源扶持，打造精品报刊，推动出版资源和要素向优秀报刊传媒企业、重点党报党刊集聚，鼓励支持企业跨地区、跨行业、跨所有制兼并重组，培育核心竞争力强的骨干传媒集团。努力从"高原"向"高峰"攀登。

（四）加强公共服务，促进全民阅读

贯彻落实《公共文化服务保障法》《中共中央办公厅、国务院办公厅印发〈关于加快构建现代公共文化服务体系的意见〉的通知》《"十三五"推进基本公共服务均等化规划》，围绕实现文化小康，大力推进基本公共文化服务均等化、标准化建设，统筹实施新闻出版广播影视"公共服务提质增效工程"，优化报刊领域项目实施，盘活用好存量资源，实现和维护人民群众看报看刊等基本文化权益。各地正加强统筹规划和监督检查，推动城乡阅报栏（屏）建设与农家书屋工程、全民阅读工程等公共文化服务设施（项目）统筹整合，实现基层公共文化设施共建共享。继续推动送书下乡，推进"三农"出版物出版发行工作，鼓励党报党刊、"三农"类报刊在农村免费赠阅。继续深入开展"全国少儿报刊阅读季"活动，组织少儿报刊出版单位向革命老区、民族地区、边疆地区、贫困地区中小学及幼儿园捐赠优秀报刊，鼓励和支持公民、企事业单位和其他组织参与报刊捐赠活动。

（卓宏勇　国家新闻出版广电总局）

第四节 2016~2017中国数字出版产业发展报告

一、2016年数字出版产业发展的基本状况

2016年，是"十三五"开局之年，是数字出版产业稳中求进、积蓄能量的一年，也是产业持续发展、承前启后的关键之年。这一年，我国数字出版持续快速发展：政策层面上，数字出版的产业地位显著提升，产业环境进一步趋好，迎来了更为广阔的发展空间，主管部门多项举措并行，行业引导力进一步加强；产业层面上，科技发展日新月异，推动产业持续创新；传统出版单位转型升级深化发展，发展模式不断清晰，阶段性成果突破显著；新领域、新业态不断兴起，带来产业新兴增长点。总之，各方面发展态势趋好，为我国数字出版在"十三五"时期发展奠定了良好开端。

2016年国内数字出版实现营业收入5 720.85亿元，较2015年增长近30%，占新闻出版全行业营业收入的24.2%，对新闻出版业的整体拉动作用进一步加大。

（一）数字出版产业地位进一步提升

2016年，《中华人民共和国国民经济和社会发展第十三个五年规划纲要》明确提出"加快发展网络视听、移动多媒体、数字出版、动漫游戏等新兴产业"，对于数字出版发展有着极为深远的意义。经历了"十一五"的起步期和"十二五"的成长期，数字出版已成为新闻出版业的重要增长极，产业范畴得以大大拓展。特别是近年来IP思维的盛行，内容价值日益凸显，数字出版被列

入国家"十三五"规划纲要,应该付诸于更加宽泛的数字内容产业乃至数字创意产业的范畴。同时,国家"十三五"规划中,涉及新闻出版8个方面的工作,新闻出版"一大三小"工程("全民阅读工程""国家重大出版工程""少数民族新闻出版东风工程""国家重点古籍整理出版项目")列入国家级文化重大工程,数字出版在其中也将发挥重要作用。2016年11月29日,国务院发布《"十三五"国家战略性新兴产业发展规划》,将数字创意产业与网络经济、高端制造、生物经济、绿色低碳共同列为"十三五"时期五大战略新兴产业,并提出"促进数字创意产业蓬勃发展,创造引领新消费,以数字技术和先进理念推动文化创意与创新设计等产业加快发展,促进文化科技深度融合、相关产业相互渗透。到2020年,形成文化引领、技术先进、链条完整的数字创意产业发展格局,相关行业产值规模达到8万亿元"的具体目标。数字创意产业纳入战略性新兴产业发展规划,是数字出版产业发展的重大利好。国家政策层面释放出的重大利好信号,也为数字出版的发展带来空前的发展机遇。

(二)数字消费需求日益旺盛

在互联网和移动互联网的快速发展下,我国国民的消费理念、消费习惯、消费渠道日益多元化,数字消费需求日益旺盛。截至2016年12月,中国网民规模已达到7.51亿,占全球网民总数的1/5;互联网普及率达到54.3%,超过全球平均水平4.6个百分点。其中,手机网民规模达到7.24亿人,占整体网民的96.3%①。手机作为中国网民上网的首选方式进一步确立。手机外卖应用增长最为迅速,用户规模达到2.74亿,较2016年底增长41.4%;移动支付用户规模达5.02亿,线下场景使用特点突出,4.63亿网民在线下消费时使用手机支付。网民数量的快速增长,推动互联网市场的持续繁荣,2016年,互联网对个人生活方式的影响进一步深化,融入教育、医疗、交通等民生服务中。同时,网络文学、网络视频、网络音乐等数字内容进一步向移动端转移。在数字内容消费方面,据中国新闻出版研究院第十四次全国国民阅读调查成果显示,2016年,我国成年国民各媒介综合阅读率为79.9%,较2015年的79.6%略有提升,成年国民图书阅读率为58.8%,同比上升0.4个百分点;数字化阅读方

---

① 第40次《中国互联网络发展状况统计报告》,中国互联网络信息中心(CNNIC),2017.8。

式的接触率为 68.2%，同比上升 4.2 个百分点，我国成年国民每天接触新兴媒介的时长整体上有不同程度的提升；手机接触时长增长显著，我国成年国民人均每天手机接触时长为 74.40 分钟，比 2015 年增加了 12.19 分钟；人均每天微信阅读时长为 26.00 分钟，较 2015 年增加了 3.37 分钟。另外，调查还显示，对于同样内容的纸质版和电子版图书，在数字化阅读方式接触者中，有 51.2% 的人更倾向于购买电子版，有 13.8% 的国民表示 2016 年"增加了数字内容的阅读"。由此表明数字阅读的阅读需求和消费意愿在不断提升。

（三）科技应用水平显著提高

在国民经济新常态下，产业发展由要素驱动转变为创新驱动，而科技进步是产业创新的重要引擎和有力支撑。2016 年，在"互联网＋"的持续推进下，大数据、云计算、人工智能、虚拟/增强现实等先进技术应用于各个领域，推进产业革新和业态创新，也加速了新闻出版业的深刻变革。2016 年传统出版单位加大了对技术的关注和投入力度，并以项目为抓手，加快推进先进技术在出版流程中的研究与应用，有效促进了新闻出版业转型升级的提质增效，推动数字出版流程、内容、产品、服务、渠道等方面的创新升级。一是大数据理念和相关技术在数字出版业有了实质性的应用。过去一年来，越来越多的出版单位将大数据的理念应用于出版流程中，通过搭建大数据平台和各类媒介渠道，尽可能多地收集交互数据，提炼价值数据，为产品生产、营销提供重要依据，不断优化市场供给，完善用户体验。二是 VR（虚拟现实）/AR（增强现实）技术在出版业得到日益广泛的应用，VR/AR 已成为出版业融合发展的重点方向之一，特别是在童书领域，成为 VR 在出版业应用的一大入口，开辟了全新的阅读视角，让阅读从"平面"变为"立体"，从"静读"变为"动读"，带给读者更加丰富的阅读体验，如中信出版社的"科学跑出来"系列图书、北京少年儿童出版社的"大开眼界：恐龙世界大冒险"丛书分别结合了 AR 和 VR 技术，均取得了较好的市场反响。此外，VR 技术在绘本和生活类读物领域也得到了探索性应用。2016 年，几米的绘本新作《我的世界都是你》的 VR 版本面世。用 VR 构建的虚拟故事情境，让用户身临其境般进入绘本中的童话世界。凤凰出版传媒集团的生活类 AR 图书《智能菜谱》让读者选择书中想要做的菜，用手机摄像头对准这道菜的图就能看到烹饪过程的视频，达到厨师手把手教学的效果。同时，VR/AR 在出版业的应用已不仅仅是出版单品，目前已有多家出版集团针对该领域进行深入布局。如江西出版集团正在筹建江西最大的 VR 体验中心 + VR 内容实验室，并积极研发 VR 内容分发平台和 VR 教育资源平台①。

（四）多个领域取得显著突破

2016 年，数字出版的多个领域均取得了突破性进展。一是网络文学持续蓬勃发展，并逐渐步入规范化、主流化轨道。过去一年来，网络文学在题材上已逐渐摆脱仙侠、玄幻题材独大的局面，现实主义题材作品不断增多。在 IP 运营方面，网络文学仍然是 IP 市场中最重要的资源来源，《琅琊榜》《芈月传》《翻译官》《欢乐颂》等多部网文大 IP 被改编成影视剧作品，市场效应持续升温。同时，政府主管部门加强了对网络文学的引导与管理，通过开展网络文学阅评推介等工作，促进原创优秀作品生产。11 月，国家版权局发布《关于加强网络文学作品版权管理的通知》，细化了著作权法律法规的相关规定，提出要"建立网络文学作品版权监管'黑白名单制度'"。2016 年 9 月，中国网络文学版权联盟宣布成立，联盟成员包括掌阅科技股份有限公司、阅文集团、咪咕数字传媒有限公司、阿里巴巴文学网、北京红袖添香科技发展有限公司、起点中文网等 33 家企业，并发布了《自律公约》，就网络文学的导向、版权保护等发表承诺。表明在政府的有力推动和引导下，网络文学已告别野蛮生长，行业自律机制不断形成。二是数字教育出版发展势头强劲，传统出版单位在数字教育领域转型升级的路径日渐清晰，融合发展取得显著突破，在基础教育、高等教育、职业教育、在线培训等分支领域都涌现出不少新产品、新服务、新模式，数字教育产品体系基本完备。互联网企业也在 2016 年加速数字教育布局，为该领域注入更大动力。如腾讯在当年 2 月以来的上半年，短短四个月内连续投资了新东方在线等三家教育企业。淘宝教育于 2016 年 10 月宣布启动"名师星火计划"②，扶持生产优质内容的个体老师以及中小型教育机构，推进在线教育的创业创新。

---

① 中国出版网 VR +：出版融合发展的新方向 [EB/OL]. http：//www. chuban. cc/cbsd/201703/t20170317_ 177422. html.

② 淘宝教育启动"名师星火计划" [EB/OL]. http：//edu. people. com. cn/n1/2016/1101/c346620 - 28825446. html.

（五）新兴市场和新兴热点不断涌现

2016 年，随着互联网和移动互联网的高速发展，人们对数字阅读内容的需求日益多元，催生了新的产业形态发展。一是有声读物发展势头良好，以"黑马"姿态成为数字阅读的一股新生力量。有声读物满足了人们碎片化的多场景阅读需求，也让阅读实现了从视觉到听觉的感官转移。过去一年来，有听书功能平台不断涌现。据《2016 年数字阅读白皮书》的数据显示，2016 年中国有声阅读市场增长 48.3%，达到 29.1 亿元①。其爆发的巨大潜力引起了出版单位和互联网内容创业者的广泛关注，出版单位纷纷加大了对有声书方面的布局。据了解，国内已有多家出版社涉及有声书制作，中信出版集团、中南出版集团、上海译文出版社、果麦文化、企鹅兰登等出版商在有声改编、IP 孵化、版权保护等方面与知名有声平台喜马拉雅 FM 达成深度战略合作。中国出版集团推出了有声阅读客户端"去听"，并建立了自己的专业录音间，对于有声书在内容改编、后期制作等环节进行全程控制。同时，有声读物也成为互联网内容创业者涉足的重要领域。如前央视主持人王凯及其团队打造的《凯书讲故事》APP，上线半年激活用户 130 万；由米果文化支持马东及其《奇葩说》团队打造的付费音频节目《好好说话》，在喜马拉雅 FM 上线首日销售额即突破了 500 万，上线第十天销售额达到了 1 000 万②，截至目前已累计获得超过 16 万的付费用户，销售额突破 3 000 万元③。罗振宇团队的《罗辑思维》更是被视为有声读物的先驱。二是自媒体迎来价值爆发期和变革期。自媒体运作模式渐趋成熟。腾讯、新浪、搜狐、网易、今日头条等互联网平台纷纷加大对自媒体内容的投入与布局。自媒体的版权价值受到日益重视，成为 IP 新热点，并涌现出新的形态。过去一年来，网络直播和短视频发展迅速，成为自媒体新形态和内容营销的新形式。特别是网络直播在游戏、教育、体育、电商等领域得到广泛应

---

① 数字阅读助推全民阅读时代 [EB/OL]. http：//media. people. com. cn/n1/2017/0424/c40606 - 29230126. html.

② 一个教人说话的音频节目如何卖了 1000 万，我们和他的制作团队谈了谈 [EB/OL]. http：// www. tmtpost. com/2316698. html.

③ 付费音频市场持续升温 盈利模式待寻 [EB/OL]. http：//finance. sina. com. cn/chanjing/cyxw/ 2017 - 04 - 10/doc - ifyecfnu7852443. shtml.

用，逐渐成为各领域平台的标配。自媒体价值的爆发，也使其受到资本市场的青睐。自 2015 年下半年开始，自媒体融资进入增长期，2016 年则持续活跃，据相关数据显示，截至 2016 年上半年，自媒体投融资事件已达到 54 起①。而作为 2016 年互联网内容创业的一大新风口，短视频创业项目获得融资的比例不断提升，并且在融资额度和估值上都明显高于图文类自媒体。日日煮、二更、papi 酱、那年那兔那些事儿等 10 余家短视频自媒体，在 2016 年的融资额度全部在 1 000 万元以上，占千万级融资项目总体的近 4 成②。自媒体价值受到充分肯定，对自媒体优质内容的持续供给提出了更高要求。

二、2017 年数字出版产业发展趋势展望

步入"十三五"时期，国家层面的战略顶层设计日臻完善，引领数字出版产业迎来发展的新局面，科技发展推进新闻出版业转型升级不断深化，路径日趋成熟，新闻出版的融合发展也将迈向新的高度。具体到未来一年，我们有望看到如下发展趋势。

（一）转型融合向纵深迈进

经过多年实践，新闻出版业的转型升级积累了丰富的经验和更为扎实的基础，对融合发展有了更为深入的认识和全面的布局。在主管部门层面，新闻出版广播影视业"十三五"规划已经完成编制，数字出版"十三五"和新闻出版科技"十三五"等多项行业专项规划业已出台，全行业各领域、各层面对数字化转型升级、推进融合发展有了更为清晰的规划部署，政策举措的推动力和引导力不断增强，指向性更加明确，为转型升级、融合发展提供了更为坚实的保障，推进产业转型融合迈向纵深。同时，传统出版单位转型升级的思路日渐清晰，方向更加明确，逐渐从路径探索迈向出成果、创品牌、生效益阶段，新

---

① 摘星计划独家发布：2016 自媒体行业投融资观察 ［EB/OL］. http：//finance. sina. com. cn/china/gncj/2016－07－06/doc－ifxtsatn8240469. shtml.

② 2016 自媒体千万融资 40% 流向短视频，文字内容会越来越难？［EB/OL］. http：//www. zhifuwang. cn/news/mianfeidaili/184635. html.

闻出版业转型融合逐渐步入常态化、差异化轨道。而经过多年的实践积累，各家新闻出版单位转型融合实力已到了交答卷、分高下的时刻，出版单位的内容生产、技术应用、产品创新、市场运营等方面的水平将出现分水岭。另外，随着改革的不断深化，出版单位的体制机制与融合发展需求更加适应。内容与技术、产品创新与市场运营、布局与实施等融合发展过程中的"两张皮"现象有望得到解决，参与资本市场将更加活跃。随着"互联网＋战略"的不断推进，出版与其他领域的关联将更加紧密，跨界融合更加频繁，模式更加多元，提升出版业的传播效力，为出版业带来更多经济增长点。

（二）人工智能为数字出版创造更多可能

以 Alphgo 打败围棋高手为标志，人工智能被视为第四次工业革命的重要驱动力，引发全球瞩目。人工智能带动云服务、大数据分析、移动互联网、物联网等业态的升级迭代，为多个领域带来颠覆性变革，与搜索、教育、医疗、资讯、生活服务都有了紧密关联，对人们的生产方式、生活方式、工作方式乃至整个社会都带来深远影响。由于人工智能所蕴含的巨大潜力，业已成为国内外互联网企业布局的重点。在深度学习等人工智能领域颇具建树的谷歌公司就曾预言，下个时代将由人工智能主导，而中国的 BAT 等互联网巨头近两年也纷纷聚焦人工智能，不断加码布局。与此同时，人工智能技术也在加速进入出版业，在出版发行、数据加工、选题策划、数字阅读、动漫游戏、数字教育等多个领域落地应用，重塑出版流程，推进业态革新，为出版业转型融合创新创造更多可能。目前，利用机器算法实现内容的精准化、个性化推送，已成为新闻客户端等内容平台的重要发力点，多家新闻出版单位在稿件语音录入、机器协助校稿、机器协作、增强用户交互体验等方面对人工智能技术已有了初步探索性应用，逐步实现了新闻出版流程智能化，特别是机器写稿、校稿，可缩减出版流程，有效提高出版效率。当前人工智能已成为传统媒体布局新媒体矩阵的重要方向。如南方都市报的写稿机器人"小南"[1] 可撰写新闻摘要，并能实现稿件的定制化输出。此外，该机器人还可根据不同的稿件写出综合报告，并对已有稿件进行改写，写出带有一定情感、观点、立场的报道。2017 年 5 月，掌

---

[1] 南都机器人"小南"上岗［EB/OL］. http：//www.guanmedia.com/news/detail_ 5409. html.

阅上架了诗集《阳光失了玻璃窗》①，该作品的作者是微软人工智能"小冰"，这是人工智能创作与数字阅读在国内的首次结合。此外，未来人工智能在出版选题策划、营销决策等出版流程中也将发挥更大作用。2017 年 7 月，国务院颁布《新一代人工智能发展规划》，标志着人工智能正式上升为国家战略，政策利好让人工智能在我国包括新闻出版业在内的各个行业有着更广阔的发展空间。

（三）IP 运营机制渐趋成熟

近年来，由网络文学作品改编为游戏、影视作品等成为文化领域的热点现象，IP 效应持续发力，也成为资本的布局重点。政策层面的持续利好和版权保护机制的日益完善，为优质 IP 的生产和发展营造了更好的环境。2017 年，IP 市场将保持上升势头，但相比前两年，IP 运营生态渐趋成熟，将逐渐从爆发期进入理性成长期。一方面，企业对于 IP 的选择与市场运作更加慎重，在内容、品牌影响力、改编形态、商业价值等层面上将有着更加全面的综合考量，网络文学、游戏、动漫、影视、有声读物等多文化形态之间的联动发展已成为 IP 运营的趋势，多元化、深入型的 IP 全产业链开发新生态正在逐步形成。另一方面，市场对 IP 质量提出了更高的要求，企业更加注重对优质 IP 的孵化、培育及安全转化，网络文学网站等也逐渐从版权的输出方转变为版权运营方，直接参与到 IP 的孵化、运作开发中去。在 IP 的具体运作上，更加注重精耕细作，大制作 IP 逐步增多，从而推动 IP 市场的优胜劣汰，但由于市场对于 IP 的要求越来越高，现象级、爆款 IP 越来越难以出现。未来 IP 市场的竞争，不仅仅是内容生产上的竞争，也是 IP 生命长度，即持续影响力的竞争。同时，IP 浪潮让整个文化产业都认识到版权运营的重要性，多元化、深入型的 IP 全产业链开发新生态逐步构建。IP 这一概念已不再仅仅局限于网络文学、动漫、游戏、影视等领域，而是涵盖整个知识领域范畴。知识付费兴起加速了知识 IP 化的步伐。如数字教育领域，聚集教育资源成为各家数字教育出版单位打造核心竞争力的关键，通过打造名师 IP，着力于优质教育资源的深度整合和版权的深度开发；而专业出版内容资源以及个性鲜明的专业知识服务产品在 IP 运营方面也具有巨大的开发潜力与价值。

---

① 当 AI 遇到数字阅读 首本人工智能诗集上架掌阅 [EB/OL]. http://finance.sina.com.cn/roll/2017 - 05 - 23/doc-ifyfkkme0229084.shtml.

（四）数字教育出版加快生态构建

当前，数字教育出版市场格局初步形成，包括K12教育、高等教育、职业教育、在线培训等细分领域在内的完整数字教育出版市场版图初步建立。2017年，数字教育出版将持续良好的发展势头，具有广阔的发展潜力和发展空间，数字教育各类场景化应用的日益完善与教育资源渠道将被打通，教学资源与用户需求将实现有效对接。在线教育市场逐渐向移动互联网转移，实现随时随地、碎片化学习；技术与教学资源的深度融合，特别是大数据和人工智能技术，将提升数字教育产品的核心竞争力，基于行为数据、学情数据、评价数据，在精准互动、最优学习路径定制、优化教学体验、智能测评等方面得到突破，让"因材施教"成为可能；直播与教育的结合，将拓展在线教育场景与模式，直播互动课程最大限度地还原了线下课程，一对一、一对多直播、录播直播等新型教学模式，将实现更为充分的教学交互体验。随着在教育出版领域的转型融合渐趋深入，各家出版单位开始着力以优质教学资源为核心，以技术和数据为支撑，以数字教育产品为着力点，构建完整的数字教育生态，数字教育出版从内容生产到用户服务的数字教育全流程的各个环节逐渐被打通，贯穿课前、课中、课后、课外的多元教学应用场景，涵盖教、学、评、研、测、交流等多项功能，从线上至线下的整体布局已经初步形成。未来，在基础教育、高等教育、职业教育、在线培训等领域有望实现一批有代表性的发展模式和有影响力的数字教育产品。对优质教学资源的聚集和运作，成为BAT等互联网企业布局数字教育的重点方向，内容、技术、平台、产品四位一体构建数字教育生态。

（五）互联网兴起知识付费浪潮

在分享经济蓬勃发展的背景下，互联网迎来了知识付费浪潮，知识付费用户迅速增长，知识付费意愿不断提升。有数据显示，2016年，有知识付费意愿的用户在当年暴涨3倍，达到近5000万人，2017年用户知识付费领域的总体经济规模可达到300亿~500亿元[1]。知识付费产品呈现井喷式发展，特别是付

---

[1] 知识付费风口来袭 2016年市场交易额约610亿元［EB/OL］. http：//finance.china.com/industrial/11173306/20170616/30751000.html.

费社区、音频问答、在线课程等知识付费产品表现抢眼，如知乎推出的实时问答互动产品"知乎 live"；罗振宇的罗辑思维推出了主打高效知识服务产品"得到"；付费语音问答平台"分答"……同时可以看到，较早一批进军知识付费的企业和互联网内容创业者已取得了较好的收益。如罗辑思维打造的知识付费产品"得到"一年积累了超过 560 万个注册用户，日均活跃用户超过 45万人，其中接近 200 万人成为消费内容产品的付费用户①。以知识为主打的内容付费，正成为当下互联网经济的热点领域。其本质就是把知识变成产品或服务，以实现商业价值。知识付费市场红利显现，吸引大量资本涌入。2017 年，知识付费仍将蕴含巨大的发展潜力和市场空间，36 氪上线付费专栏"开氪"，豆瓣上线付费内容产品"豆瓣时间"。知识付费的兴起源于人们对信息需求发生了改变，不再是海量，而是精准的、权威的，人们更加注重信息对自身需求的实际满足程度。而从某种角度而言，知识付费可从海量信息中筛选过滤掉重复的、冗余的、无用信息，得到有用、有价值、优质的知识内容，从而节省知识获取的时间成本。当前知识付费产品的主要模式大多停留在通过社群或明星、品牌效应形成粉丝经济，从而实现影响力变现。随着知识付费的发展迈向成熟，优质内容的持续供给是知识付费产品走向长远的核心关键。同时，在知识付费浪潮初期，虽然传统出版单位参与甚少，但仍然具有后发优势，特别是专业出版单位和教育出版单位。今后，提供专业性的知识和服务，是知识付费发展的重点方向，专业出版和教育出版单位可凭借优质资源，布局知识付费领域，寻求内容变现新途径。

三、关于数字出版产业发展的思考

走过"十二五"，步入"十三五"，数字出版在 2016 年取得了很多成绩，然而，在其发展过程中仍然存在一些问题与难点。主要表现在，数字出版市场供给有待进一步优化，产品数量多，但满足"两个效益"的精品仍然缺乏，尚

---

① 《罗辑思维》变阵罗振宇和"得到"准备死磕"知识付费"［EB/OL］. http：//www.ceweekly.cn/2017/0309/183377. shtml.

不能满足人们日益增长的需求；传统出版单位运用新技术、新手段的能力还有待进一步提升，融合发展的创新力尚显不足，同时互联网环境下的产品运营能力尚较为偏低。为推进数字出版产业持续快速发展，加快新闻出版业转型融合的整体进程，需从以下几个方面予以着手。

（一）着力加强优质内容生产

数字出版高速发展，为出版市场贡献了大量精神文化产品，产品质量不断提升，然而仍存在产品数量与质量不匹配、优质内容供给不足的现象，未能充分满足当前人们高层次、多元化的数字内容产品消费需求。开展数字出版业务，打造数字出版产品，始终要把内容生产放在核心位置，要始终坚持把社会效益放在首位，努力实现社会效益与经济效益相统一。随着产业的不断发展成熟，人们对数字内容产品有了更为充分的选择空间，对产品的内容质量也有了更高的诉求。加强优质内容生产，是打造数字出版产品核心竞争力的关键。无论是传统出版单位还是新兴出版企业，对待数字出版产品的内容，都应发扬严谨专注、精益求精、精雕细琢的工匠精神，不断提升内容品质，推进新闻出版融合发展，实现从数量到质量的跨越。主管部门要通过数字内容阅评、推优评优等方式，加强对数字出版产品的内容质量、价值观引导，加快构建数字内容评估体系的建立及完善，推动行业建立起原创优质内容生产的常态化良性机制。要做到传统出版与数字出版的统一标准，线上线下的同一底色、同一底线，着力提升数字内容的质量与品位，为大众提供导向正确、质量优良、情趣健康，有内涵、有品位、有格调的数字内容精品。不断创新内容呈现方式，善用图文声像影等不同形式的结合呈现，提升内容的传播效果。同时，着力拓展题材、内容、形式、手法，推动内容和形式的有机结合；根据不同终端、平台、媒介，进行内容的多元化、多层次处理，以满足人们不同应用场景下的优质内容获取需求。

（二）进一步提高技术应用创新水平

内容和技术是数字出版产业发展的两翼，出版单位要想真正实现转型融合的深化发展，仅有优质内容远远不够，还需要内容与技术的创新深度融合。内容与技术的融合不是两者简单的相加，而是要做到科学统筹内容与技术之间的关系。技术是为内容、为产品服务的，合理运用技术，实现内容与技术的相互支撑、内容与渠道的有机结合，实现技术与内容、产品的良好适配，让内容优势得到充分发挥，实现立体化传播、多样化呈现、多渠道推送，将内容优势转变为发展优势。出版单位要加大对先进技术、关键技术应用的投入，加大对前沿技术的研究与攻关。以内容和产品特性为立足点，以市场需求为着力点，加强对大数据、VR/AR、人工智能等各项技术的研究与深层次应用，推动出版流程的专业化、智能化，内容产品呈现的丰富化、立体化，满足用户多场景多层次需求，推动数字出版在内容、形态、模式、渠道等方面的持续创新，完善产品服务，优化用户体验，加强优质产品的有效供给，切实推动新闻出版业转型升级、融合发展的提质增效。特别是传统出版单位要加快对大数据、人工智能技术的深入应用，善于收集数据、管理数据，把数据应用于产品创新和服务优化，以数据为依据，为用户提供精准的个性化内容和服务。

（三）以互联网思维提升产品运营能力

近年来，随着新闻出版业转型升级的不断深入，传统出版单位在数量和质量上都取得了长足发展。但总体而言，传统出版单位的数字出版产品影响力仍然普遍较低，这很大程度上是由于传统出版单位在互联网和移动互联网环境下的市场运营能力不强，导致产品缺乏关注度和品牌影响力。无论再好的产品，都要经得起市场的考验，而出版单位的运营能力是衡量转型融合质效的重要标准。传统出版单位缺少互联网基因，对于互联网和移动互联网的变化敏感度、反应力、适应力较为薄弱，运营模式创新性不足。互联网时代是注意力经济的时代，互联网运营能力不足将大大影响产品的知名度和影响力。出版单位要加强互联网环境下的市场运营能力，提升服务能力和盈利水平，可从以下几个方面着手。一是强化互联网思维，提升对互联网和移动互联网发展规律和特性的认识，把握互联网的发展脉络，实现与互联网环境的充分接轨。二是强化用户思维，加强对用户需求和消费行为的分析，以市场需求为着力点，及时调整运营策略，做好市场定位。注重细节，注重吸收用户对产品的反馈意见，调整产品设计，优化用户服务体验。三是推进产品的市场化运作，实现产品运营的专业化，让产品参与到互联网和移动互联网环境下的激烈市场竞争中去；四是向互联网企业学习借鉴互联网运营的成功做法，不断创新运营手段，吸纳专业运营人才。五是加大市场推广力度，综合运用各种渠道、媒介、平台进行产品推广，充分运用微博、微信等新兴媒介，不断提升产品的市场存在感，强化与用户之间的互动，提高用户的活跃度，建立社群聚集用户，开展口碑营销，打造产品品牌知名度和影响力。

（四）构建版权运营全产业链

近年来，以网络文学改编游戏、影视为代表的 IP 开发运作，让数字版权内容的价值越来越显著，数字版权市场不断扩大。在文学领域，全版权运营也就是"文学＋"的演进过程，即文学和影视、动漫、游戏、演艺、文化产品的结合，把原始文学故事进行多次改编和再创作，进行文化衍生产品的创意生产，通过立体营销和多次售卖，打造文化品牌，实现内容的社会效益和经济效益的最大化。目前，已涌现出不少全版权运营的经典案例，网络文学、游戏、动漫、影视等领域之间的跨界融合，文化形态之间的互动与相互促进，让包括出版业在内的整个文化领域意识到版权运营的重要性。随着版权保护环境的日臻完善和版权运营机制的不断成熟，全版权运营已逐步成为出版业转型融合的有效途径和重要抓手。

然而，在目前的全版权运营实践中，相比民营企业文学网站，传统国有出版传媒企业多是参与产业链条的部分环节，其角色扮演不够活跃，参与程度不高。在互联网的 IP 浪潮下，出版单位要打造品牌，提升自身影响力和市场竞争力，必须强化 IP 思维，以内容为核心，进行纸质书、电子书、游戏、动漫、影视、有声读物等形态的版权全方位、立体式、多元化、多层次开发，同步运作，联动发展，最大限度地挖掘内容潜在价值。

一是要提升在版权运营产业链中的参与程度，不仅作为版权提供者，还要积极主动地参与到版权开发中来。二是要树立版权运营的全局化视野，在选题策划之初，或在产品设计之初，即对版权运营进行全局化部署。要具备市场眼光，要培养市场敏感度，对受众群体的文化需求具备基本的判断力。以文学作品为例，出版单位可根据作品内容和题材量身打造版权运营方案。作品是否适合改编，适合以哪种形式改编，这些都需要进行全盘考虑。例如有的作品并不适合改编成游戏，有的作品不适合改编成影视作品。三是要树立合作意识，与网络文学网站、游戏公司、影视公司等加强基于版权运营的深度合作，实现优势互补，互利共赢。主管部门层面，则要推进数字版权库，包括推进 IP 价值评估体系建立及完善，加强版权保护力度，构建健康和谐的数字内容版权保护和运营生态体系。同时，不仅是文学作品，整个出版领域，都需要建立全版权运营的意识，进行内容深度开发，创新文化服务形式。

（五）加快行业新型智库建设

加强行业智库建设，是支撑行业科学决策的需要，是提高行业管理水平的需要。党的十八届三中全会首次明确提出，加强中国特色新型智库建设，建立健全决策咨询制度。2015 年 1 月，中共中央办公厅、国务院办公厅颁布《关于加强中国特色新型智库建设的意见》，提出中国特色新型智库是国家软实力的重要组成部分，要大力加强智库建设，以科学咨询支撑科学决策，以科学决策引领科学发展。该《意见》使中国特色新型智库建设的目标任务更加清晰，也体现了中央对智库建设工作的重视。

加快数字出版行业新型智库建设，是出版业推动转型升级迈向深入、实现融合发展的客观需求。目前，已有一些出版单位响应国家号召，致力于打造数字出版高端智库。智库建设是一项系统工程，是否能在推进出版业转型融合中发挥有力推动作用，是否能够为行业发展提供有益指引，为主管部门制定决策提供有效参考，是衡量智库水平的重要标准。

行业智库要做到以下几个方面。一是主管部门要完善对行业智库建设的顶层设计，制定智库建设规划部署。为行业智库提供更多的政策引导与支持，推动研究成果的有效转化。二是坚持智库的专业性、客观性和建设性，在研究方面，要具备前瞻性、战略性、引领性，着力提高智库的研究成果质量。要注重研究与实践的紧密结合，突出研究重点，正确把握研究方向，充分发挥智库在行业技术应用、模式创新等方面的带动示范作用。三是深化智库交流合作，推动行业智库之间开展多层次、多渠道、多领域的对外交流与合作，集中优势力量，企业智库与高校智库、科研单位智库之间要建立起常态化的互动合作机制。四是打造高水平人才队伍，加大行业智库人才的选拔引进力度，组建学科背景优势互补、理论实践相融合的人才队伍，打造优质研究团队。

（毛文思　中国新闻出版研究院）

第五节　2016～2017 中国印刷业发展报告

　　2016 年是"十三五"开局之年，也是推进供给侧结构性改革的攻坚之年。在世界经济复苏缓慢、增长乏力、贸易保护主义抬头的情况下，我国坚持全面深化改革，释放改革红利，以创新驱动发展，加快经济结构调整，实现了国民经济的平稳较快增长。根据国家统计局公布的初步核算数据，2016 年我国国内生产总值达到 74.41 万亿元，同比增速达到 6.7%。有研究指出，2016 年我国国内生产总值约为 2000 年的 4.22 倍，提前 4 年实现了党的十六大提出的国内生产总值到 2020 年比 2000 年翻两番的目标。

　　平稳向好的宏观经济走势，为我国印刷业的发展和供给侧结构性改革提供了良好的外部环境。从整体上看，2016 年我国印刷业发展态势平稳，产业规模继续扩大，产业集中度明显提升。特别是，2016 年印刷业的资本意识明显提升，上市企业数量创历史纪录，以资本为手段的行业并购、重组案例数量增多，印刷电商发展引人关注。这从一个侧面表明，我国印刷业的产业结构调整正在加速进行。

　　与此同时，随着国家对工业企业环保要求的不断提高、督查力度的不断加强，以及大宗商品市场的波动，环保压力和纸价上涨成为 2016 年印刷企业面临的重要挑战。环保、纸价以及市场竞争等各种因素的叠加，使 2016 年印刷业的盈利能力有所下降，少数企业不堪市场压力，出现关厂、破产现象。总之，对印刷业而言，2016 年是挑战与机遇并存、产业结构加速调整的一年。

一、2016 年印刷业发展亮点

　　根据国家统计局发布的数据，2016 年，印刷与记录媒介复制业（简称"印刷业"）规模以上工业企业实现主营业务收入 7 879.1 亿元，同比增长

4.5%；利润总额549.0亿元，同比增长 - 4.5%。从营收规模上看，印刷业规模以上工业企业继续呈扩张态势，但增速较2014年的9.5%、2015年的7.0%明显降低；从盈利看，印刷业规模以上工业企业营收与利润总额非均衡增长的问题愈加凸显，企业的利润率有所降低。2014～2015年，印刷业规模以上工业企业利润总额的同比增速分别为9.2%、5.0%，均低于同期营收增速；2016年，在营收向上的情况下，利润总额出现负增长。

规模以上工业企业在我国印刷业主营业务收入中的占比约为六成，其遭遇的增产不增收的问题，在相当程度上反映了印刷业面临的共同挑战。因此，对印刷业来说，2016年是较为艰难的一年，但在各种压力面前，广大印刷企业不断修炼内功，积极创新求变，仍然呈现出许多新气象。

（一）印刷业资本意识明显提高，上市、挂牌形成高潮

我国拥有10万多家印刷企业，单就企业数量而言，印刷业在各行各业中稳居前列。然而，在过去相当长时间里，由于产业集中度较低和资本意识不足，印刷企业融资方式相对单一，主要依靠银行贷款和融资租赁，主动对接资本市场，以股权换融资的情况相对较少。自1990年我国证券市场开始发展以来，在国内A股上市的印刷企业只有十余家。

2016年，这一局面得到了很大改变，越来越多的印刷企业通过上市、新三板挂牌，规范内部治理，主动对接资本市场，在产业结构调整中占据了竞争优势。据统计，2016年，有7家印刷产业链企业成功在A股上市，分别是环球印务、吉宏股份、爱司凯、创新股份、新宏泽、裕同科技、永吉股份。其中，除了爱司凯为印刷设备制造商外，其余均为印刷企业。此外，2016年，在新三板"印刷与记录媒介复制业"行业门类下，新增20家企业，其中绝大多是印刷企业。

印刷企业主动对接A股、新三板等资本市场，有利于拓宽融资渠道，降低融资成本和资金杠杆，增强发展后劲，在产业调整中占据优势地位。

（二）并购、重组案例显著增多，产业结构调整加速进行

在越来越多的印刷企业主动对接资本市场的同时，部分已经上市的印刷企

业则以资本为手段,大举扩张。与往年相比,2016 年印刷企业并购、重组案例明显增多,且被并购、重组的对象不乏一些颇具规模实力的业内知名企业,这从一个侧面表明,印刷业的产业结构调整正在加速进行。

2016 年,合兴包装通过架桥资本以 6.25 亿元的价格收购了国际包装印刷巨头美国国际纸业在中国及东南亚的瓦楞包装业务;劲嘉股份分别以 1.75 亿元、2.24 亿元的价格收购了重庆宏劲印务、长春吉星印务 33%、70% 的股权;东风股份分别以 3.38 亿元、4.49 亿元的价格收购汕头保税区金光实业、湖南金沙利 75%、100% 的股权;盛通股份以 4.30 亿元的代价收购了机器人教育培训公司乐博教育 100% 的股权。此外,陕西金叶还在 2016 年启动了对两家烟包印刷企业的收购,相关工作延续到了 2017 年;界龙实业启动了对知名商业票据印刷企业上海伊诺尔实业集团的收购,只是由于证券市场监管政策的变化,该收购案于 2017 年 6 月被迫中止。

从整体上看,2016 年印刷业兼并、重组案例明显增多,且交易额普遍较大。其中,除了盛通股份为跨界并购外,其他案例均为行业内并购。在加快兼并、重组的同时,部分印刷业上市公司还通过定向增发的方式上马投资额高达数亿元,甚至 30 多亿元的投资项目。这表明,具有先发优势的上市企业正试图借助资本的力量,通过外延式扩张,实现做大做强的目标。这有利于印刷业产业集中度的提高,解决行业企业长期存在的小而散的问题。尤其是在烟包印刷等利润率相对较高的领域,经过快速的兼并、重组,少数优势企业已经获得很高的市场占有率。

(三)印刷电商发展引人关注,"互联网+印刷"促进产业升级

2016 年,印刷电商继续呈现快速发展态势。据统计,截至 2016 年年底,我国印刷电商企业的数量已经超过 400 家,保持有效运营的有 280 余家。

2016 年,印刷电商受到资本前所未有的关注,多家印刷电商企业受到资本青睐,成功实现融资。1 月,知名互联网公司猪八戒网旗下的八戒印刷完成首轮 5 000 万元融资;6 月,知名印刷电商企业阳光印网宣布完成由复星集团领投,软银中国跟投的 C 轮融资,融资额达到 3.5 亿元,创国内印刷电商企业单笔融资额纪录,这表明印刷电商企业开始获得主流风险投资机构的关注。此外,纸箱哥、一起印、开心印等也在 2016 年完成上千万元的融资。

业内外资本的涌入为印刷电商的创新发展提供了强有力的支撑。2016 年，部分印刷电商企业在产品开发、商业模式、营销推广等方面大胆探索，使印刷电商的发展呈现出很多新亮点：一是印刷电商平台的产品突破了名片、宣传单及个性化印刷品的范围，越来越多地进入纸箱、纸盒等包装产品领域，一撕得、纸箱哥、阳光印网等均推出了各自的纸箱、纸盒产品；二是部分印刷电商开始放弃完全的轻资产模式，尝试"互联网＋自有工厂"的重资产模式，如开心印、世纪开元、名片天下；三是印刷电商越来越重视发挥"连接"功能，在互联网平台之外，开始以整合线下图文店、建立印刷企业联盟等方式，探索连接供需双方的新型路径、新可能。

印刷电商的发展在一定程度上实现了行业资源的重置，促进了印刷业的转型升级。

（四）绿色印刷继续推进，节能减排成效凸显

随着生态文明建设理念的深入人心和环保约束的不断加强，绿色印刷工作在 2016 年继续稳步推进，取得了很大的成绩。

据中国印刷技术协会统计，截至 2016 年年底，全国有超过一半的印刷企业采取了环保节能措施；有 1 031 家企业通过绿色印刷认证，全国 31 个省（区、市）都具备了绿色印刷生产能力，210 家企业通过了清洁生产审核；12 亿册中小学教科书和 1 亿册青少年读物实现了绿色印刷；采用绿色印刷的出版物涉及全国 40% 的出版社；60% 的票据实现了绿色印刷。

另有数据显示，"十二五"期间，通过实施绿色印刷，采用中央供墨供气系统、环保烘箱等节能措施，印刷业全行业设备能耗降低约 15%；水性、无苯等环保油墨使用量占到油墨使用总量的 28%；预涂膜使用量占到覆膜总量的 30%。绿色环保印刷工艺的逐渐普及和绿色原辅材料使用量占比的不断提升，有力推动了印刷业的节能减排工作。在国家推进生态文明建设、打造资源节约型和环境友好型社会的进程中，印刷业以实际行动承担起了自己的社会责任。

（五）国际交流不断深化，"一带一路"国家成为合作重点

自 2015 年"一带一路"正式被确立为国家级顶层战略以来，印刷业积极

响应国家号召，采取各种有效方式深化与"一带一路"国家印刷业的联系与合作，推动中国印刷及设备器材产品走出去。

2016 年 6 月，中国印刷技术协会策划出版了大型画册《新丝路上的中国印刷》，并在全球印刷业最大的专业展会德鲁巴上免费发放，向全球业界集中推荐国内优秀印刷及设备、器材企业与产品，取得了良好的宣传效果。10 月，在中国国际全印展期间，中国印刷技术协会与香港印刷业商会、台湾区印刷暨机器材料工业同业公会、澳门印刷业商会联合主办了第 14 届两岸四地印刷业交流联谊会暨 2016 丝路印刷发展论坛，就新常态下中国印刷业如何抓住"一带一路"的战略机遇期，借力走出去、引进来，促进产业升级发展进行了深入交流。

在"一带一路"战略的引领下，中国印刷业与全球印刷业的交流正向更深层面、更宽维度、更高层次迈进。很多中国印刷企业在欧洲、美洲、非洲收购或设立工厂，有的还与所在地开展多方面的深入合作，实现了产能转移和产品输出。据中国印刷及设备器材工业协会统计，2016 年，中国与"一带一路"沿线地区 64 个国家印刷设备、器材进出口贸易总额为 12.40 亿美元（占中国印刷设备器材全部进出口总额的 28%）。其中，中国与沿线地区国家的印刷设备的进出口贸易金额为 7.99 亿美元、印刷器材进出口贸易金额为 4.41 亿美元，分别占中国印刷设备、印刷器材进出口总额的 24% 和 41%。

二、印刷业发展面临的挑战

2016 年，我国印刷业在取得一系列发展成绩的同时，也面临很多挑战，尤其是不断加大的环保治理压力、一路狂飙的纸价、持续走高的经营成本，让很多印刷企业感觉挑战重重，少数企业甚至出现停产、关厂的情况。

（一）环保成为刚性约束，印刷企业压力增大

2016 年以来，我国进一步加强环境整治力度，包括印刷企业在内的工业企业感受到前所未有的环保压力，主要体现在以下几个方面：一是在雾霾橙色和

黄色预警期间，印刷企业需要按规定进行停限产，这在响应国家环保要求的同时，也在一定程度上打乱了企业正常的生产经营节奏；二是 VOCs 排污收费增加了印刷企业的经营成本。截至 2017 年 6 月，全国已有 19 个省（区、市）出台了 VOCs 排污收费办法，且部分省份将收费范围由包装印刷扩展至出版物印刷企业，扩大了受影响企业的范围；三是在环保部门的督查、检查中，各地印刷企业屡屡"中枪"，经常被处以行政罚款，有的还出现企业负责人被拘留和批捕的情况。

从已经披露的部分案例看，印刷企业的环保问题出现在废水、废气、危险废弃物等各个环节，环保部门采取的处罚措施也越来越严格、越来越刚性。这些问题的出现，表明印刷企业在环保治理方面存在很多历史"欠账"。广大印刷企业必须认识到，当前国家对推进生态文明建设和绿色发展的坚定决心，以积极的心态面对问题、解决问题，采取有效措施提升环保水平。同时，有关部门在铁腕治污的同时，也要对企业给予积极的引导。

（二）原材料价格大幅波动，打乱企业正常经营节奏

从 2016 年 10 月开始，连续多年在低位徘徊的纸价突然进入快速上涨周期。本轮纸价上涨始于长三角地区，随后蔓延至珠三角和环渤海地区，最终席卷全国。

在纸价上涨初期，以原纸和瓦楞纸为代表的包装用纸率先启动。据国家统计局监测数据显示，2016 年 10 月底，高强瓦楞纸的价格为 2 582.6 元/吨，至 12 月底已经涨至 4 087.5 元/吨，涨幅接近 60%。进入 2017 年，包装用纸的价格出现大幅回调，以双胶纸和铜版纸为代表的文化用纸却开始接棒上涨。数据显示，2016 年，国内铜版纸的均价为 5 154 元/吨，双胶纸的价格为 5 349 元/吨，到 2017 年 4 月份则已经达到 7 000 元/吨上下。

在纸价飙涨的同时，版材、油墨等印刷常用原辅材料的价格也出现了不同程度的上涨。由于印刷企业的成本转移能力相对较弱，原材料价格在短期内的大起大落给其经营活动带来了很大的压力，打乱了其正常的经营节奏。

本轮纸价上涨是多种因素共同作用促成的。其中，既有环保约束加强、造纸行业去产能的影响，也有废纸、原煤价格上涨，运输成本增加，人民币阶段性贬值造成造纸成本提高的因素。同时，也不排除部分造纸企业借助外部市场

环境的变化,利用造纸行业产业集中度相对较高的优势,联手推高纸价,谋求垄断利润。

(三)下游行业走势分化,部分印刷企业遭遇市场困难

2016年,我国国民经济保持平稳发展,但各个实体行业走势出现分化。在与印刷业关系密切的各个行业中,烟草行业、票据行业出现下滑,给烟包、票据印刷企业带来较大压力,部分企业经营业绩出现大幅下滑。

烟包印刷一向是我国印刷业赢利能力最强的细分市场之一。2016年,受烟草行业去库存、产销量下降及烟包警示标签改版、强制招投标等因素的影响,很多烟包印刷企业都出现了业绩下滑的局面,这在以前是十分少见的。

以2016年在A股上市的烟包印刷龙头企业劲嘉股份和东风股份为例,劲嘉股份实现营收27.77亿元,同比增长2.09%;净利润5.71亿元,同比下降20.81%。东风股份实现营收23.42亿元,同比增长5.51%;净利润5.67亿元,同比下降23.54%。

2016年,在香港上市的两家烟包印刷企业澳科控股和贵联控股情况更不乐观。澳科控股实现营收25.51亿港元,同比下降21.85%;净利润1.76亿港元,同比下降31.51%。贵联控股实现营收14.07亿港元,同比下降5.87%;净利润2.86亿港元,同比下降26.02%。

在票据印刷领域,受营改增、票据无纸化加速推进的影响,部分票据印刷企业同样出现业绩较大幅度的下滑。以票据印刷领域的龙头企业浙江茉织华印刷股份有限公司为例,2016年该公司实现营收2.58亿元,同比下降5.44%;净利润208.94万元,同比下降82.65%。

(四)行业利润率下滑明显,少数大型企业出现停产、退出

近年来,受人工、房租及技改成本走高影响,印刷业的平均利润率一直呈下降走势。国家新闻出版广电总局相关统计数据显示,2015年我国印刷业实现工业总产值11 246.24亿元,比2011年增长了29.61%;利润总额698.60亿元,比2011年下降了5.58%。行业利润率走低的趋势十分明显。

进入2016年以来,环保治理成本的增加以及原材料价格的大幅上涨,进

一步提升了印刷企业的综合运营成本。从部分上市公司和新三板挂牌企业的财报看,印刷业利润率走低的趋势仍在延续。据统计,2016 年,在 A 股上市的 21 家印刷企业共实现营收 482.27 亿元,同比增长 12.40%;净利润 47.82 亿元,同比增长 1.81%,净利润增幅比营收增幅低了 10.59 个百分点。在新三板挂牌的 53 家印刷企业共营收 74.89 亿元,同比增长 3.40%;净利润 3.80 亿元,同比下降 0.06%,净利润增幅比营收增幅低了 3.46 个百分点。

行业利润率持续走低,反映了当前印刷企业面临的整体困境。部分企业由于不堪市场压力,出现了停产、退出的现象。其中,不乏一些知名企业。例如,美国国际纸业出售了在中国的 10 多家纸箱印刷厂;台湾秋雨印刷公司关闭上海工厂,退出大陆市场。在退出之前,这两家公司在国内的业务均出现大额亏损。此外,深圳利丰雅高公司、北京当纳利公司也由于不同原因关闭了工厂。

三、对促进印刷业平稳发展的建议

2017 年 4 月,国家新闻出版广电总局发布了《印刷业"十三五"时期发展规划》,提出"十三五"时期印刷业发展的总目标是:贯彻"创新、协调、绿色、开放、共享"五大发展理念,推动我国印刷业加快"绿色化、数字化、智能化、融合化"发展,促进产业结构优化升级,提高规模化、集约化、专业化水平,实现由印刷大国向印刷强国的初步转变。

面对当前印刷业错综复杂的发展形势,要以《印刷业"十三五"时期发展规划》加强对印刷企业的引导与扶持,帮助企业科学研判行业形势,采取有效措施,平稳度过转型升级的"阵痛期",为未来发展积蓄力量。

(一) 引导企业正确对待环保硬约束,帮助企业提高环保治理水平

当前,环保部门的检查、督查力度不断加强,越来越多的印刷企业开始意识到提高环保治理水平、满足环保治理要求是企业必须承担的责任与义务。但部分地区在环保治理中存在执法方式简单、粗暴,以罚代管的现象,给印刷企

业的经营带来了一定的困扰，甚至引发对环保执法的抵触情绪。建议行业监管部门一方面加强对印刷企业的引导，提高其环保意识，另一方面积极与环保部门进行沟通、协调，给予印刷企业更为明确的环保治理指导，帮助其提高环保水平，做到达标排放。

（二）引导企业理性面对纸价波动，提高在产业链中的议价话语权

在印刷产业链中，印刷企业普遍面临"两头大，中间小"的问题。即印刷企业上游的纸张供应商和下游的客户一般都规模较大，而印刷企业规模相对较小。这使其在纸张价格上涨中，缺少足够的议价话语权，同时又很难将成本上涨压力向下游客户传导。面对这一问题，建议有关政府部门和行业协会采取有效的沟通、疏导措施，引导企业理性面对纸价波动，做到不恐慌、不屯纸，以协会或产业联盟的形式，代表行业发声，与纸张供应商进行沟通、谈判，提高在产业链中的议价话语权，建立良性的产业生态，实现上下游相互协作、共赢发展。

（三）引导企业积极进行自动化、智能化技术改造，降低企业综合运营成本

提高自动化、智能化水平，实现两化融合，不仅是中国制造2025对制造行业提出的重要目标和要求，也是印刷业实现转型升级的迫切要求。近年来，随着社会就业观念的转变和平均工资水平的提高，印刷企业普遍面临招工难、用工贵的问题。通过采用自动化、智能化技术装备和现代信息技术，既能降低印刷企业对劳动力的需求，又能提高生产效率，降低综合运营成本。目前，国内印刷企业在两化融合方面普遍存在意识不足、经验短缺的问题，建议有关部门通过采取必要的政策措施进行引导、推进。

（刘成芳　张羽玲　中国新闻出版研究院）

第六节 2016~2017 中国出版物发行业发展报告

2016 年是"十三五"开局之年,国家新闻出版广电总局先后修订了《出版物市场管理规定》,出台了《关于支持实体书店发展的指导意见》,颁布了《新华书店社会效益考核评价办法》,拟订了《出版物发行业"十三五"时期发展规划》,通过制定相关法规、规划、政策和标准,落实"放管服"改革,更好地发挥政府对行业的引导、激励和保障作用,为"十三五"发行业的健康发展打下了坚实的基础。

一、2016 年全国出版物发行业的基本情况

(一) 行业主要经济指标继续保持增长

2016 年,全国共有出版物发行单位 116 640 家,实现出版物销售总额 3 498.69 亿元,比上年增长 7.2%;营业收入 6 861.46 亿元,比上年增长 16.5%;利润总额 304.8 亿元,比上年增长 15.2%;资产总额 9 590 亿元,比上年增长 33.7%;从业人员 109.5 万人,比上年增长 10.8%。出版物发行业总体规模进一步扩大,主要经济指标连续实现三年正增长。

全国出版物销售额排名前 10 位的省份依次为北京、江苏、湖北、山东、湖南、浙江、广东、江西、安徽、河南。其中,东部地区、中部地区各占 5 个席位。全国出版物销售额增速前 10 位的省份依次为西藏、浙江、内蒙古、广东、湖南、黑龙江、青海、上海、山东、贵州,均实现两位数以上的增长。其中,西部地区占据了 4 个席位,西藏更是以 84.26% 的增长速度排名第一。

（二）国有发行单位主渠道、主阵地作用发挥显著

2016 年，全国共有国有出版物发行单位 10 871 家，占全国发行单位总数的 9.3%；而出版物销售额达到 1 814.95 亿元，占全国的 51.88%。其中，新华书店系统出版物销售额 1 208.68 亿元，发行网点近 13 万个；邮政系统发行单位出版物销售额 150.19 亿元，发行网点 4.7 万个。

出版物销售额前 10 位的新华书店依次为湖南省新华书店有限责任公司、浙江省新华书店集团、江苏凤凰出版传媒股份有限公司、山东新华书店集团有限公司、江西新华发行集团有限公司、安徽新华传媒股份有限责任公司、新华文轩出版传媒股份有限公司、河南新华书店发行集团有限公司、山西新华书店集团有限公司、福建新华发行（集团）有限责任公司。新华文轩、湖南新华、山东新华分别位居资产总额、利润总额、网点数量第一位。

（三）民营和外资发行企业继续保持良好增长态势

2016 年，民营发行单位数量 95 192 家，占全国的 81.6%；出版物销售 1 491 亿元，占全国的 42.6%，比上年增长 9.8%，高于全国平均增速。湖南天舟、北京新经典、山东世纪天鸿等民营发行企业已在 A 股上市。

2016 年，全国共有外资发行企业 607 家，出版物销售额 134.25 亿元，同比增长 55%。外资发行企业集中在上海、江苏、北京、福建、四川、天津、浙江、湖北、广东、山东等 10 个省市，占全国外资发行企业总数的 88%。

（四）发行流通体系逐步完善

截至 2016 年年底，全国共有出版物批发单位 10 507 家，出版物销售 2 827.29 亿元，以占全国 9% 的单位数量实现了 81% 的销售份额，渠道作用发挥显著。全国仓储面积在 5 000 平方米以上的出版物物流中心数量 172 个，比上年增长 13.2%；仓储总面积 419.97 万平方米，比上年增长 16%；年发货量码洋 1 202.2 亿元，比上年增长 14.2%。同时，全国共有出版物发行网点 215 994 个，以重点企业、骨干网络、枢纽节点、配送终端为基本构成的多层次出版物流通体系基本形成。

（五） 实体书店发展取得重大政策扶持成果

为落实中央领导同志关于实体书店发展的重要指示批示精神，2016 年 6 月，中宣部、国家新闻出版广电总局、发改委、教育部、财政部、住房和城乡建设部、商务部、文化部、人民银行、税务总局、工商总局等 11 部门联合印发了《关于支持实体书店发展的指导意见》。《意见》从完善规划和土地政策、加强财税和金融扶持、提供创业和培训服务、简化行政审批、规范市场秩序等方面提出了支持实体书店发展的政策措施，并从加强城乡网点建设、创新经营管理模式、推动线上线下融合、提升信息化标准化水平、加大优秀出版物供给、更好地发挥社会服务功能等方面提出了实体书店发展的任务和要求。

《指导意见》出台后，各地积极争取政策支持。四川、天津、福建、广东、浙江、海南、江苏、安徽、上海、山东、河南、内蒙古、辽宁、吉林、湖北、广西、西藏、青海、河北、湖南、江西等 21 个省（区、市）已经出台了扶持实体书店发展的实施意见，在财政支持、税收减免、项目带动、网点建设等方面提出了明确的政策和措施。

2016 年，全国 1 000 平方米以上的实体书店共有 820 个，比上年增长 4.2%。其中，5 000 平方米以上的大型书城 121 个，出版物销售额 69.07 亿元。黑龙江、江苏、浙江、安徽、福建、江西、山东、河南、湖北、四川等省（区、市）新华书店投入大量资金，对现有门店进行升级，营造复合式文化空间；同时，积极打造新的商业品牌，加快向社区、学校等基层布局。以上海钟书阁、南京先锋、广州方所、成都言几又、苏州猫的天空之城等为代表的特色民营书店，致力于打造最美书店，成为当地的文化地标，引领了文化消费潮流。

（六） 网上书店市场结构不断调整优化

2016 年，全国网上书店出版物销售额为 422.52 亿元，比上年增长 3.6%。网上书店发展呈现出几个主要特点。一是由持续高速增长转为小幅增长。从 2010 年到 2015 年，网上书店销售额连续五年增长幅度在 50% 以上，2016 年增幅放缓，仅为 3.6%，网络流量达到一个瓶颈。二是重点企业集聚效应愈发显著。京东、当当构成网上书店的第一梯队，两家企业销售额占整个网络发行的27.8%；文轩在线、亚马逊、博库网络形成第二梯队。其中，以文轩、博库为代表的新华书店系统网上书店发展势头良好，文轩在2016年"双11"当天销售额即突破1.5亿元。三是新兴业态不断出现。网络发行业务由PC端向移动客户端快速扩展，微信、微店、社群售书等新的领域不断发展壮大。部分出版单位已将发行渠道重点放在了移动端。四是线上线下协同发展。一些大的电商，如亚马逊、当当，推出实体店建设计划。当当已投入建设实体书店145家，计划3年内建成1 000家。网上书店开始借助实体店的体验优势实现线上"导流"。

二、"十三五"出版物发行业发展目标和任务

"十三五"时期是我国全面建成小康社会的决胜阶段，也是发行业深化改革、转型升级的关键时期。发行业要树立创新、协调、绿色、开放、共享的发展理念，坚持以改革促发展、以创新提质量、以融合带升级，加快发行业由传统业态向新型业态转变。

（一）"十三五"时期出版物发行业发展的基本原则

1. 坚持创新发展

深入推进发行业供给侧结构性改革，强化"互联网+"思维，加快行业经营模式创新和业态创新，以改革激发市场活力，以创新增强经营能力，着力解决制约发行业发展的关键问题。

2. 强化协调发展

坚持城乡共同推进、区域协调发展，针对短板精准发力，加快建立全覆盖、多层次、多样态、可持续的出版物发行网点体系，实现市场服务均等化、便利化，完善国有与民营、批发与零售、线上与线下协调发展的格局。

3. 注重绿色发展

大力提高发行业的信息化、智能化、标准化、集约化水平，逐步实现由粗

放式管理向精细化管理转变，推动行业加快向以信息技术和物流配送为支撑的现代发行流通转型升级，促进全行业的集约、节能、增效。

4. 促进开放发展

加快构建统一开放、竞争有序的现代市场体系，打破壁垒，提高资源配置效率。大力实施简政放权，创造良好营商环境，推动形成发行业对内开放和对外开放新局面，多渠道拓展发行业发展空间。

5. 保障共享发展

更好发挥发行业渠道和窗口的作用，针对人民群众加速升级的文化消费需求，不断提升发行业服务水平，增加优秀产品供给，大力开展各类读书文化活动，在促进全民阅读、构建书香社会中发挥积极作用。

（二）"十三五"时期出版物发行业发展的总体目标

1. 行业保持平稳发展

按照中央关于稳增长、调结构、惠民生的总体部署，"十三五"期间，出版物发行业要基本实现协调发展，产业规模进一步扩大，行业结构明显优化，整体实力显著增强，发行业服务出版、服务读者的功能得到充分发挥。

2. 国有发行企业改革全面深化

按照中央关于深化国有企业改革的要求，国有发行企业要建立完善具有文化特色的现代企业制度和把社会效益放在首位、实现两个效益相统一的体制机制。要形成4～5家主业突出、核心竞争力强、市场占有率高的"双百亿"大型发行集团，更好地发挥主渠道、主阵地作用。

3. 实体书店转型升级取得明显成效

"十三五"时期，国家将继续加大对实体书店的支持力度，调动各地方的积极性，扶持500家左右在各地具有示范引领作用的特色实体书店。支持民营书店不断做优做强，突出业态创新和优质服务，提高可持续发展的动力、能力和活力。

4. 网点建设趋于完善

发行业"十二五"规划确定了全国每千人拥有出版物发行网点达到0.13个的建设目标。这一目标已完成，但仍存在区域不均衡、城乡不均衡等问题。"十三五"时期，发行网点建设要实现每千人0.15个的目标，且要注重提高均等化、普及性，缩小城乡和区域差距。发行网点或出版物代销代购点要基本覆盖全国所有乡镇，网上书店配送服务要进一步向基层乡镇下沉延伸。

5. 科技驱动取得新进展

"十三五"时期，要大力推动基于信息网络技术的新兴业态，促进线上线下协同发展，形成行业影响力大、销售额超 50 亿元的互联网发行企业 2~3 家；加快推进发行业标准体系建设，推动 CNONIX 标准从试点向重点企业应用，并逐步在全行业推广应用；大力推动以现代物流和电子商务为核心的大物流、大中盘建设，逐步形成 4~5 家立足区域、辐射全国的现代出版发行流通企业，实现资源优化配置，提高行业生产效率。

（国家新闻出版广电总局印刷发行司）

第三章 专题研究报告

第一节　深圳出版发行集团提升
社会效益的实践与探索

深圳出版发行集团成立于2007年11月，是深圳三大国有文化产业集团之一，业务板块融合出版发行业上下游资源，是集出版、发行、书城建设运营、影视、教育、文化休闲等于一体的大型文化创意产业集团。现拥有4座超万平方米的大型书城和19家全资、控股下属公司。近年来，深圳出版发行集团积极探索以书业为核心的多元文化产业经营，创造性地将书城打造成为新型复合式文化生活空间、精神文明建设重要载体和公共文化服务的重要阵地，成为推进全民阅读、涵养城市文明、引领社会风尚的主阵地和重要平台，确保了集团忠实履行国有文化企业的社会责任，实现经济效益和社会效益的统一，赢得了全国同行的广泛关注。

一、关于提升社会效益方面的探索

（一）积极履行社会责任，扎实推进全民阅读活动

阅读是文化积累、文明创造的基础，近年来，国家战略层面高度重视全民阅读工作，"倡导全民阅读"连续三年写入政府工作报告。深圳引领国内全民阅读风气之先，17年来，持之以恒地推动全民阅读，以大气压制浮躁，以优雅驱逐粗俗，为城市注入沁人心脾的诗书之气，商潮涌动的城市书香弥漫。

集团作为深圳读书月总承办单位，17年来，在推动深圳全民阅读方面一直发挥重要作用，将全民阅读活动引向纵深，开创了全民阅读的"深圳模式"。"深圳十大观念"中就有两条来自读书月，即"实现市民文化权利"和"让城市因热爱读书而受人尊重"。深圳读书月在全球范围内促进深圳阅读型城市形

象的形成，2013 年深圳荣获"全球全民阅读典范城市"称号，这与集团推动深圳读书月活动有着密不可分的联系。同时，集团四大书城是读书月活动开展的主阵地，有力地促进了城市读书热潮的形成。每年读书月的启动仪式、辩论赛、阅读成就展、亲子阅读论坛等数十项读书月品牌活动在深圳书城、书吧隆重上演。特别是读书月最后一天的"温馨阅读夜"，借鉴巴黎文化场地通宵开放的做法，中心书城通宵营业，举办 10 多项文化活动，成为整座城市关注的焦点。集团作为市阅读联合会会长单位，在培育和扶持民间阅读组织，引导和推动民间阅读组织开展活动等方面发挥着积极作用。深圳市全民阅读研究与推广中心也设在集团，主要职责是推动全民阅读重大课题研究，实施全民阅读活动示范推广，今年"4·23"世界读书日期间，推出了国内首个城市阅读蓝皮书《深圳全民阅读发展报告（2016）》。

正是由于深圳读书月多年的"高贵坚持"，全民阅读活动才会在深圳蔚然成风，它造就了深圳最广大的读书人群，"以阅读为荣""以阅读为乐"已成为这座城市市民的生活方式。全民阅读活动的蓬勃开展，也大幅提高了深圳市民的阅读率，2015 年深圳居民年均阅读纸质图书的数量为 6.61 本，高于全国人均阅读 4.56 本的图书阅读量；年阅读电子图书 10.42 本，远远超过 3.22 本的全国平均值。而作为读书月总承办单位集团，因此提升了图书销售量，在获得社会效益的同时提高了经济效益。

（二）实施大书城小书吧战略，促进公共文化服务均衡发展

促进公共文化服务均等化、便利化，是公共文化服务体系建设的基本要求。《中央宣传部、新闻出版总署、住房和城乡建设部关于加强城乡出版物发行网点建设的通知》《新闻出版业"十二五"时期发展规划》均提出"到'十二五'末，要基本实现'市市有书城、县县有书店、乡乡有网点、村村有书屋'"，即是对图书发行阵地均等化的具体要求。发行阵地的建设和布局考虑对落后地区和弱势群体的观照，是国有图书发行企业把社会效益放在首位的重要体现。

深圳经过 30 多年的改革发展，已具备较好的经济基础，但总体来看特区一体化进程还在推进的过程中，地区之间，特别是原特区内外发展还很不平衡。原特区外地区书城书吧等配套设施相当滞后，公共文化设施严重不足现象

亟待改善。为此，集团在对发达地区和深圳各区（新区）情况深入调研和分析的基础上，全面总结近20年书城的运营经验，在此基础上形成了"大书城小书吧"发展战略，提出全市"一区一书城、一街道一书吧"的发展目标，积极在全市范围内进行布点，并在异地抓紧开拓，力争在"十三五"末形成具有深圳特色的国际一流的大书城小书吧群落，将书城、书吧建设作为深圳公共文化均等化的重要抓手，提升全市的公共文化设施均等化水平。

深圳目前有深圳书城罗湖城、中心城、南山城、宝安城4座超万平方米的大型书城。继此之后，龙岗书城已于2015年年底开工建设，湾区书城已明确建设模式，并形成初步概念设计方案；光明书城、萍山书城、大鹏书城等正积极推进项目用地招拍挂等工作。近年来，集团在街道、厂区、校园、文化创意产业园区加快"简阅"书吧布点，便于市民就近享受公众阅读活动。2014年至今，已有14家特色书吧开业运营，书吧项目已成为便民、利民的重要基层文化阵地，丰富了居民文化生活，提升了社区、校园文化品位，中央、省市多位领导给予高度评价。至"十三五"末将完成100家特色书吧建设，累计经营面积5万平方米，"一区一书城、一街道一书吧"项目作为公共文化项目，已成为一个城市文化中心的必备要素和重要配套。特别是书城项目既是公共文化服务平台，也是文化创意产业发展平台，尤其受到各区的重视。特色小书吧则针对不同社区、工业园区、文化创意产业园区，为市民和企业提供贴切的文化服务。

（三）加强阅读服务指引，引领公众阅读生活

集团在努力为广大读者提供丰富多彩的图书、提高销售规模的同时，充分发挥宣传文化主阵地的重要作用，努力传播一切有益于社会进步和发展的思想理论、科技和文化知识，营造健康向上的文化氛围，激发创造力和创新力。简单地说，就是不仅要多卖书，更要卖好书，这是图书发行企业社会效益的基本要求。

面对几十万个良莠不齐的出版品种，如何帮助、指引读者与好书相遇相知，更好地服务读者？集团以多种方式和途径争做优秀内容产品的传播者和阳光阅读的指引者。一是为读者提供专业指引。通过"深圳书城选书""深圳书城选碟"等阅读指引工程，实现"为读者找好书，为好书找读者"。深圳书城

选书、选碟以"读者够得着的品位"为追求，始终坚持人文精神，坚持高尚品位，坚持价值导向，坚持专业眼光，坚持阅读引领，每月向读者推荐十本思想性、艺术性、鉴赏性较高的新书、新碟，书城卖场分别以特制书架、书台进行专架陈列展示。选书至今已连续推出60期，共计选书600种，销售实现成倍增长，已成为深圳读者的阅读风向标，影响广泛。二是全面推行"三金工程"。2015年12月，通过笔试、面试，集团评选了首届金牌导购员、金牌店长、金牌买手，并给予一定的岗位津贴，旨在培养和选拔"执着爱书、乐于知书、精心选书、热情荐书"的业务能手和服务标兵，切实提升图书采购、店面管理和荐读导购等环节的专业服务水平，培养开具书单的能力，提供"有温度"的导购服务。三是创立深圳讲书会。今年初，面向内部业务人员的"深圳书城讲书会"升格为"深圳讲书会"。讲书会的主讲嘉宾都是全国知名出版社的社长、总编辑或资深教授，如北京大学著名教授谢冕、三联书店原总编辑李昕、中华书局总编辑顾青和东方卫视著名主持人骆新等。面向大众读者、民间阅读组织负责人，集团采购、营销及管理等人员，内容涵盖了当前重要出版选题、重点畅销图书及行业发展趋势等方面的知识，拓宽了从业人员的视野，形成爱书、懂书、荐书的新风尚。

（四）加大活动创新力度，提供高品质的文化活动

文化活动是实体书店与网络书店的重要差别，通过策划和举办高品质文化活动，实体书店提高了市民参与热情、不断拉近了与读者之间的距离，这是实体书店提高社会效益的的最佳方式和优势所在。

集团充分发挥实体书店的这一优势，加大活动创新、组织力度，每年策划开展上千场高品质的公益性文化活动、服务项目、节庆品牌，用"活的文化"感召社会公众，提升城市人文素养，吸引鲜活的思想和新鲜的创意汇聚融合，成为当之无愧的城市文化生活中心，进而获得不竭的发展动力和巨大的社会影响力。据不完全统计，深圳书城、书吧投入运营以来，累计接待读者近3亿人次，举办各类文化活动累计12 000多场次，为丰富深圳市民的文化生活做出了突出贡献。（见表1）

表1　书城、书吧公益文化活动情况汇总表

项目名称	开业时间	累计举办活动场次	
		场次/年均	历年累计
罗湖书城	1996 年	200 多场次	5 000 多场次
南山书城	2004 年	150 多场次	1 800 多场次
中心书城	2006 年	500 多场次	5 300 多场次
宝安书城	2015 年	100 多场次	
简阅书吧	2014 年	150 多场次	

　　集团成功打造了"深圳晚八点""沙沙讲故事""全民品读会""深圳讲书会""书立方""亲子阅读论坛""我们的节日""本土作家作品分享会""青年梦工厂"等众多知名公益文化活动品牌，在深圳全社会范围内掀起举办和参与文化活动的新高潮。此外，2015 年 11 月，创建"深圳书城中心城亲子阅读中心"，今年"4·23"世界读书日，正式推出亲子阅读卡，为家庭读者提供童书指引、荐读特惠、乐学生活等一站式体验服务。2015 年 11 月，宝安书城承办的"深圳劳动者文学（宝安）创作孵化中心"正式揭牌启动。自成立以来，已有 5 位打工作家签约，为其创作提供便利平台。今年文博会期间，创作孵化中心隆重推出《向劳动致敬——我们的诗》，引起广泛关注。集团还对开展的文化活动，参与活动的嘉宾人选、演讲内容、活动过程严格把关，以此提高文化活动的品质，传播先进文化，弘扬主流价值观，担当起作为国有文化单位应有的社会责任。与此同时，大量节庆品牌活动也为书城、书吧聚揽了人气，让书城、书吧的图书销售从中受益，经济效益与社会效益在良性互动中实现了双赢。

（五）创造综合性公共文化空间，满足市民多样性文化需求

　　书城、书吧，特别是大型书城是一个以出版物销售为核心业务，集文化、商业、设计、创意、展览为一体的融合空间，可以同时满足广大群众购买出版物和进行文化休闲活动需求的综合性文化设施，是城市的文化符号。这就要求大型书城必须坚持整体运营理念，不仅要提升核心图书销售空间的文化品位，而且要对所有入驻项目和品牌进行精心挑选、有序组合，以形成互为补充的协同效用，确保将大型书城综合体打造成为实现城市与人、文化与商业、生活与艺术、知识与情感的交汇、沟通与互动的平台，成为提高城市文化品位、提升

市民文化涵养的城市公共文化休闲生活空间。

多年来，深圳书城在运营中十分注重整体运营理念，重视入驻项目和品牌的挑选和管理。一是对书城项目组合进行科学分类，分为核心层（包括图书、音像、文具等产品销售），紧密层（包括教育培训、创意文化等项目），外延层（包括餐饮、咖啡等配套服务）三类；二是优先选择核心层、紧密层项目入驻，确保书业和文化的内核；三是对餐饮、休闲等外延层企业，则通过提高品牌知名度和管理规范门槛进行筛选；四是对入驻企业的环境装饰进行把控，确保书城整体装饰品位；五是加强对企业及项目入驻后的管理监督。而书吧的开设则强调与地段文脉的相互补充与促进，提升进驻项目和地段的文化品位。通过这种以阅读生活为核心的互利组合，书城、书吧成为集文化、创意、艺术、生活为一体的跨界组合，释放出强大的空间魅力，激发了书城活力与创造性，不仅提高了书业的销售和入驻（或进驻）商家的经济效益，更重要的是营造了一个高品质的城市公共文化空间，进而润物无声地滋养着城市的文明素养。

深圳书城、书吧目前代表的是一种"够得着的品位"，充满人间烟火。尚书但不唯书，除了传统的图书销售，书风、茶韵、咖啡香，书城内到处洋溢着"扑面而来的生活气息"，人们可以品茶、阅读、社交、赏美食、喝咖啡、看表演、听音乐、听讲座、看展览、欣赏传统文化等，一整天、一家人尽可以在这里享受高品质的文化生活之美，在高节奏的工作生活中去除疲惫、放飞心灵、沐浴文化。也正因如此，大量爱阅读、好文化、追求品质生活的人们齐聚于此，自然而然便融入艺术与创意之中，得到潜移默化的浸润与滋养，将创意因子和文明风尚深植于人们的日常生活中，深圳书城、书吧因此成为创意激荡的平台、接收文化熏陶的首选地、引领社会风潮的坚定力量。

（六）量化考核机制，实施社会效益激励与奖罚

当前，社会各界对文化企业必须讲求社会效益已形成普遍共识，但社会效益是软指标，经济效益是硬指标，如不能建立科学、量化的考核机制，加强对文化企业运营社会效益的激励与奖罚，当社会效益与经济效益发生矛盾时，企业更多考虑现实经济利益和眼前的需求，被市场牵着鼻子走，提高社会效益的成效就会落空，至少是大打折扣。

集团在社会效益考核方面大胆探索，逐步摸索出一套相对可行的考核办法

和奖惩措施，于 2016 年 5 月，正式出台了《深圳出版发行集团社会效益考核办法》，对推动提高社会效益起到了良好的激励与约束作用。

首先是加强目标管理。要求各单位围绕"社会效益最大化、经济效益最优化"的原则，制定年度社会效益目标，并与集团签订年度《社会效益完成目标责任书》。其次是制定科学、量化的社会效益考核指标。社会效益指标主要由"导向安全、市场占有率、社会影响、所获荣誉"4 个一级指标组成。一级指标再行细化评分，如社会影响指标下设 3 个二级指标：城市文化影响力、阅读文化指引力、受众反应等。第三是突出将社会效益放在首位的原则，在整体考核时加大社会效益指标的权重。第四是明确考核主体，制定科学考核程序，包括自查、复查、评估三个环节，指定部门专门负责，每半年不定期全面复查一次，依据年度检查结果报告和年度自查结果报告组织评估，依照考核计分办法年终进行综合得分。最后是建立社会效益考核的奖励和惩处机制，把考核结果作为对各单位进行奖惩问责的重要依据，并直接与其责任人的晋级和年终奖励直接挂钩。

实践证明，这一套考核办法和奖惩激励机制是行之有效的，正是在这种考核下，各单位坚持正确舆论导向，积极履行宣传文化责任和社会公益责任，取得了良好的社会效益。

二、关于提升社会效益的几点思考

（一）要保障国有发行企业提高社会效益的可持续性，应加大政府扶持力度，完善相关扶持政策

图书发行企业具有极强的公益性质，但是作为微利保本行业，面临着场地租金、人员工资等成本加大、新阅读等带来的挑战，因此要保障国有发行企业持续性发挥社会效益，政府必须加大扶持力度，完善相关扶持政策。目前可行的政府扶持应包括以下几方面：一是对国有发行企业举办的公益性活动直接给予一定的资金支持；二是在发行阵地书城、书吧建设用地方面提供优惠政策；三是减免实体书店各项税费；四是实行投融资优惠政策，通过免息、贴息、组

建引导资金等，鼓励发行企业业态革新，切实降低投融资成本等，为图书发行企业持续发挥社会效益营造良好的政策环境。如深圳市政府就非常坚定地指出，大书城小书吧是城市公共文化服务的载体，是公益性场所，书城建设已经市委市政府同意列入全市文体惠民工程，在建设资金、土地出让价格、选址等方面予以重点保障和支持，为其可持续发展提供了经费保障。

（二）要正确处理眼前与长远、局部与全局的利益关系，以战略眼光提高对"双效统一"的认识

中办、国办出台文件要求国有文化企业要"把社会效益放在首位，促进两个效益的结合"。图书发行企业作为企业经营主体，保证企业合理的经济效益和职工合理经济利益是企业生存的前提，当经济效益与社会效益不同步时，当眼前的经济利益与社会效益发生暂时的矛盾时，如何处理两者的关系就要考验管理者的智慧。我们的经验是从大局着眼、从长远着眼，放弃暂时的、局部的经济利益，自觉把对社会效益的追求放在首位，担负起国有文化企业的担当。以深圳书城运营为例，深圳书城都处在城市的黄金地段，任何时候、任何一个空间如果进行商业运营都会立即获得不菲的收入。但考虑到市民的呼声和需要，该书城保留了大量的公共空间，免费开放给市民和公益团体开展公益性文化活动，从短期和局部看是牺牲了利益，但从长远和全局看，企业赢得了声誉、赢得了人心，最终也会赢得人气、赢得客流，而有人气就有商机，社会效益和经济效益两者之间其实可以相互促进，高度统一，不存在矛盾。

（三）要在内部建立正确的核心价值观，把推动读书、服务读书作为光荣的使命

员工在企业把挣钱作为重要目的，但是企业应该成为员工的家园，给予员工内心的温暖、安宁和认同，这就是企业文化，它代表着企业的传统、价值与道德。一个企业只有拥有自己的企业文化，建立正确的核心价值观，才能真正实现基业常青。作为图书发行企业，一个以书业为主业的高尚职业，必须要打造自己的文化，建立核心价值理念。集团的核心价值观是"读书以及一切为读书所做的服务都是高贵的"。深圳读书月是高贵的坚持，这座城市因热爱读书

而受人尊重，背后是一种价值判断，认为读书是尊贵、高雅的行为。尤其在市场经济冲击下，在国民阅读率低迷的今天，必须重新捡拾起这个价值观，以推广阅读为己任，把读书以及一切为读书所做的服务都看作是高贵的。即使读书不能给我们带来立竿见影的财富，但相信书是我们内心长久祥和、是城市长远发展、是国家民族长治久安的根基所在。要坚持书业主体地位，为图书提供足够的面积和空间。即使书业自身挣不了大钱，但我们依然将推动读书、服务读书作为自己光荣的使命。

（四）要推动发行企业切实做到把社会效益放在首位，可量化、可核查的考核机制亟待建立

企业的本质是经济理性组织，社会效益的提高光靠行政命令或主观自觉是靠不住的。图书发行企业作为经营主体，虽有公益性质，如果不对公益性质进行考核，将影响到企业的整体定位，影响企业在经营性和公益性之间寻求平衡，社会效益的发挥就无法保证。为此《关于推动国有文化企业把社会效益放在首位、实现社会效益和经济效益相统一的指导意见》提出要建立可量化、可核查的社会效益考核标准，并明确社会效益考核权重应占50%以上，但目前从全国范围来看，真正可行的社会效益考核机制仍未建立。结合深圳的实际，我们认为，要建设图书发行企业社会效益的科学考核机制，必须解决以下几个问题：一是测定主体谁来定？是政府还是委托第三方必须明确；二是测定指标的内容和量化要建立一个相对统一的标准，否则难以比较；三是考核结果应用问题，考核结果如何与激励和奖罚对应起来，以形成考核和结果与推动社会效益的提高形成良性反馈。必须在这三个方面有所突破。

（五）要坚持业态创新，坚持积极参与公共文化服务，探索提高发行企业社会效益的路径

国有图书发行企业要提高社会效益，首先必须坚持业态创新，实现从传统单一的依靠出版物销售业务为支撑的新华书店模式，向同时集聚相关文化创意产业、可以同时满足广大群众购买出版物和进行文化休闲活动需求的综合性新型文化商业模式转变。只有完成业态的革新，探寻新的商业模式，延展书业的

价值链条，图书发行企业才能释放出强大的吸引力和影响力，社会效益的提高才会成为可能。图书发行企业积极参与公共文化服务，推动图书发行企业成为公共文化服务的延伸，成为全民阅读活动的平台，是构建学习型社会的要求。通过参与公共文化服务，倡导阅读，引导阅读，传承、传播社会文化，是图书发行企业的基本职责，也是图书发行企业提高社会效益的可靠的途径。遵循"尚书不唯书，求利不唯利"理念，坚持做好书业，同时通过书业汇聚人气，打造形象品牌，进一步提升社会效益的同时，获得经济效益。

（尹昌龙　深圳出版发行集团）

第二节 实体书店转型升级：机遇与挑战

实体书店发展是近几年政府、社会和业界高度关注的热点。"十二五"时期，实体书店经历了从被边缘化、知名书店纷纷关张倒闭，到在政府政策的激励下重拾信心、努力探索转型升级、逐步复苏的艰难历程。所谓转型升级、简言之即指实体书店功能转型、服务升级。这期间，在全国产生了一批知名品牌书店，如钟书阁、西西弗、方所等，也形成了一些成功的转型升级模式和经验，如书店的功能由单一的售书场所向复合业态转型、延长服务时间开展 24 小时书店、尝试 O2O 营销模式等等。2016 年，在国家和有关部门的大力支持下，实体书店发展获得了更大的动力，迎来了新一轮的建设改造高潮。虽然实体书店发展中仍然面临着种种挑战，如书店功能定位不准、转型升级路径不清晰、主业功能弱化、人才短缺、地区发展不平衡等问题，但是，相信在有关各方的共同努力下，"十三五"时期实体书店将进入全面转型升级阶段，走上健康发展的轨道。

一、实体书店转型升级迎来良好发展契机

（一）国家对实体书店的政策支持力度进一步加大

"十二五"以来政府持续出台多项扶持政策、措施，为实体书店发展营造出了良好的政策环境。2011 年，中宣部、原新闻出版总署、住房和城乡建设部联合下发《关于加强城乡出版物发行网点建设的通知》，要求各级党委、政府要在政策、资金、税费、占地等方面给予出版物发行网点建设以必要的扶持。2013 年，财政部、国家税务总局发布《关于延续宣传文化增值税和营业税优惠政策的通知》，免征图书批发、零售环节增值税。2013 年，财政部、国家新闻

出版广电总局启动实体书店扶持试点工作，连续 3 年累计安排资金 3 亿元，推动扶持了北京等 16 个省市一批重点实体书店实现转型升级。此外，国家新闻出版广电总局通过项目带动引导，连续几年将实体书店建设作为加强城乡出版物发行网点建设的重要内容，纳入新闻出版改革发展项目库，用于支持特色书店和品牌书店扩大经营规模。这些政策措施的出台实施，极大地提振了实体书店经营者的信心。

2016 年 6 月，为贯彻落实党中央、国务院有关部署要求，进一步促进实体书店发展，中宣部、国家新闻出版广电总局、国家发改委、教育部、财政部、住房和城乡建设部、商务部、文化部、税务总局等 11 部门联合印发《关于支持实体书店发展的指导意见》（以下简称《意见》）。通过完善规划和土地政策、加强财税和金融扶持、提供创业和培训服务、简化行政审批管理、规范出版物市场秩序等 5 项政策措施鼓励实体书店改革创新，全面推进实体书店发展。此举开创了国家支持的先河。

《意见》指出，到 2020 年，要基本建立以大城市为中心、中小城市相配套、乡镇网点为延伸、贯通城乡的实体书店建设体系，形成大型书城、连锁书店、中小特色书店及社区便民书店、农村书店、校园书店等合理布局、协调发展的良性格局。《意见》提出了推动实体书店建设的 6 项主要任务：加强城乡实体书店网点建设，创新实体书店经营发展模式，推动实体书店与网络融合发展，提升实体书店信息化、标准化水平，加大实体书店的优秀出版物供给，更好地发挥实体书店的社会服务功能。

11 月，国务院发布《关于进一步扩大旅游文化体育健康养老教育培训等领域消费的意见》，要求支持实体书店融入文化旅游、创意设计、商贸物流等相关行业发展。

（二）各地出台优惠政策支持实体书店发展

近年来，北京、天津、上海、江苏等地相继出台了支持实体书店发展的地方扶持措施。2016 年，各地政府加大了对实体书店的支持力度，纷纷出台相关政策，以实际的优惠政策支持实体书店发展。安徽省委宣传部、安徽省新闻出版广电局等 13 个部门联合出台《关于支持实体书店发展的实施意见》，这是安徽首次出台政策支持实体书店发展；浙江省委宣传部、省新闻出版广电局等 13

个部门联合出台《关于贯彻〈关于支持实体书店发展的指导意见〉的实施意见》，确定浙江省支持实体书店的发展目标、六大主要任务和五大保障措施；四川省委宣传部、省新闻出版广电局等 11 部门联合印发《关于推进实体书店发展的实施意见》，提出到 2020 年在四川省建成以大城市为中心、中小城市相配套、乡镇网点为延伸、数字终端为补充的贯通城乡的实体书店服务体系，四川遂宁市出台《市级扶持实体书店发展暂行办法》，提出每年计划安排近 100 万元扶持实体书店发展。开封市委、市政府宣布拿出 200 万元资金支持开封市区实体书店发展。

2016 年 8 月北京市出台《北京市实体书店扶持资金管理办法（试行）》《北京市实体书店扶持项目管理规定（试行）》《北京市实体书店扶持项目评审细则（试行)》。同时实体书店资金扶持工作也已纳入北京市"十三五"时期公共文化服务体系建设之中，预计 5 年资金总投入过亿元。2016 年北京设立实体书店发展专项扶持资金，历经初审、多轮复评、部分企业到场陈述、现场勘查、终审、公示等工作环节，在 2016 年北京市拿出 1 800 万元扶持资金，京内 71 家实体书店获资金支持。在北京市政府政策的支持下，北京涌现出一批优秀的特色实体书店，三联、单向街、字里行间等品牌书店均获得资金支持。不仅是民营书店在谋求转变，新华书店这类国资背景的书店也开始纷纷走向多元化经营。此外，北京地区 2016 年新开书店多家，知名书店品牌纷纷扩大经营，连开分店，并且创新经营方式，三联书店的政务书店，甲骨文·阅读空间的社区书店以及更加细化的各种类型的书店都引起了消费者的关注。预计在今后几年内还将会有多家书店进驻北京。

除了政府层面的引导，民营书店的发展也得到了"民间"的帮助，各大学校、购物中心纷纷向民营书店抛出了橄榄枝，甚至免费提供场地、帮助装修等。如江苏可一书店在南京艺术学院的落地开花、杭州晓风书屋在浙江省人民医院的生根发芽等。

（三）　实体书店发展环境更加优化

除了国家的直接推动，实体书店发展的社会环境也更加优化。一是全民阅读工程连续几年被写入国家政府工作报告，并被纳入国家"十三五"发展规划，社会上重视阅读的风气渐浓，阅读指数不断提升。据中国新闻出版研究院第十四次国民阅读调查数据显示，我国成人国民综合阅读率"十二五"末较"十一五"末提升了 2.5 个百分点，2016 年又比 2015 年提升了 0.3 个百分点。阅读人数的增加为提高实体书店销售带来基本保障。二是社会投资实体书店建设的意愿明显增强，书店与商场、地产的联姻有效降低了租金成本。《指导意见》等多个政府文件鼓励房地产企业、综合性商业设施、公共服务设施等为有社会影响力的实体书店提供免租金或低租金的经营场所。近几年，商场与品牌实体书店联姻的成功案例越来越多，书店几乎成为购物中心的新标配业态。据统计，2016 年在全国新开业的 465 个购物中心中，就有超过 35 家引入实体书店。书店以文化内涵为商场提供潜在增值，作为低租交换，有效降低了店面租金成本。除此以外，一些社区、高校等地也开始为实体书店提供低租经营场所。

二、实体书店发展仍然面临严峻挑战

（一）数字化阅读日益普及，分流纸书购买群体

近十年来，随着互利网技术、移动阅读终端及数字出版业的发展，数字化阅读方式日益普及，成为纸质图书销售的一大挑战。据第十四次国民阅读调查数据显示，我国成年国民数字化阅读方式接触率（包括网络在线阅读、手机阅读、电子阅读器阅读、光盘阅读、Pad 阅读等）连续八年不断上升，从 2008 年的 24.5% 升至 2016 年的 68.2%。其中，网络在线阅读接触率从 2008 年的 15.7% 升至 2016 年的 55.3%，手机阅读接触率从 2008 年的 12.7% 升至 2016 年的 66.1%，手机日均接触时长从 2008 年的 4.66 分钟增至 2016 年的 74.40 分钟，在手机接触者中，2016 年用于手机阅读的时长平均为 47.13 分钟。实体书店也普遍反映进店购书群体较十年前有大幅度的下降。人们对专业资料的获取已在很大程度上由专业性的纸质书刊转向专业数字库，而对娱乐、信息类等只需要"浅阅读"就能完成的内容，拥有海量信息、获取便捷的互联网显然比纸质书报刊更具优势。购买纸质图书的群体不断被分流，由此对实体书店形成了巨大挑战。

（二）网上发行阵营不断壮大，分流实体书店销售

在电子商务日趋发达的今天，除了人们的阅读方式发生了变化，购书方式也发生了根本性的变化，网络购书成为人们重要的图书消费方式。"十二五"时期，当当、京东、亚马逊三大图书电商继续保持前三强，2014年当当、京东、亚马逊三家销售额超过全国127家大型书城的销售总额。而传统出版物发行商也纷纷触网，如浙江新华的博库书城，四川文轩的文轩网，销售额仅次于三大图书电商。2015年"双十一"期间，文轩网上出版物销售当天突破了1亿元。智能手机的普及及微信等社交媒体平台的繁荣，带来更多新的发行渠道，如重庆新华的"阅淘网"、深圳书城"云书城"、社群营销平台"大V店"、自媒体营销平台"罗辑思维"，等等。据开卷数据显示，2016年，中国图书零售市场总规模为701亿，网上书店销售额首次超过实体书店，继续保持30%左右的增长，实体书店渠道同比增长率为-2.33%。一消一涨，趋势明显。当前，网络书店仍是实体书店最大的市场竞争对手，而网络书店的低价销售和便捷服务对实体书店经营形成了巨大的冲击和挑战。

在近一段时期内，实体书店要谋求发展，既要充分利用当前有利的政策优势和社会环境，也要清醒认识数字化阅读、网上消费趋势等因素所带来的挑战，找准自身定位，寻找转型升级突破口。

（三）实体书店自身还存在不少制约发展的问题

1. 书店功能定位不准确

如前所述，在我国实体书店转型升级的过程中，催生出了钟书阁、言几又、西西弗等一大批品牌知名书店。但也有一些书店，不转型还能勉强维持，转型了反而资不抵债，生存不下去了，这一现象客观存在，案例不在少数，问题相当突出。究其原因，首先是对书店功能认识不够深入、准确。

实体书店是相对网络书店而言的，其功能定位也主要是与之相比较。综观当当网、京东图书、亚马逊三大网络书店，其竞争优势体现在低折扣、全品种、覆盖范围广、电子快速结算、送书上门、具有大数据遴选图书及口碑评论服务等。与之相比，在服务上，实体书店通过实行O2O模式，引入电子结算、

与物流公司合作、开展线上图书推介活动，同样能够实现扩大销售范围，实现电子结算、送书上门以及图书遴选等服务上的升级。但是在品种方面，即使是超级大书城，也因物理空间受限，难以与网络书店相抗衡，这直接决定了在议价权上处于劣势地位。

但如果功能定位准确，开展差异化经营，实体书店的劣势亦可转化为优势。与大而全的网络书店相比，主题书店能够为读者提供更为精准的图书服务，节约读者的宝贵时间。而书店所拥有的物理空间能够为读者购书时提供优雅的店内环境、浓厚的文化氛围、直观的文化体验和人与人之间面对面的交流、分享体验，满足读者作为社会人、文化人的需求，这些都是网络书店所无法提供的。充分理解这一优势，可在实体书店售书功能中加载文化、教育、休闲、娱乐等多种复合功能。这也是当前多元经营、复合业态迅速成为转型主流趋势的原因所在。实体书店经营者认不清这一点，在没有对自己书店功能进行精准定位的情况下，盲目跟风，很容易导致转型失败。

2. 转型升级模式路径不清晰

一些书店转型升级不成功，还在于商业模式路径选择不符合实际需求。实体书店要发展，认清功能定位、提升购书环境和服务水平是必要的，但不是说有了豪华装修、加设个咖啡座、搞些噱头活动、开个微信公众号，就能成功实现书店的转型升级。往哪里转，如何转，选择何种商业模式，需要经营者对书店所处的地理位置、周边环境、主要消费人群等特定因素做深入研究。

当前实体书店经营有多种成功的转型模式路径可供参考。在功能的转型方面，有"书店 + 文化活动"模式，如上海的钟书阁，2016 年仅泰晤士店就举办了 458 场文化活动，吸引了全国大量文化界人士前往，成为当地名副其实的"文化坐标"。苏州诚品书店、安徽三巷口书店、广州方所、深圳中心书城等则是采取了"书店 + 生活"模式，复合了售书、服饰、餐饮、创意产品等多种业态，让逛书店成了当地市民的一种生活方式。还有"书店 + 文创"模式，如南京先锋书店，累计开发文创产品达 5 000 多种。一些主题书店，如音乐书店、美术书店等，则选择引入培训机构的做法。还有一些书店向特色化转型，像黑龙江普希金书店，引入了大量俄文原版书，吸引了大批俄国文学爱好者。

在服务升级方面，目前的主要做法包括为读者提供优雅舒适的店面环境，营造浓郁的文化氛围；延长服务时间，开展 24 小时书店；开展线上营销，提供送书上门、电子支付、图书推介等便捷服务；实行会员制，为会员提供专属的、高级精准的服务等。

每个书店都有自己的个性，选择何种转型升级模式，需要结合自身具体的特点、优势，并非任何模式拿来就能适用。比如，选择在气候温暖、昼长夜短的南方，就适合开展 24 小时书店，如果选在寒冷的北方，仅冬天的暖气费就是一大笔开销，而且并没有太多读者夜晚光顾。三联生活书店 24 小时店开业以后，国内许多书店跟进，最后不少书店难以为继，就是典型的案例。再比如，书店在没有饮用咖啡习惯的居民地引入咖啡消费，在缺少外地游客的地方书店大量引入纪念品，在校园书店引入明显高于学生消费水平的产品，等等，显然都难以取得长久的成功。

3. 多元经营中主业功能出现弱化

多元业态模式是一种成熟、有效的聚集人气、提升品质、实现多种业态共赢的商业经营模式。该模式下，各种业态高度关联，彼此呼应又相互补充，与单一业态相比能够吸引更多的人群，满足顾客的多元需求。在当前，多元经营是实体书店尤其是大型书城转型的一大方向，聚集了书刊影像、文化用品、讲座培训、影视娱乐、餐饮茶座等多样化的文化业态及相关服务，也带来了超乎以往的客流量。但书店人气的复苏是否就等于图书销售的复苏？多元业态的聚合引流是否带来主营业务的增强？事实是，一些有社会担当、有能力的书店经营者坚持围绕图书主业选择其他业态，多种业态所产生的聚合效应为图书销售主业带来更大的效益。但也有一些书店，业态整合以后，图书从客观上沦为招揽顾客的开胃小菜，书城沦为其他商品的卖场，主业副业本末倒置。

书店主业功能出现弱化，究其原因，一是书店经营者主观上以营利为目的，把图书销售当作引流的幌子，在产品比例、位置面积、人员服务等方面向副业倾斜，少卖书，甚至不卖书，弱化了自身的文化服务功能。忽视书店的社会效益，片面追求经济效益，也就失去了实体书店的真正内涵，有悖于国家扶持、社会支持的初衷。二是对经营者业态之间的关联考虑不够，甚至认为越多越好，最终在客观上造成主业功能弱化。

书店能够容纳的业态有其边界，与书店自身的定位、规模、核心竞争力以及文化消费者的心理期待等密切相关。比如，书店可以卖家电，但肯定卖不过苏宁电器，竞争力不够也就谈不上生存和发展，更谈不上聚合效应。而与知识密切相关的，如文化、艺术、创意、教育、培训、生活等产业则能够与图书销售及消费者行为很好地嫁接在一起，形成复合度较高的业态组合，产生"1+1>2"的集群效应，更有助于打造书店的文化气质，推动主营业务的销售。

4. 规划性人才和复合型高端经管人才严重短缺

实体书店的转型升级需要全面转变经营理念，调整产品结构，改变营销方式，塑造文化品牌形象，引入灵活的经营管理体制。复合多元经营模式是当前实体书店尤其是大书城转型的主流方向，实体书店无论是变身文化 MALL 还是生活体验空间，与以往单一品种销售相比，都需要容纳更多业态，提供更多产品和服务。相应地，书店对经营管理人才就提出了更高的要求，亟须引入具有先进设计理念的规划性人才和既懂图书又懂非书经营、既懂线下图书销售又懂线上图书运营的复合型高端经管人才。但现状是实体书店属于微利经营行业，在吸纳社会上优秀人才方面往往心有余而力不足。三石作为"书店革命"的实践派，其设计方案供不应求，正反映出行业内在这方面人才匮乏的现状。一些书店虽然也紧跟形势改善了服务环境，短期内提升了服务品质，但由于人才的缺乏导致发展的不可持续。当前实体书店的转型升级还主要局限在一二线大城市，如果未来几年延伸至三四线城市以及基层门店，人才的短缺境况将更为明显。

5. 地区发展不平衡现象有所加剧

我国实体书店一直存在着地区发展不平衡的现象，这主要与各地的居民收入、文化教育水平、文化机构数量等多种因素相关。北京、上海、广州、杭州、重庆、成都等经济、文化、教育发达地区，处于全国文化高地，又拥有大量优秀的出版资源，因此拥有王府井书店、万圣书园、三联书店、钟书阁、言几又等众多闻名全国的品牌、特色实体书店。"十二五"时期，由于房地产、电子商务等倒逼实体书店转型升级，品质因此得到极大提升。反观基层实体书店，普遍还停留在以往经营规模小、发展活力不足、抗压能力弱的状态，只有极少数书店开始探索转型升级。两相对比，实体书店地区发展不平衡的现象更加明显。

基层实体书店之所以转型升级动力不足，主要原因有三：一是网上书店基本建在一二线发达城市，受物流成本限制，还未深入大多数县乡一级，这给基层实体书店留下了相对安稳的生存空间。二是房租、人工相对便宜，书店经营成本与大城市书店相比压力较小。三是目前转型升级成功的实体书店还多集中在一二线大城市以及部分三四线城市，新思潮还未传播到基层。这些因素造成基层中小书店普遍缺少危机意识，小富即安，不思革新。因此无论是新华书店还是民营实体书店，多数存在经营者观念保守、服务意识不强、营销观念落伍、经营业态单一、文化氛围不足、图书品种稀少且雷同性较高、严重依赖教材教辅等特点。但是随着人民群众生活水平、消费水平的普遍提高，读者势必会对书店产生新的要求。同时，随着物流业向基层的迅猛发展，网上书店也将逐渐从城市到县城到乡村，留给基层书店应对挑战的时间并不多。

三、实体书店转型升级发展建议

推进全国实体书店转型升级、品质提升，更好地服务读者和社会，需要政府、业界、实体书店自身共同努力。

（一）政府加快地方扶持政策落实

当前，政策扶持还主要集中在大城市的品牌、特色实体书店，对地方书店的扶持力度还较小甚至缺失，这不利于基层门店及早跟进全国实体书店转型升级整体推进步伐，不利于消除当前地区间文化基础设施的"鸿沟"。事实上，只要引导有力，扶持到位，地方书店大有可为。像江苏吴江书城，一个县级新华书店，经过改造，年销售猛增至 6 000 多万元，不仅能够生存下来，而且创造了良好的社会效益。因此，建议政府加快《指导意见》等政策落实，并由一二线城市向三四线城市、县级及以下基层门店延伸，解决实体书店地区发展不平衡的问题。

（二）政府强化对书店主营业务的考核

政府有责任对财政资金使用情况进行监督，对获得财政支持用于转型升级的实体书店实行绩效评估，并及时做出政策调整。书店的核心是售书，其最大的吸引力和竞争力也应源自图书。如果副业喧宾夺主，不仅有悖于书店内涵，难以形成持久的文化吸引力，也有悖于政府支持初衷。因此，建议政府加强对书店主营业务的考核，这将有助于实体书店守住阵地、健康发展，避免主业功能弱化，也有助于为社会、为读者留住应有的文化空间。

（三）业界组织开展转型升级相关培训

当前，社会上对实体书店的宣传力度较大，一些转型升级的成功经验也频见报端。但书店要真正转型升级，不仅需要这些引导性文章，更需要具体的实战经验的交流和相关业务的学习。有组织地开展实体书店转型升级实战经验交流及业务培训，可以解决当前复合型人才不足、基层理念不新、转型升级定位不准、模式选择不清晰等问题。单靠书店个体去调研、学习，不仅成本高昂，而且效率低下。目前已有个别省市组织了地方培训活动，并取得了较好的效果。建议各地行业组织、相关协会加强这方面的培训工作。

（四）书店发扬"工匠精神"选书荐书

图书是书店的核心竞争力，选书是书店的看家本领。读者愿不愿意走进书店，舒适的环境、丰富的业态都能构成吸引力，但愿意在书店停留多久，并成为常客，关键在于图书的品质够不够高，是不是符合读者的需求。邹韬奋创建三联书店，在当时能够取得成功并延续至今，就在于所选图书能够为青年人提供先进的思想和生活方式。学术书店万圣书园，能够多年屹立在独立书店前列，跟刘苏里长期坚持亲自选书分不开，他被誉为"中国当代图书市场的民间观察者"。组建优秀的选书师队伍，发扬"工匠精神"，为读者选出精品力作，才是实体书店保持品质、实现长久发展的根本。

（五）书店积极利用新技术武装自身

在当前技术革新引导行业发展的大形势下，实体书店也要积极借助互利网技术、社群营销平台、电子支付手段等，打造线上线下一体化营销、服务模式，更好地满足新生代读者的消费需求，应对当前数字化阅读和电子商务带来的严峻挑战。亚马逊书店线下店利用大数据分析选择店址和图书推荐，将线上评论、推荐系统算盘复制到线下，值得国内书店借鉴。有条件的书店可以引入数码印刷技术、VR 技术等，开展特色化、个性化的"按需出版"业务和体验服务。

此外，转型升级成功的品牌实体书店，可以充分利用当前的有利政策、社会环境，开展书店连锁经营，向集团化和特色化发展，扩大经营规模，改变规模小、经营散、实力弱的状况，增强抗风险能力。

（陈含章　中国新闻出版研究院）

第三节　第十四次全国国民阅读调查主要发现

自 1999 年起，由中国新闻出版研究院组织实施的全国国民阅读调查已持续开展了十四次。第十四次全国国民阅读调查从 2016 年 8 月开始全面启动，2016 年 8 月至 10 月开展样本城市抽样工作，2016 年 11 月至 2016 年 12 月在全国范围内开展入户问卷调查执行工作，2017 年 1～3 月开展问卷复核、数据录入和数据处理工作。现在完成初步分析报告。

本次调查仍严格遵循"同口径、可比性"原则，继续沿用四套问卷进行全年龄段人口的调查。对未成年人的三个年龄段（0～8 周岁、9～13 周岁、14～17 周岁）分别采用三套不同的问卷进行访问。

本次调查执行样本城市为 52 个，覆盖了我国 29 个省、自治区、直辖市。本次调查的有效样本量为 22 415 个，其中成年人样本为 16 967 个，18 周岁以下未成年人样本为 5 448 个，未成年样本占到总样本量的 24.3%；有效采集城镇样本 17 091 个，农村样本 5 324 个，城乡样本比例为 3.2∶1。

样本回收后，我们根据第六次全国人口普查公报的数据对样本进行加权，并运用 SPSS 社会学统计软件进行分析。本次调查可推及我国人口 12.94 亿，其中城镇居民占 50.6%，农村居民占 49.4%。现将本次调查的主要发现汇报如下。

一、各媒介综合阅读率较上年有所提升

2016 年我国成年国民包括书报刊和数字出版物在内的各种媒介的综合阅读率为 79.9%，较 2015 年的 79.6% 略有提升。数字化阅读方式（网络在线阅读、

手机阅读、电子阅读器阅读、Pad 阅读等）的接触率为 68.2%，较 2015 年的 64.0% 上升了 4.2 个百分点。图书阅读率为 58.8%，较 2015 年的 58.4% 上升了 0.4 个百分点；报纸阅读率为 39.7%，较 2015 年的 45.7% 下降了 6.0 个百分点；期刊阅读率为 26.3%，较 2015 年的 34.6% 下降了 8.3 个百分点。数字化阅读的发展，提升了国民综合阅读率和数字化阅读方式接触率，整体阅读人群持续增加，但也带来了图书阅读率增长放缓的新趋势。

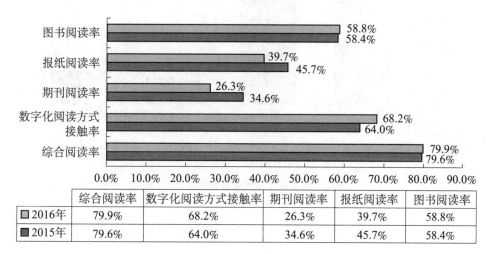

	综合阅读率	数字化阅读方式接触率	期刊阅读率	报纸阅读率	图书阅读率
□2016年	79.9%	68.2%	26.3%	39.7%	58.8%
■2015年	79.6%	64.0%	34.6%	45.7%	58.4%

图1 各媒介阅读率年度比较

二、各类数字化阅读载体接触率均有不同程度增长

进一步对各类数字化阅读载体的接触情况进行分析发现，2016 年我国成年国民的网络在线阅读接触率和手机阅读接触率有所上升，其他数字化阅读方式的接触率有所下降。具体来看，2016 年有 55.3% 的成年国民进行过网络在线阅读，较 2015 年的 51.3% 上升了 4.0 个百分点；66.1% 的成年国民进行过手机阅读，较 2015 年的 60.0% 上升了 6.1 个百分点；7.8% 的成年国民在电子阅读器上阅读，较 2015 年的 8.8% 下降了 1.0 个百分点；10.6% 的成年国民使用 Pad（平板电脑）进行数字化阅读，较 2015 年的 11.3% 下降了 0.7 个百分点。有 62.4% 的成年国民在 2016 年进行过微信阅读，较 2015 年的 51.9% 上升了

10.5 个百分点。

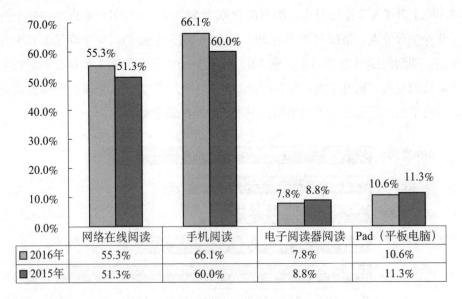

图2　各类数字化阅读方式接触率比较

	网络在线阅读	手机阅读	电子阅读器阅读	Pad（平板电脑）
2016年	55.3%	66.1%	7.8%	10.6%
2015年	51.3%	60.0%	8.8%	11.3%

三、成年国民接触传统媒介和新兴媒介时长增加

从人们对不同媒介接触时长来看，成年国民人均每天手机阅读接触时间最长。我国成年国民人均每天手机接触时长为 74.40 分钟，比 2015 年的 62.21 分钟增加了 12.19 分钟；人均每天互联网接触时长为 57.22 分钟，比 2015 年的 54.84 分钟增加了 2.38 分钟；人均每天微信阅读时长为 26.00 分钟，较 2015年的 22.63 分钟增加了 3.37 分钟；人均每天电子阅读器阅读时长为 5.51 分钟，比 2015 年的 6.82 分钟减少了 1.31 分钟；2016 年人均每天接触 Pad（平板电脑）的时长为 13.88 分钟，较 2015 年的 12.71 分钟增加了 1.17 分钟。

在传统纸质媒介中，我国成年国民人均每天读书时间最长，为 20.20 分钟，比 2015 年的 19.69 分钟增加了 0.51 分钟；人均每天读报时长为 13.15 分钟，比 2015 年的 17.01 分钟减少了 3.86 分钟；人均每天阅读期刊时长为 6.61分钟，比 2015 年的 8.83 分钟减少了 2.22 分钟。

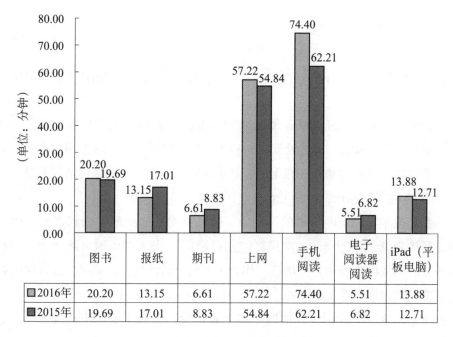

图3　各媒介阅读时长

	图书	报纸	期刊	上网	手机阅读	电子阅读器阅读	iPad（平板电脑）
2016年	20.20	13.15	6.61	57.22	74.40	5.51	13.88
2015年	19.69	17.01	8.83	54.84	62.21	6.82	12.71

四、成年国民图书阅读量稳步增长

从成年国民对各类出版物阅读量的考察看，2016 年我国成年国民人均图书阅读量为 7.86 本（其中纸质图书阅读量为 4.65 本，电子书阅读量为 3.21 本），较 2015 年的 7.84 本增加了 0.02 本。报纸和期刊的人均阅读量分别为 44.66 期（份）和 3.44 期（份），分别低于 2015 年的 54.76 期（份）和 4.91 期（份）。

表1　各媒介阅读量对比

阅读量	2016 年	2015 年
图书（本）	4.65	4.58
报纸（期/份）	44.66	54.76
期刊（期/份）	3.44	4.91
电子书（本）	3.21	3.26

五、成年国民的上网率有所上升，通过手机上网的比例增幅明显

2016 年，我国成年国民上网率为 73.8%，比 2015 年的 70.0% 增加了 3.8 个百分点。具体来看，有接近五成（45.8%）的国民通过电脑上网，有超过七成（72.6%）的国民通过手机上网。其中，通过手机上网的比例增幅明显，与 2015 年的 65.9% 相比，增长了 6.7 个百分点。

我国成年网民上网从事的活动中，信息获取功能受到越来越多网民的重视，具体来说，有 79.8% 的网民将"阅读新闻"作为主要网上活动之一，有 46.9% 的网民将"查询各类信息"作为主要网上活动之一。同时，互联网的娱乐功能仍然占据很重要的位置，有 76.3% 的网民将"网上聊天/交友"作为主要网上活动之一，有 61.1% 的网民将"看视频"作为主要网上活动之一，有 55.1% 的网民将"在线听歌/下载歌曲和电影"作为主要网上活动之一，有 38.1% 的网民将"网络游戏"作为主要网上活动之一，还分别有 35.5% 和 35.4% 的网民将"即时通信"和"网上购物"作为主要网上活动之一。有 26.0% 的网民将"阅读网络书籍、报刊"作为主要网上活动之一。

表 2　上网从事的活动

网上从事相关活动	选择比例
阅读新闻	79.8%
网上聊天/交友	76.3%
看视频	61.1%
在线听歌/下载歌曲和电影	55.1%
查询各类信息	46.9%
网络游戏	38.1%
即时通信	35.5%
网上购物	35.4%
阅读网络书籍、报刊	26.0%
收发 e-mail	20.1%

六、成年国民对图书、电子书价格承受能力略有提升

对于一本 200 页左右的文学类简装书的价格，有 26.8% 的国民能够接受 12～20 元的价格，有 23.8% 的国民能够接受 8～12 元的价格，有 17.8% 的国民能够接受 20～30 元的价格，另有 16.5% 的国民能够接受 8 元以下的价格，12.6% 的国民认为只要喜欢多贵都买。我国国民能够接受一本 200 页左右的文学类简装书的平均价格为 14.42 元，比 2015 年的 14.39 元略有提升。

对期刊价格的承受能力分析发现，我国成年国民平均可接受一本期刊的价格为 6.85 元，比 2015 年的 6.93 元略有下降。

在接触过数字化阅读方式的国民中，有 40.0% 的国民表示能够接受付费下载阅读，这一比例比 2015 年的 50.2% 下降了 10.2 个百分点。数字化阅读接触者能够接受一本电子书的平均价格为 1.78 元，价格接受程度比 2015 年的 1.64 元略有上升。

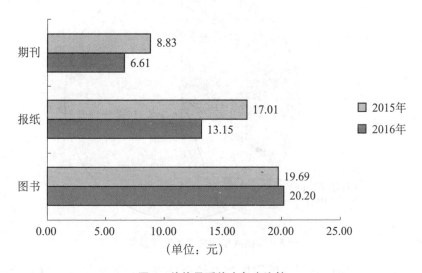

图 4　价格承受能力年度比较

手机阅读群体中 25.2% 的人能够接受付费阅读，而有 74.8% 的人只看免费的手机读物。手机阅读群体在 2016 年人均花费在手机阅读上的费用为 16.95 元，较 2015 年的 11.19 元有所上升。

七、纸质读物阅读仍是五成以上国民倾向的阅读方式

从数字化阅读方式的人群分布特征来看，我国成年数字化阅读方式接触者中，18～29周岁人群占到36.3%，30～39周岁人群占27.1%，40～49周岁人群占22.9%，50～59周岁人群占9.7%。可见，我国成年数字化阅读接触者中86.3%是18～49周岁人群。

对我国国民倾向的阅读形式的研究发现，51.6%的成年国民更倾向于"拿一本纸质图书阅读"，有9.8%的国民更倾向于"网络在线阅读"，有33.8%的国民倾向于"在手机上阅读"，有3.8%的人倾向于"在电子阅读器上阅读"，1.0%的国民"习惯从网上下载并打印下来阅读"。

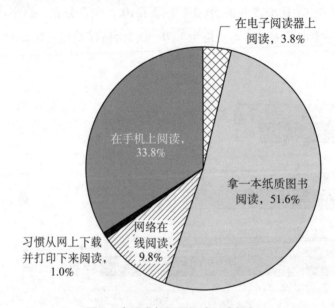

图5　我国成年国民阅读形式倾向

另外，对于同样内容的纸质版和电子版图书，在数字化阅读方式接触者中，有51.2%的人更倾向于购买电子版。

八、超四成成年国民认为自己阅读数量较少

2016年我国成年国民对个人阅读数量评价中，只有1.7%的国民认为自己的阅读数量很多，6.6%的国民认为自己的阅读数量比较多，有36.0%的国民认为自己的阅读数量一般，45.2%的国民认为自己的阅读数量很少或比较少。

从成年国民对个人纸质阅读内容和数字阅读内容的阅读量变化情况的反馈来看，有5.7%的国民表示2016年"增加了纸质内容的阅读"，但有10.5%的国民表示2016年"减少了纸质内容的阅读"；有4.0%的国民表示2016年"减少了数字内容的阅读"，但有13.8%的国民表示2016年"增加了数字内容的阅读"；近六成（57.7%）的国民认为2016年个人阅读量没有变化。

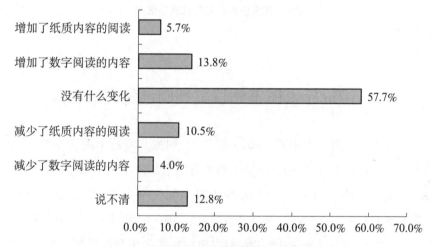

图6　我国成年国民阅读量变化自我评价

从成年国民对于个人总体阅读情况的评价来看，有19.6%的国民表示满意（非常满意或比较满意），比2015年的20.8%有所下降；有18.5%的国民表示不满意（比较不满意或非常不满意），比2015年的17.4%有所提升；另有47.6%的国民表示一般。

我国成年国民对当地举办全民阅读活动的呼声较高，2016年有65.7%的成年国民认为有关部门应当举办读书活动或读书节。其中，城镇居民认为当地

有关部门应该举办读书活动或读书节的比例为66.3%，农村居民中这一比例为65.0%。

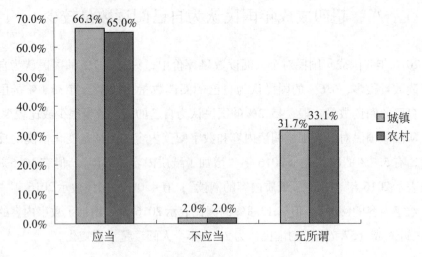

图7　我国城乡居民阅读活动诉求

九、未成年人图书阅读率和阅读量有所增长

从未成年人的阅读率来看，2016年0~8周岁儿童图书阅读率为76.0%，高于2015年的68.1%；9~13周岁少年儿童图书阅读率为97.6%，较2015年的98.2%略有下降；14~17周岁青少年图书阅读率为88.2%，较2015年的86.3%提高了1.9个百分点。综合考察来看，2016年我国0~17周岁未成年人图书阅读率为85.0%，较2015年的81.1%增加了3.9个百分点。

对未成年人图书阅读量的分析发现，2016年我国0~8周岁、9~13周岁和14~17周岁未成年人的图书阅读量均较上一年有所增加。其中，我国14~17周岁未成年人课外图书的阅读量最大，为9.11本，比2015年的8.21本增加了0.90本；9~13周岁未成年人人均课外图书阅读量为8.57本，比2015年的7.62本增加了0.95本；0~8周岁儿童人均图书阅读量为7.76本，比2015年的6.34本增加了1.42本。综合以上三个年龄段，2016年我国0~17周岁未成年人的人均图书阅读量为8.34本，比2015年的7.19本增加了1.15本。

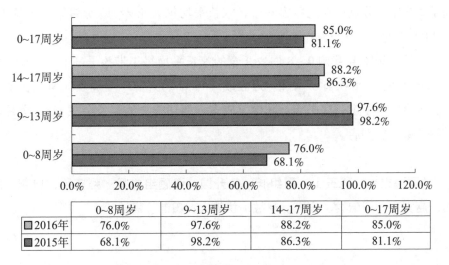

	0~8周岁	9~13周岁	14~17周岁	0~17周岁
2016年	76.0%	97.6%	88.2%	85.0%
2015年	68.1%	98.2%	86.3%	81.1%

图8 我国未成年人图书阅读率年度比较

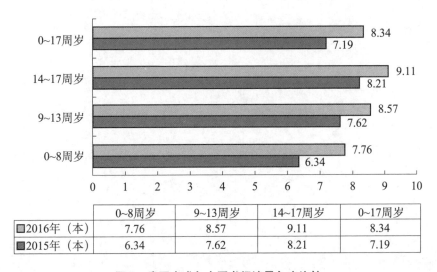

	0~8周岁	9~13周岁	14~17周岁	0~17周岁
2016年（本）	7.76	8.57	9.11	8.34
2015年（本）	6.34	7.62	8.21	7.19

图9 我国未成年人图书阅读量年度比较

十、亲子陪读比例和亲子阅读时长有所增加

对亲子早期阅读行为的分析发现，2016年我国0～8周岁有阅读行为的儿童家庭中，平时有陪孩子读书习惯的家庭占到90.0%，较2015年的87.1%提

高了 2.9 个百分点；在这些家庭中，家长平均每天花 24.15 分钟陪孩子读书，较 2015 年的 23.69 分钟略有增加。

此外，2016 年我国 0~8 周岁儿童的家长平均每年带孩子逛书店 3.07 次，比 2015 年的 2.98 次有所增加。近五成（46.6%）的 0~8 周岁儿童家长半年内至少会带孩子逛一次书店，其中三成多（34.8%）的家长会在 1~3 个月内带孩子逛一次书店。

（课题组长：魏玉山；副组长：徐升国；课题组成员：拜庆平、田菲、高洁、赵文飞、王淑君、高亮、赵敏；执笔人：田菲、高洁）

第四节 2016～2017出版物市场治理情况

2016年，"扫黄打非"部门在出版物市场治理上坚持问题导向、坚持打管结合、坚持深化创新，对突出问题重拳出击，有力打击非法出版活动，有力整治网络淫秽色情现象，有力净化未成年人健康成长文化环境，在完善网上"扫黄打非"格局、推进"扫黄打非"进基层、查办大案要案等方面取得了突破性进展，有力维护了意识形态安全和文化安全。据全国"扫黄打非"办公室统计，全国共收缴各类非法出版物1 600余万件，查处各类案件6 600余起，关闭非法和传播有害信息网站1.4万个。

一、2016年出版物市场治理成效

（一）有效打击非法有害少儿出版物及信息

以"护苗2016"专项行动为平台，坚持两手抓。一手抓市场整治、网络清查，重点清理校园周边出版物市场环境和整治网上传播淫秽色情等有害信息突出问题。各地"扫黄打非"部门集中清理中小学周边出版物市场，重点查处有害"口袋本"图书、卡通画册和游戏软件等，严厉打击无证照店档和游商地摊在校园周边兜售出版物，严厉打击校园周边出版物经营单位销售含有宣扬邪教、迷信、淫秽、暴力、教唆犯罪及妨害未成年人身心健康的恐怖、残酷等内容的出版物。集中整治以未成年人为主要对象的有害网络游戏、小说、音乐、动漫及传播淫秽色情等有害信息的网络社交群组，对少年儿童访问量大、社会影响恶劣的有害网站及相关应用重点打击，及时取缔关闭有害网站，并严厉追究相关责任人的法律责任。全国收缴非法有害少儿出版物346万件，处置妨害少年儿童健康成长有害信息458万条。此外，全国"扫黄打非"办公室要求各地按照追源头、端窝点、打团伙、破网络的要求，严密追查，决不放过任何违法违规的组织和个人，并进一步加强了对涉少儿类非法有害出版物及信息案件的督办。北京根据全国"扫黄打非"办公室转交线索，顺藤摸瓜，查办了"8·08"特大制售侵权盗版少儿出版物案，打掉一个集印刷、寄递、网上网下销售为一体的家族式犯罪团伙，是近年来破获的数量最多、案值最高、品种最全的制售侵权盗版少儿出版物案；查办江苏徐州"920萝莉网"利用云盘传播淫秽物品牟利案，该网站涉嫌传播未成年人的淫秽视频15 000余部，图片31 000余张，涉及注册会员7 771人；破获浙江嘉兴吴某等人网络传播淫秽物品牟利案，该案涉及传播淫秽色情视频1万余部，抓获涉案人员27人，QQ群成员大多系未成年人，影响极为恶劣。

另外，一手抓正面引导，全国"扫黄打非"办公室组织各地开展"绿书签2016"系列宣传教育活动，集中学校、家长和社会各界力量，引导少年儿童多读书、读好书，远离和抵制非法有害出版物和信息。各地"扫黄打非"部门采用少年儿童乐于接受、家长学校普遍支持的方式，推动"护苗2016"专项行动走进学校、社区。通过名家宣讲、课外辅导、推荐优秀读物、开设专题微博微信等途径，有效地引导少年儿童远离文化垃圾，与优秀文化相伴成长。

（二）保持对假记者、假记者站、假媒体的高压打击态势

2016年6月至11月开展的"秋风2016"专项行动中，各地"扫黄打非"部门集中整治报刊亭（摊）和酒店、饭店、酒吧等场所销售传播非法报刊行为，开展假冒学术期刊网站专项整治工作，严肃查处利用假冒学术期刊网站实施诈骗等违法行为，严厉查处非法网络媒体、非法学术性期刊和真假记者内外勾连行为，依法关闭非法设立的新闻类网站，严惩实施敲诈勒索及诈骗活动的不法分子。同时，广泛开展打击"三假"的舆论宣传，积极动员广大群众举报"三假"违法活动，细致核查相关案件线索，对重点案件实施挂牌督办。山东破获"5·16"非法期刊经营案，该案涉案人编印、销售各类非法期刊近300万册，是近年来破获的性质最为恶劣、制售非法期刊数量最多的假期刊案件之一。北京查办"5·24"特大制售假记者证团伙案，系全国首例通过微信渠道销售假记者证案件，查获假记者证近千个。

与此同时，对"三假"行为开始从事后打击向事前预防延伸。全国"扫黄打非"办公室会同国家新闻出版广电总局相关部门，就正规期刊网站的网络搜索认证进行了完善，进一步精简工作流程，提高认证时效。

（三）打击侵权盗版，保护知识产权

2016年2月，全国"扫黄打非"办公室组织开展了部分重点城市高校及其周边复印店专项治理行动，对复印店侵权盗版违法行为进行严厉打击。其中，广西、天津、安徽、吉林、江西、福建等地迅速行动，开展多类执法检查，取缔关闭了一大批无证照复印店，全国共查处取缔违法违规复印店2 000余家。与此同时，一大批从事侵权盗版活动的人员被依法查处。比如，江苏、北京联合查处"10·26"特大网络销售侵权盗版图书案。根据群众举报，江苏省镇江市公安局网安支队对天猫网店"剑锋时代图书专营店"涉嫌销售盗版图书案立案侦查，并抓获涉案人张某某。张某某通过网店销售各类盗版图书110余种，销售数量52万余册，销售金额达300余万元。经进一步追查，发现一个由宋某某、刘某、郭某某等人组成的制售盗版图书的团伙。在北京查获销售窝点2处，摧毁销售盗版图书窝点2处，非法印刷装订厂3个，大型盗版图书仓库5个，抓获涉案人14名。涉案盗版图书达120万册，总码洋5 200余万元，系近年来破获的通过电商平台销售盗版图书数量最多、案值最高的案件。

此外，为迎接第16个"4.26"世界知识产权日的到来，提高全社会拒绝使用盗版、保护知识产权的意识，4月21日，全国"扫黄打非"办公室组织31个省区市举行了侵权盗版及非法出版物集中销毁活动，共销毁盗版音像制品、盗版图书、盗版电子出版物等1 418万件。

（四）严肃查处制黄传黄行为

在"净网2016"专项行动中，全国共处置网络淫秽色情信息140余万条，收缴淫秽色情出版物32万件，关闭违法违规网站2 500余家；共查办网络"扫黄打非"案件862起，其中全国"扫黄打非"办公室挂牌督办的重点案件66起。公安部、工信部、文化部、国家网信办、新闻出版广电总局等部门积极履职，相互密切配合，形成了较强工作合力。公安部大力推动大案要案侦办，与全国"扫黄打非"办公室联合挂牌督办重点案件 51 起，发现处置违法信息 57.8 万余条。工信部强化社会监督，巩固综合防控体系，12321 举报中心受理举报淫秽网站 7 万余件次，联合相关应用商店对 73 款 APP 应用进行下架处理。国家网信办关闭违法违规账号 31 万余个、色情类 QQ 群 40 万余个。新闻出版广电总局对全网进行了 30 轮拉网式排查，查处淫秽色情节目 6 200 余个。

各地"扫黄打非"部门按照抓源头、破网络、切断利益链的工作要求，先后对云盘、微领域、新闻客户端等重点领域进行多次集中整治。北京市文化执法总队在检查中发现，"今日头条""新浪新闻""网易新闻""一点资讯"均为客户提供色情淫秽等禁止内容。"今日头条"引动客户端通过移动互联网提供含有禁止内容的网络出版物在线浏览服务。"新浪新闻""网易新闻""一点资讯"客户端提供含有色情内容的网络出版物供在线客户观看。北京市文化执法总队根据调查掌握的证据，分别于 2016 年 8 月和 11 月对四个新闻客户端运营企业做出罚款的行政处罚，责令北京字节跳动科技公司、新浪网技术（中国）公司、网易传媒科技（北京）公司、北京一点网聚科技公司立即删除违规内容，改正违法行为。另外，还依法关闭了可乐云、乐盘网等问题严重的云盘服务企业，并依法追究相关负责人刑事责任，行政处罚了新浪、百度等 25 家知名互联网企业，有效遏制了云盘传播淫秽色情信息现象。整治低俗信息问题，删除违规文章 110 万篇。

二、2016 年出版物市场治理典型案例

（一）山东青岛、陕西西安"5.16"经营非法期刊案

2016 年 5 月，山东省青岛市公安机关在西安市"扫黄打非"部门配合下，先后在青岛、西安等地抓获犯罪嫌疑人 14 人，端掉非法印刷窝点 3 处、批销窝点 2 处及仓储库房 5 处，收缴非法期刊 20 余万份，打掉了涉及全国 21 个省区市的销售网络。经查，自 2013 年起，犯罪嫌疑人胡某某、王某等人擅自编辑、制作非法期刊约 300 万份，并通过物流渠道发送至全国各地销售；犯罪嫌疑人崔某某、丁某某等人擅自开办印刷厂，承接印制非法期刊获利。目前，案

件在进一步审理中。

（二）云南"4.15"特大制售非法出版物案

2016年4月，云南、甘肃两地公安部门同时行动，成功打掉位于云南嵩明的一处非法出版物印刷仓储窝点，收缴非法出版物174种32万余册，查扣印刷设备及配套工具39台，抓获犯罪嫌疑人32人。经查，自2011年以来，犯罪嫌疑人马某某等人擅自印制非法出版物并销售至全国31个省区市。目前，该案已移送检察机关审查起诉。

（三）浙江台州"3.15"网络销售非法出版物案

2016年3月，浙江省"扫黄打非"部门根据群众举报，协调公安部门抓获网络销售非法出版物犯罪嫌疑人2名，捣毁非法销售窝点4处，现场查获非法书籍350册。经查，犯罪嫌疑人在网上向全国31个省区市销售非法出版物，涉案金额达80余万。目前，该案已移送检察机关审查起诉。

（四）北京"5.24"特大制作销售假记者证团伙案

2016年5月，北京市"扫黄打非"办公室协调公安、文化执法等部门破获一起通过微信渠道销售假记者证案件，抓获李某某、陈某某等5名犯罪嫌疑人，查获假记者证935个、假印章25枚。经查，该案犯罪团伙自建"中国美术协会""中国南方通讯社"等网站，制作贩卖假记者证及以"中国美术协会""中国书法协会"等机构组织为名的工作证、会员证等；还仿冒国家新闻出版广电总局记者证管理及核验系统，建立名为"中国网络传媒中心"的网站，供买家查询"记者证"真伪。目前，该案已移交检察机关审查起诉。

（五）北京"8.08"特大制售侵权盗版少儿类出版物案

2016年9月，在全国"扫黄打非"办公室、公安部联合部署下，北京市公安局、通州分局、市文化执法部门组成的专案组一举打掉一个以赵某某父子为首的家族式制售侵权盗版少儿出版物团伙，查获5处非法仓储窝点，共查缴非法出版物 350 余万册、涉案码洋 9 100 余万元，涉及出版社 54 家。目前，公安机关共抓获涉案人员 14 名，其中 6 名已被依法逮捕。该案系至今为止，全国查处侵权盗版少儿出版物数量最大、码洋最高的案件。

（六）湖南衡阳 "3.10" 发行非法小学教辅案

2016 年 8 月，湖南省衡阳市珠晖区人民法院以非法经营罪判处该案主犯李某有期徒刑 5 年，并处罚金 10 万元。2015 年 10 月，衡阳市 "扫黄打非" 办公室、市文化市场综合执法局在联合检查时发现，衡阳市红星书社销售《课堂360》《名师好卷》等涉嫌非法出版的小学教辅读物，并且数额巨大。经查，涉案图书为假冒出版单位名义出版的非法出版物，是从山东省阳谷县熠光书业销售有限公司进的货。经追查，2013 年以来，该公司假冒云南人民出版社、安徽师范大学出版社名义，擅自出版、印刷、发行 "智慧启迪" 系列小学教辅读物六大类 100 多个品种，建立了涉及黑龙江、河南、广东、甘肃等 10 多个省的发行网络。仅在湖南查获的非法出版物就涉及 101 个品种 9 万余册，码洋 187 万元。

（七）陕西 "猥琐叔小漫画" 网站登载淫秽色情漫画案

2016 年 4 月，西安市雁塔区人民法院以传播淫秽物品罪判处该案罪犯齐某有期徒刑 1 年。2015 年 5 月，根据群众举报，雁塔区 "扫黄打非" 办公室协调当地公安部门对 "猥琐叔小漫画" 网站大量登载淫秽色情漫画线索进行立案调查。经查，犯罪嫌疑人齐某于 2014 年 10 月注册域名，2015 年 4 月开始通过网络搜索、下载淫秽漫画，并将其上传到 "猥琐叔小漫画" 网站进行传播，截至案发时点击率已达 359 万余次。

三、2016 年出版物市场治理特点

（一）以落实责任制为契机强化政治纪律约束

充分发挥《中国共产党纪律处分条例》和《党委（党组）意识形态工作

责任制实施办法》等"尚方宝剑"的威力，部署各地将"扫黄打非"作为落实意识形态工作责任制的重要内容，加强组织领导，严肃政治纪律，落实主体责任。

（二）以问题为导向深入开展集中整治

在 2016 年的工作中，注重以问题为导向，问题发生在哪里，工作就跟进到哪里，做到有的放矢、精准打击，使各大专项行动更具针对性、持续性和实效性。在"护苗"行动中，重点清理校园周边出版物市场环境和整治网上传播淫秽色情等有害信息突出问题；在"净网"行动中，组织开展了云盘、网络直播平台、客户端集中整治等。以集中整治为抓手，将专项行动深入推进，努力解决突出问题。

（三）以完善工作格局为依托深化网络治理

紧紧抓住互联网这个主战场、主阵地，在网上工作机制建设上迈出重要步伐。建立网上"扫黄打非"联席会商机制，制定下发《网上"扫黄打非"联席会议制度》，加强了信息共享、日常查删、应急处置等全方位协作，增强了网上工作的系统性、整体性、协同性。建立腾讯直通车工作机制、驻淘宝网协调中心工作机制、网上突发事件应急处置机制和信息三级核处"通道"，网上有害信息处置能力显著提高。

（四）以健全机制制度为核心推进联防协作工程建设

制定出台《关于进一步加强"扫黄打非"联防协作工程建设的意见》，明确任务分工，规范工程运行，强化区域协作。五大联防协作工程一个一个地召开座谈会，一个一个地剖析问题、部署工作、督促落实，"扫黄打非"工作小组相关负责同志亲自参加，直接指挥部署。各地切实完善协作机制、深化制度建设、增强联动联防，进一步强化信息共享、联合封堵、区域互检、案件协查，并创造性地开展工作，建立京津冀、湘鄂赣等小区域的联防协作和专项治理机制。

（五）以综合管控为手段增强系统治理能力

召开工作协调会40余次，充分发挥统筹协调作用，坚持把专项治理与系统治理、综合治理、源头治理相结合，努力实现从被动应对处置向主动监测、打早打小、攻防并举转变。一方面加强寄递、印刷、销售、网络等环节的全方位管控，另一方面发挥有关工作机制及公安等部门作用，主动进攻，形成快速反应处置机制，第一时间掌握情况，第一时间落地查人，第一时间综合管控，做到清理源头、集群作战、系统治理。

（六）以加强协调督办为重点提高案件查办效果

在案件查办上，不是简单下达指标、布置任务，而是统筹形成集发动举报、联合督办、协调指导、宣传震慑为一体的工作流程，推动了一批大案要案的查处。积极发动群众举报，联合举报中心全年受理举报12万件；挂牌督办重点案件146起，其中联合公安部、国家版权局挂牌督办重点案件111起，数量比往年有大幅度提高；组织召开案件协调会10余次，有力推动了重点案件的查办工作。同时，加强案件宣传，"边打边曝光"，收到了震慑犯罪、教育群众的效果。

（七）以推进"扫黄打非"进基层为抓手夯实工作基础

积极协调相关部门，广泛动员群众参与，深入推进"扫黄打非"进基层。各地积极落实进基层指导意见，目前全国31个省区市已全部制定工作方案，并积极推动实施。北京、湖北等10余个省市召开了进基层推进会，四川建立乡镇（街道）"扫黄打非"办公室4 000多个、村（社区）"扫黄打非"工作站5.3万个，河北挂牌成立村（社区）"扫黄打非"工作站1万多个。适时在江苏南京组织召开了全国"扫黄打非"进基层推进会，进一步交流经验、宣传先进、推进落实，进基层工作声势大、力度大、成效大，开创了新的局面。

（八）以创新为驱动提升新媒体和信息化应用水平

创新宣传方式，制作推广"扫黄打非"公益动漫视频。加强宣传选题策划和深度报道，积极发挥网络直播平台、移动客户端等新媒体作用，扩大工作影响力。推动信息化建设，建成"扫黄打非"信息管理系统（一期）和有害出版物信息特征值共享数据库，进一步提升了信息化科技化水平。

四、2017年出版物市场治理重点

（一）紧紧围绕迎接十九大开展治理工作

2017年将召开党的十九大，"扫黄打非"部门将突出迎接宣传贯彻党的十九大这一主线，强调紧紧围绕这一主线谋划实施2017年出版物市场治理工作，目标就是要为党的十九大胜利召开营造良好的思想舆论氛围和社会文化环境。

（二）集中整治与专项行动相结合

依托专项行动，开展各项集中整治，整合各方工作力量，全面净化出版物市场和网络文化生态。一是强化网络治理。坚决查处制作、传播有害信息的网站、机构和人员，重点查处利用"两微一端"进行的反宣活动，着力治理网络传播政治谣言"群圈化"问题。严格规范网络交易平台及商家出版物经营活动，严厉打击网上购销非法出版物行为。二是强化市场监管。全面清查出版物市场，对出版物集中销售场所和批发、零售单位以及报刊亭、繁华街区、交通枢纽、城乡集（夜）市等重点部位反复检查。开展印刷复制委托书制度落实情况专项检查，严惩违法违规印刷复制企业。专项整治物流、寄递企业承运非法出版物和不落实收寄验视等制度的行为。三是强化联防协作。督促北京市、广东省进一步发挥"护城河工程""南岭工程"牵头作用，完善联防协作机制。

（三）突出深化各大专项行动

切实将有关问题抓深抓透抓彻底，避免打一枪换一个地方，着力针对新的突出问题开展专项整治，强调深化创新，保持打击的高压态势。开展"净网2017"专项行动，专项整治利用网络直播平台和微博、微信、群组、网盘、弹窗等传播淫秽色情信息，深入清查含有有害内容的链接，有效治理网络文学等领域的低俗内容。开展"护苗2017"专项行动，专项整治中小学校园周边文化市场，持续清理宣扬淫秽色情、血腥暴力、校园霸凌、自杀自残等有害内容的网络出版物及信息，办好"绿书签"微信公众号，结合中小学生综合素质教育，创新活动载体和形式，引导青少年绿色阅读、文明上网。开展"秋风2017"专项行动，严肃查处非法从事新闻采编活动的机构，加大打击新闻敲诈和假新闻、假记者力度，着力惩处以所谓舆论监督等为名招摇撞骗、敲诈勒索的不法行为，专项整治假冒学术期刊网站，取缔关停非法网络报刊，深入排查利用邮发渠道发行非法违规报刊；严厉惩治网上网下侵权盗版，着力查缴盗版文学作品、少儿读物、教材教辅，从严查处高校及周边复印店盗印、培训机构擅自编印教材教辅行为，专项整治利用电子商务平台销售侵权盗版出版物。严格落实新闻作品授权转载使用规定，依法查处严重侵权、涉嫌犯罪的网站和平台。

（四）健全"扫黄打非"工作责任体系

按照全面从严治党的要求，强化意识形态工作责任制，进一步落实有关方面的责任，特别是政治责任，严肃政治纪律。首先要严格落实主体责任。落实"扫黄打非"工作责任制，制定责任清单，层层压实任务，及时督导检查。在推动"扫黄打非"重点工作、处置重大案件等工作中，各级党委要敢于担当、靠前指挥。根据"扫黄打非"新形势新任务的要求，研究制定加强"扫黄打非"工作的意见和措施办法。在文化市场综合执法改革中，加强队伍建设，坚持将"扫黄打非"作为文化市场综合执法的首要任务，确保"扫黄打非"工作只加强、不削弱。

其次，要不断深化协作配合。各级"扫黄打非"工作领导小组及其办公室在党委统一领导下，要切实履行综合指导、协调督办职责，有效整合各部门资源和力量，加强重点工作统筹，形成"扫黄打非"整体合力。有关部门要严格执法办案，不断提高"扫黄打非"工作法治化水平。深化区域性联防协作工程建设，有关地区要加强协同配合，开展经验交流，合力打好总体战。

最后要强化监督执纪问责。认真落实党的纪律处分条例、问责条例，加强违纪线索核查，坚决处理违纪的党员干部、公职人员，扩大典型事例通报范围，坚持必要的公开曝光，确保处理到位、警示到位。对"扫黄打非"集中整治开展情况进行巡回督查、省际互查。对组织领导不力、工作不落实、查处整改不到位的单位和领导干部，及时约谈，严肃问责。

（五）持续夯实基层基础

在 2016 年"扫黄打非"进基层工作基础上，明确提出在 2017 年全面推进"扫黄打非"工作，强调事有人抓、活有人干、责有人担。全面推进"扫黄打非"进基层，按照事有人抓、活有人干、责有人担的要求，指导乡镇（街道）、村（社区）建立完善"扫黄打非"工作机制，加强工作力量。将"扫黄打非"工作纳入基层党委和政府绩效考核、精神文明创建、社会治安综合治理（平安建设）考评。深入推进网格化管理，明确并落实乡镇（街道）、村（社区）开展"扫黄打非"宣传教育、搜集上报"扫黄打非"相关情况线索、协助查缴非法出版物和查处"扫黄打非"案件方面的职责。选取 300 个乡镇（街道）、村（社区）和基层单位为首批全国示范点。

（张　姝　国家新闻出版广电总局）

第五节　2016～2017出版标准化综述

一、总体情况

2016年是"十三五"规划的开局之年，国家对新兴文化产业的推动力度持续加大，新科技、新业态、新标准层出不穷。

我国新闻出版领域在2016年制定完成新闻出版国家标准8项，发布新闻出版行业标准13项、新闻出版工程项目标准19项。我国主导制定完成的2项印刷技术领域内的国际标准——国际标准ISO 16762《印刷技术　印后加工　运输、处理和储存的一般要求》和ISO 16763《印刷技术　印后加工　装订产品》由国际标准化组织（ISO）正式发布，实现了我国在国际印刷标准化领域的重大突破。

2016年9月，国际标准化组织ISO在我国召开了第39届ISO大会，习近平总书记致贺信，李克强总理到会致辞。总书记指出"标准助推创新发展，标准引领时代进步"，这凸显了标准化的基础性、战略性地位，富有深刻的内涵。近些年来，随着新兴产业的不断涌现和快速成长，传统产业也正在加速转型升级，这些都对标准化工作提出了迫切需求，推进标准化工作可谓任务更加艰巨、意义更加重大。围绕落实国务院《深化标准化工作改革方案》及行动计划，2016年，新闻出版领域的标准化工作改革也在不断积极向前推进。

二、标准制、修订工作

新闻出版行业标准化工作以全面落实国家标准化战略，推动新闻出版技术进步，促进新闻出版业健康、有序发展为宗旨，通过协调统一、广泛参与、鼓励创新、国际接轨、支撑发展的标准化工作方针推进工作。2016年，我国新闻出版业制定完成新闻出版国家标准8项，发布新闻出版行业标准13项、新闻出版工程项目标准19项。同年，完成新闻出版领域推荐性标准及计划项目共459项的集中复审工作，根据集中复审结论，废止新闻出版行业标准及指导性技术文件33项，并启动了新闻出版行业标准及指导性技术文件修订工作。

（一）国家标准制、修订

2016年共有8项国家标准发布，其中包括1项出版标准、7项印刷标准。分别如下。

出版标准：

GB/T 32867－2016《中国标准关联标识符（ISLI）》

印刷标准：

GB/T 33244－2016《数字硬打样系统质量要求及检验方法》

GB/T 33248－2016《印刷技术　胶印橡皮布》

GB/T 33254－2016《包装印刷材料分类》

GB/T 33255－2016《包装印刷产品分类》

GB/T 33258－2016《热固型轮转胶印涂布纸印刷适性要求及检验方法》

GB/T 33259－2016《数字印刷质量要求及检验方法》

GB/T 27935.1－2016《印刷技术　印前数据交换 PDF 的使用　第1部分：使用 CMYK 数据的完整数据交换（PDF/X－1 和 PDF/X－1a）》

（二）行业标准制、修订

2016年发布行业标准13项，其中出版标准5项、印刷标准3项、信息标准5项。其中，出版标准与信息标准均为数字产品相关标准，分别为：

表1　2016年发布的行业标准

标准号	标准名称	领域
CY/T 145.1－2016	《数字出版内容卫星传输规范　第1部分：信息采集》	出版
CY/T 145.2－2016	《数字出版内容卫星传输规范　第2部分：数据导航》	出版
CY/T 145.2－2016	《数字出版内容卫星传输规范　第3部分：数据传输》	出版

续表

标准号	标准名称	领域
CY/T 145.4－2016	《数字出版内容卫星传输规范　第4部分：数据接收》	出版
CY/T 145.5－2016	《数字出版内容卫星传输规范　第5部分：信息回传》	出版
CY/T 146－2016	《网版印刷　环保型水基印花胶浆的使用要求及检验方法》	印刷
CY/T 147－2016	《网版印刷　聚氨酯胶刮使用要求及检验方法》	印刷
CY/T 148－2016	《聚甲基丙烯酸甲酯（PMMA）镜面装饰面板质量要求及检验方法》	印刷
CY/T 149－2016	《数字期刊术语》	信息
CY/T 150－2016	《数字期刊分类与代码》	信息
CY/T 151－2016	《数字期刊核心业务流程规范》	信息
CY/T 152－2016	《数字期刊产品服务规范》	信息
CY/T 153－2016	《数字期刊内容质量管理规范》	信息

（三）工程项目标准修订

2016年发布的工程项目标准共19项。这19项标准均为CNONIX国家标准应用示范工作的基础要求，对优化流程和推进CNONIX国家标准示范项目起到了促进作用。

19项工程标准分别为：

GC/ZX 27－2016《CNONIX应用标准体系表》

GC/ZX 28－2016《CNONIX应用标准编制指南》

GC/ZX 29－2016《CNONIX标准应用指南》

GC/ZX 30－2016《CNONIX应用术语》

GC/ZX 31－2016《CNONIX图书出版信息填报规范》

GC/ZX 32－2016《数据字典维护规范》

GC/ZX 33－2016《图书管理系统接口规范》

GC/ZX 34－2016《出版机构系统接口规范》

GC/ZX 35－2016《发行机构系统接口规范》

GC/ZX 36－2016《CNONIX标准符合性测试规范》

GC/ZX 37－2016《系统控制唯一标识符》

GC/ZX 38－2016《图书出版信息采集规范》

GC/ZX 39－2016《图书发行信息采集规范》

GC/ZX 40 - 2016《图书产品信息加工规范》

GC/ZX 41 - 2016《CNONIX 标准动态维护规范》

GC/ZX 42 - 2016《CNONIX 数据质量要求》

GC/ZX 43 - 2016《CNONIX 数据安全管理规范》

GC/ZX 44 - 2016《CNONIX 更新代码表》

GC/ZX 45 - 2016《CNONIX 标准应用实施指南》

三、国际标准化工作

2016 年，我国新闻出版业以国家标准为基础，主导制定了两项印刷技术领域国际标准 ISO 16762《印刷技术　印后加工　运输、处理和储存的一般要求》和 ISO 16763《印刷技术　印后加工　装订产品》均由国际标准化组织（ISO）正式发布，实现了我国在国际印刷标准化领域的重大突破。

（一）ISO 16763《印刷技术　印后加工　装订产品》发布

2016 年 3 月，由我国主导制定的首个印刷领域国际标准 ISO 16763《印刷技术　印后加工　装订产品要求》由国际标准化组织（ISO）正式发布。该标准的发布标志着我国印刷业主导制定国际标准实现了零的突破，是我国印刷业实质性参与国际标准化工作的直接表现。

2009 年 9 月，ISO/TC130 中国对口技术组织全国印刷标准化技术委员（SAC/TC170）在 ISO/TC130 第 23 届全会上提出了"关于组建印后标准联合工作组的提案"，得到各成员国代表的认可。2010 年，ISO/TC130/WG12 正式成立并由我国专家担任召集人，提出并主导了两项国际标准的制定，分别为 ISO 16763《印刷技术　印后加工　装订产品》和 ISO 16762《印刷技术　印后加工　一般要求》。

本次发布的 ISO 16763 规定了装订产品印后生产过程中的质量要求和允差值，适用于需进行工业装订的产品，如书籍、杂志、目录和手册等。来自中国、美国、德国、英国、瑞士、巴西、日本、瑞典、意大利等国家的多位专家参与制定工作。作为 ISO/TC130/WG12 的提出国及召集人、秘书所在国家，我国以印后的实际情况为基础，在归纳总结我国印后领域成熟经验与国家标准的基础上，提出立项国际标准项目，执笔起草各阶段标准草案并组织多个国家的专家参与讨论，以此引导和推进国际标准的制定工作，最终成功完成此国际标准的制定。

在该国际标准制定的五年多时间里，SAC/TC170 坚持每年两次组织本项目负责人和其他中国专家参加 ISO/TC130 春季和秋季会议，同时成立该国际标准项目的国内专家团队，组织召开数十次国内研讨会，为项目的推进提供强大的后援支撑，使该标准草案先后通过了 CD（委员会草案）投票、DIS（国际标准草案）投票和 FDIS（最终国际标准草案）投票，直至 2016 年 3 月 9 日，该标准由国际标准化组织（ISO）正式发布，成为我国主导制定的首个国际印刷标准。

（二）ISO 16762《印刷技术 印后加工 运输、处理和储存的一般要求》发布

2016 年 11 月 15 日，由我国主导制定的第二项印刷领域国际标准 ISO 16762《印刷技术 印后加工 运输、处理和储存的一般要求》由国际标准化组织（ISO）正式发布。该标准是继以我国为主导制定的首项印刷领域国际标准 ISO 16763《印刷技术 印后加工 装订产品》发布后印刷标准化领域的又一项重大成果。

ISO 16762 规定了印刷和印后加工工序间印刷产品的运输、处理和储存要求，指明了完成印后加工工序可能需要的作业信息，规定了在印后加工工序中所用材料的处理方法。该标准的发布，使印后加工中运输、处理和储存这些必要工序有了统一的规范，有利于世界范围内印刷企业印后加工质量和工作效率的提高。

我国印刷领域印后加工能力较强，印后加工标准比较成熟，凭借这一基础和我国作为 ISO/TC130/WG12 召集人、秘书所在国家这一先天优势，全国印刷标准化技术委员会聚焦全行业技术力量，组织我国多家印刷企业及数十位专家参与该国际草案的起草工作，成立该国际标准项目的国内专家团队，组织召开数十次国内研讨会，进行了大量的测量、实验验证和会议讨论，为国际标准得

到不同国家的认可并通过各阶段投票提供了有力的技术支撑，最终成功完成此国际标准的制定，成为我国主导制定的第二项国际标准。

此外，新闻出版广电总局积极组织有关标准化技术委员会及专家参与相关国际标准的制、修订，包括国际标准书号（ISBN）、国际标准录音制品编码（ISRC）、ISSN（国际标准连续出版物编号）、ISTC（国际标准文本编码）、国际标准音视频编号（ISAN）、出版物在线信息交换（ONIX）、图书贸易主题分类词表（Thema）、期刊编排格式等，完成 Thema 国际标准补全中国地区代码的工作，以及 CNONIX 国家标准与 ONIX 国际标准的同步更新等。加快 ISTC、ISNI、ISAN 标准的国内宣贯，加强与国际 ISTC、ISNI、ISAN 中心的沟通协调，筹备成立中国相关中心。

参与国际标准的相关工作，有利于我国新闻出版相关机构在国际贸易中占据主动地位，积累国际标准化活动的经验，同时培养起一批具有国际标准化工作能力的人才队伍，对进一步提升我国出版业的国际地位、成为出版印刷强国具有重要意义。

四、面临的问题和发展趋势分析

（一）主要问题

总体来说，近两年我国出版业标准化工作取得了一定的成效，但相比数字出版业快速发展的形势以及市场不断变化发展的需求而言，还存在一些问题。主要表现在以下几个方面。

1. 标准化效果评估不够

近些年来，新闻出版业标准化工作发展迅速，在行业发展中的基础性、战略性作用不断增强。然而，在标准工作中，重制定、轻实施的状况尚未得到根本扭转。个别标准制定出来后，却出现了没有应用的情况，或行业中已经出现了新的产品与服务，相应的标准却没有及时更新，存在滞后甚至缺失的情况，未能很好地满足行业发展的需求，也未能使标准成为企业生存发展的内在需求，与企业单位的业务工作结合不够紧密。这些问题反映出当前标准化工作中仍然存在被动跟随的情况，主动引领作用不足。因此全面贯彻深化标准化工作改革精神和《国家标准化体系建设发展规划（2016—2020 年）》的部署，要开展国家标准实施效果评价试点工作，探索建立科学规范的标准实施效果评价机制，才能更好地推动标准的有效实施。

2. 标准化人才短缺

目前行业内既懂专业领域知识又懂标准的专业人才相对匮乏。就整个行业来说，没有固定的标准化人才培养使用机制，标准化科研队伍建设与标准科研水平有待提升；就专业技术委员会来说，也存在着对工作了解不够深入，只了解标准制定流程，而缺乏对行业的深入理解；就企业来说，其标准化意识不强，大多没有专业的标准化人才队伍。因此，总体来说，标准化人才工作基础相对薄弱，支撑力量明显不够，对标准化事业可持续发展的支撑和保障作用还有待增强。

（二）趋势分析

一是助力行政管理，标准化工作不断推进。我国出版领域内的多项标准，如《国际标准图书书号（ISBN）》《国际标准连续出版物号（ISSN）》《国际标准录音作品号（ISRC）》《国际标准音乐编号（ISMN）》《国际标准关联标识符（ISLI）》等，不但在我国新闻出版领域应用广泛，部分标准还发挥着重要的行政管理职能。如 ISBN 和 ISRC 两项标准就是我行业行政主管部门规范图书产品和录音制品的一个有效手段，为了应对目前出现的网络文学、AR、VR 等新的出版类相关产品与服务，总局目前也在考虑制定相关标准，以规范相关出版产品的出版、发行、经销、统计等工作，为出版产品的国内流通、国际交流提供便利。

二是试点示范工作继续推进，加强标准的实施推广。近些年来，国家财政在数字出版领域的投入一直在持续加大，从新闻出版重大科技工程到数字化转型升级项目，从试点示范到全行业应用推广，已惠及全国数百家转型示范升级走在前列的新闻出版企业。这其中，也包括标准的实施工作。以《MPR 出版物》《中国出版物在线信息交换 图书产品信息格式规范（CNONIX）》等重点国家标准的产业应用示范工作为例，2016 年，总局继续加强对 22 家 MPR 国家标准应用示范单位、22 家 CNONIX 国家标准应用示范单位的项目建设和标准化工作的指导，组织部分示范单位成功申报财政资金支持，通过项目带动战略推动 MPR、CNONIX 国家标准的产业应用。截止 2016 年年底，在中国 MPR 注册中心登记的 MPR 出版单位 332 家，MPR 出版物 4 400 余种（含在产），分配 MPR 码 200 余万个。CNONIX 数据交换实验系统实现了 22 家 CNONIX 国家标准示范单位的数据交换，共上传书目数据 6.2 万种，上传销售数据和库存数据 3 379 万条。在国家财政部门的大力支持下，财政投入与企业投入相结合，标准应用经过试点、示范环节，取得显著成效。

三是国际标准化工作参与能力不断提升。2016 年，国际标准化组织（ISO）发布了由我国主导制定的两项印刷技术领域国际标准，实现了我国在国际印刷标准化领域的重大突破。同年，与新闻出版业相关的几个标准化技术委员会及专家参与了多项国际标准的制、修订，包括国际标准书号（ISBN）、国际标准录音制品编码（ISRC）等，组织了与 W3C 等国际标准化组织的合作交流探讨，加强与国际 ISTC、ISNI、ISAN 中心的沟通协调，筹备成立中国相关中心。这些工作的开展显示并进一步增强了我国新闻出版领域的国际标准化工作能力，将对未来我国出版业标准化机构探索制定国际标准、承担技术机构秘书处及重要职务提供宝贵的经验。

五、思考与建议

进入"十三五"时期，新闻出版标准化工作将继续完善顶层设计和总体布局，以构建新闻出版质量保证体系为目标，完善标准体系建设和标准化工作机制，培育发展团体标准，放开搞活企业标准，提高标准国际化水平。

（一）改革标准体系和标准化管理体制

围绕落实国务院《深化标准化工作改革方案》及行动计划，积极推动出版行业领域的标准化工作改革。建立政府主导制定的标准与市场自主制定的标准协同发展、协调配套的新型标准体系，积极支持团体标准与企业标准等市场自主制定的标准，从而提高行业与企业的竞争力。形成政府引导、市场驱动、社会参与、协同推进的标准化工作格局。健全标准全生命周期管理，建立标准实施信息反馈和评估机制，及时开展标准复审和维护更新，有效解决标准老化问题。

培训发展团体标准，建立团体标准的评价和监督机制。鼓励具备相应能力的学会、协会、商会、联合会等社会组织和产业技术联盟协调相关市场主体，共同制定满足市场和创新需要的团体标准，供市场资源选用，增加标准的有效供给。同时，鼓励企业根据需要自主制定、实施企业标准，鼓励企业制定要求高于国家标准、行业标准、地方标准的具有竞争力的企业标准。

（二）强化基础能力建设

一是继续强化标准化技术委员会建设。技术委员会负责出版管理标准，只有技术委员会的工作做好了，标准的质量和水平才有保证。这要求提高标准化技术委员会的广泛性、代表性，保证标准制定的科学性、公正性。同时，要做好技术委员会考核工作，技术委员会严把立项评估、征求意见、标准审查关，将标准的宣传贯彻作为重点工作来抓，逐步建立退出机制。二是加大标准化人才培养力度。要建立标准化人才培养计划，积极营造有利于标准化科研人才成长的良好环境，努力形成科学合理的人才培养使用机制，以学科带头人和技术骨干队伍为重点，加强标准化科研队伍建设，提升标准科研水平，按类别、分层次培养标准化专业技术人才。三是加大标准化资金投入，根据工作需要统筹安排标准化工作经费，广泛吸纳社会各方资金，形成市场化、多元化投入机制，为标准的制定发布提供稳定的经费保障。

（三）提高标准国际化水平

加大国际标准跟踪、评估和转化力度，加强中国标准走出去工作，支撑国家重大战略落地。鼓励社会组织和产业技术联盟、企业积极参与国际标准化活动，争取承担更多国际标准组织技术机构工作和领导职务，增强话语权，服务中国企业走出去。建设高水平标准化国际智库，培养标准化管理人才，加快落实国际标准化人才培训工作。

（香江波　中国新闻出版研究院）

第六节　民营书业发展现状、问题与建议

一、民营书业发展现状

（一）民营书业投融资日益活跃

随着产业化的发展，出版业逐渐告别"农耕式"的经营方式，资本在企业扩张重组、转型升级中的作用加大。随着文化产业战略地位的提高，民营书业的投融资也日益活跃。

在融资方面，以前民营书业融资的渠道主要是产业内的国有出版集团，现在，民营书业更多独立进入资本市场融资，民营书业的场外融资也更加活跃。2016年3月，果麦文化传媒完成8 500万人民币的B轮融资，由孚惠资本领投，华盖映月影视投资基金、小村资本旗下磁谷基金跟投，估值超10亿人民币。2017年，民营书业上市再有新突破，时代新经典主板上市，世纪天鸿创业板首发获得通过。在新三板市场上，挂牌的民营书业企业更是达20多家。此外，还有大批企业在筹备上市的路上，在证监会的审核排队中。

在投资方面，原来民营书业的投资更多在出版主业，比如教辅企业向少儿、大众出版扩展，或投向产业链的上下游，如物流、印刷基地和办公产业园等。现在，民营书业的投资正向核心多元化纵深拓展。

教辅企业的眼光投向的是大教育，从教辅出版商向教育方案和产品的提供商转变，如教育信息化的硬件、软件、内容资源，乃至培训、教育装备等。大众出版的民营书业则是对接IP产业，如果麦融资将主要用于团队拓展和优质资源采购，在出版、电影、互联网三条战线加快发展；磨铁则旨在构建文娱产业链的布局；读客融资将主要用于培育超级IP、版权采购和团队建设的发展。

此外，民营书业内部的并购整合在加快，行业内大企业与小企业的整合在加快。比如北教控股并购小雨明天，北斗并购耕林与南京博凯，五洲并购时代天华和博尔，金榜苑参股昊福和朗朗，经纶控股和投资的企业有 20 余家，新经典并购多家中盘，并控股成立青马文化与飓风社，金太阳吸纳多位独立策划人，等等。需要说明的是，这些是在许多企业并没有大资金进入甚至没有融资的情况下进行的，若有大资本进来，行业内部整合的步伐可能更快。

再次，民营企业的业外投资更加成型。比如志鸿教育打造的齐鲁文化产业园，包括课本博物馆、青少年文化体验中心、文化商业街以及酒店、公寓等。金太阳的教育地产也初具规模，通过名校打造与规划，提升地产价值。

还有一些民营企业主，开始自己做天使投资。比如杨文轩投资多家少儿企业和自媒体，薛金星投资多家软件企业，吴晓波则成立文化投资基金投资新媒体、自媒体，等等。

（二）实体书店转型升级

2013 年以来，有关实体书店的扶持政策密集出台。2013 年底财税〔2013〕87 号文开始"免征图书批发、零售环节增值税"，中央财政和地方财政对实体书店的扶持试点范围不断扩大。2014 年，国家税务总局出台文件免征小微企业的增值税和营业税。2016 年，新修订的《出版物市场管理规定》降低了批发零售的进入门槛。2016 年，11 部门联合印发《关于支持实体书店发展的指导意见》，提出将实体书店建设纳入国民经济和社会发展规划。而《全民阅读"十三五"时期发展规划》发布，也提出要完善全民阅读基础设施和服务体系，推动实体书店与社会经济协调发展。

应该说，针对图书分销的利好政策为民营实体书店带来新一轮发展的契机，许多民营书店纷纷改善门面，升级阅读体验，实现转型升级，一批"最美书店"如雨后春笋般成长起来。如钟书阁旨在"用美把读者唤回书店"，每家书店都美轮美奂，成为都市一景。又如字里行间、方所、言又几、三一等新型书店，与文创、咖啡、餐饮等相结合，打造复合业态的文化空间。一些商业中心也看中书店的引流功能和文化品位，优惠请书店入驻，借此东风，西西弗已经在各地开了 80 多家书店。

这轮书店的改造、升级和扩张，一方面体现了社会消费升级的总体趋势；

另一方面说明行业发展很重要的原因在于政府的扶持。无论是美轮美奂的钟书阁，还是学养深厚的先锋书店，之所以能够短期内大量扩张，除了有政府的文化资金扶持，地方政府免费为其提供场地也是个重要的原因。而一些城市的"最美书店"，也有政府采购来支撑。甚至于完全商业运作的西西弗书店的扩张，除了其自身扎实的业务功底，也得益于商业地产提供的房租优惠。总之，靠传统卖书的营收支撑起这些美好的书店并不容易。

（三）积极开展新媒体探索

近年来，新媒体已经从初始萌芽到蓬勃发展，并聚集起大量忠实的用户。例如，吴晓波本是一位财经作家，拥有一家自己的图书策划公司蓝狮子，策划过《大败局》《激荡三十年》等畅销图书。2014 年，新媒体对传统纸媒的冲击开始显现，为了不被时代所淘汰，吴晓波决心"骑到新世界的背上"，开始一场新媒体实践。2014 年 5 月，吴晓波停掉在传统媒体和门户网站的全部专栏，推出个人品牌的自媒体——"吴晓波频道"。成立三年后，吴晓波频道的粉丝数量达 260 万人，平均每月新增粉丝 1 万人左右。如今，"吴晓波频道"的产品有视频节目"吴晓波频道"（有广告收入）、音频节目"每天听见吴晓波"（每年 180 元，付费会员 20 多万）、知识付费的"思想食堂"。他们还举办各种企业培训，组织商务旅游，甚至还开发了私家"吴酒"……

据 2016 年蓝狮子的年报显示，其数字出版的收入已经达到 2 230 万元，占其营业收入的 30%，而且增长势头良好。见表 1

表 1　2016 年蓝狮子数字出版收入概况（按产品或区域分析）　　　单位：元

类别/项目	本期收入金额	占营业收入比例	上期收入金额	占营业收入比例
普通出版	17 191 475.55	23.43%	8 926 259.74	9.61%
数字出版	22 300 309.80	30.39%	19 695 787.39	21.21%
企业出版	16 037 630.17	21.86%	9 544 669.52	10.28%
讲师培训	3 555 052.60	4.84%	9 185 752.76	9.89%
读书会	4 310 786.22	5.87%	7 725 945.14	8.32%
其他	5 457 095.10	7.44%	37 802 450.82	40.69%

目前，仅仅在财经领域，为人熟知的自媒体就有晓松奇谈、吴晓波频道、财经郎眼、罗辑思维、解码财商、功夫财经、鸿观等知名品牌。值得欣喜的

是，在诸多领域，都成长起许多这样的新媒体品牌。这些自媒体都吸纳了大量的粉丝，并具备变现的能力，成为平等、开放、张扬个性的移动互联网和新媒体世界的见证人。

可以想见，个人品牌、知识付费的新媒体时代来临，将对出版、广播、电视等产生很大的冲击。

二、民营书业发展中存在的问题

（一）实体书店网点持续减少，民营书店尤甚

在重重政策利好中，实体书店的网点却在不断减少。据《全国新闻出版业基本情况》的数据，2016 年，全国共有出版物发行网点 163 102 处，比起 2012 年的 172 633 处，共减少了 9 531 处。而这其中，减少最多的是集个体发行网点，4 年共减少了 10 000 多处。这其中，有些是因为旧业态的淘汰，有些则是行业的竞争所致。见表 2

表 2 2016 年集个体发行网点增减情况

	2010	2011	2012	2013	2014	2015	2016
集个体发行网点数	109 994	113 932	116 091	115 132	112 582	107 816	105 872
增减比例	+5%	+4%	+2%	-1%	-2%	-2%	-2%

众所周知，教育出版是中国出版业的利润支柱。根据出版业各上市公司的年报数据，多数上市公司教材教辅的销售收入占图书总销售收入的比例超过 70%。另据历年发布的《全国新闻出版业基本情况》数据，全国新华书店系统、出版社自办发行纯零售中，文教类图书（其中绝大多数为教材教辅）占图书纯销售总册数的约 80%，总金额的约 70%。

教育图书在各上市出版企业和新华书店的份额很大，它也是民营书店的重要收入来源。而且，由于中小学教材由新华书店专营，民营书店不能卖教材，多数民营书店是以教辅为主要利润来源。2012 年来的教辅新政，要求学校只能统一选购新华书店的教辅，不能统一选购民营书店的教辅，教辅在民营书店的销售一路下滑。民营书店失去一块重要的利润来源，有的不得不关门或转行。

（二）中小学教辅发行存在问题

2011 年以来，原国家新闻出版总署、教育部、发改委、纪风办等牵头的教辅管理，至今仍对行业产生着巨大的影响。此轮教辅治理的起因，是学校采购中存在高码低折情况，损害了学生利益。教辅新政中，影响最大的是 2012 年教育部牵头的四部委《关于加强中小学教辅材料使用管理工作的通知》（2015年教育部等三部委在此基础上出台《中小学教辅材料管理办法》，下面简称"几部委通知"）。其核心内容，是由省级评议优秀教辅目录，各地市从中选择，学校不许采购目录之外的产品。

教辅评议实施以来，在各地操作中出现了一些问题，突出表现在以下几方面。

1. 地方保护与区域分割问题突出

各省评议公告的教辅，多是当地出版集团的产品，市场上真正优秀的教辅很难进入。各省地方保护严重，强化贸易壁垒，最终很难跨省销售，严重阻碍公平竞争。

2. 推荐教辅数量少且有的质量平庸

省评议公告中，最常使用的同步教辅只有 1～3 套，到了地市公告上只有 1套，城乡不同教学水平的学校已经别无选择。极少数企业垄断市场后，没有动力改进产品质量，致使部分公告教辅内容陈旧、质量平庸。

3. 指定渠道并强制购买

通知要求评议公告教辅由"新闻出版行政部门批准的发行企业"发行，而各地均指定从新华书店采购，民营书店大受打击。文件要求地市教育主管从省公告中选择 1 套，由学生自愿购买。但教育主管是学校的上级领导，推荐成了强制，学生自愿购买成了空话。

（三）中小学教材与教辅的版权纠纷

2017 年 7 月，教育部教材局发出《关于义务教育道德与法治、语文、历史教材配套教辅材料授权事宜的函》，委托人民教育出版社"负责授权第三方编写出版义务教育三科教材配套教辅材料"，教材与教辅的版权关系再次引起行业的关注。

新中国成立后的惯例是，教材由国家统编，教辅是一个公共的出版领域，各个出版社都可以出版。21世纪教材版本多元化后，个别出版社才以教材由自己投入编写为由，主张配套同步教辅应取得授权。

依照2003年国家版权局《关于习题集类教辅图书是否侵犯教材著作权问题的意见》，和2005年以来北京市第一中级人民法院、第二中级人民法院和安徽省合肥市中级人民法院、高级人民法院等判决，关于侵权的界定基本是：编排体系和结构的设计并不具备著作权法意义上的原创性，因此侵权的判定是基于教材内容的使用方式和使用数量。按此标准，同步练习类教辅并不构成侵权。

2011年，原国家新闻出版总署出台《关于加强中小学教辅出版物管理的通知》，其中规定："根据他人享有著作权的教材编写出版中小学教辅材料，必须依法取得著作权人的授权。"这一规定一度在行业内造成歧议，有人以此认定一切教辅均为侵权，对此，总署法规司予以澄清：是否侵权是个复杂的法律认定，其核心是"依法"。这句话意在提示企业要尊重著作权，但侵权的界定，应根据相关法律规定来判断。

然而，通知下发后，各地由于不清楚教材与教辅的版权界限，要求所有评议送审的教辅必须取得教材社的授权书。而教材社惜权限授，有资格评议送审的产品极少，市场供给大受限制。

三、推进民营书业发展的建议

民营书业是市场经济发展的必然产物，也是行业发展中非常有活力、有效率的一个群体。它们已经成长为出版业的重要组成部分，是政策的开放让民营书业一步步发展到今天，同时，政策的相对滞后又让其承担了一定的压力。

为促进民营书业的健康发展，特提出以下几点建议。

（一）对民营书业现状进行一次全面的调研

从数量来看，民营批发零售网点约占整个行业的70%以上；从从业人员来看，民营批发零售网点从业人员占整体的 60% 以上；在销售份额上，民营图书发行业已经撑起图书发行业的半壁江山。在政府历年发布的《全国新闻出版业基本情况》中，主要是来自国有出版社和新华书店的数据，民营图书发行业除了有批发零售网点与从业人员的两处数据外，几乎没有别的信息。

从 2016 年《全国新闻出版业基本情况》分析看，2016 年全国图书定价总金额是 1 581 亿元①，减去当年新增库存 66 亿，是 1 515 亿元。当年全国新华书店与出版社自办发行系统的零售金额（即零售总定价）796 亿元，那么，其余 700 多亿的销售是怎么实现的？众所周知，在其他销售网点中，供销社、邮政系统发行网点能够实现的销售并不大，那么，这 700 多亿的销售主力应该是民营渠道了。

目前，新华书店网点不到 9 000 家，民营批发零售网点约 11 万多家，民营网点是新华书店的约 13 倍，民营从业人员是新华书店的 3.4 倍。截至 2016 年，我国出版社 580 余家，而据行业估计，民营策划与出版机构不下 5 000 家。但是，民营出版与发行的确切统计数据，是无从查证的。

了解和正视现实，是政府科学决策的基础。行业和政策长期缺少对民营书业的深入了解，不利于政府的科学决策，不利于行业的健康发行。因此，建议政府对民营书业展开一次全面的调研，摸清其数量、规模与份额，了解其生存状况。一方面，它可以补充图书出版业的基础性资料；另一方面，也为政府科学决策提供详实的依据。

除了图书出版领域，在报纸、期刊、音像、电子、网络等出版领域，同样存在大量的民营企业，其境况相似。详细了解图书出版领域的民营企业，对于其他出版领域的民营资本，无论其生存状况还是政策选择，都有很强的参照性。

（二）减少政府干预，推进市场公平竞争

当前，国有企业与民营企业同为出版业的市场主体，但因所有制不同，实

---

① 这是国家新闻出版广电总局《全国新闻出版业基本情况》从出版社统计的数据，实际上，图书出版业还存在大量民营图书企业，其销售数据，出版社已经不能涵盖。所以，实际图书出版的定价总金额，是大于这个数据的。

际操作中仍有许多政策差异。

在图书发行方面，新华书店享有中小学教材专营、系统教辅专营、党的学习读物专营，这些都与民营渠道无缘，而这些教材和系统教辅几乎占有行业的一半份额。查询各上市出版企业的报表，其图书销售收入的约70%就是由这些教材和系统教辅实现的。此外，各地农家书屋的供书，也多数是通过新华书店采购。近年来，一些地方为推广国民阅读，发放许多购书券，而这些购书券也只能去新华书店消费。

在税收方面，国有与民营企业也存在不同。企业最大的两块税收是企业所得税和增值税。在企业所得税方面，2003年出版单位试点改革之时，对于注册为企业的出版发行单位就开始免征企业所得税，目前，几乎所有出版社和新华书店都可享受免企业所得税优惠。在增值税方面，多年以来，县级以下（含县）新华书店一直享受免增值税政策。2013年图书批发零售企业免征增值税后，新华书店也不需再交增值税。出版社的增值税则是享受50%～100%的先征后返。而对于民营书业，除了发行企业2013年免征增值税外，企业所得税方面没有任何优惠。

近年来，中央和各级地方政府对文化产业的扶持日益增多。在各种项目基金、文化地产、上市融资方面，国有企业也是最大受益者，而民营经济所获得的资助极为有限。

（三）加大对出版分销和文化产业的免税优惠力度

近年来，为鼓励文化产业发展，国家投入的各种项目扶持资金越来越多。除此之外，对于文化产业的扶持，还应加大免税力度。第一，它对各个企业最为公平，而且普惠。第二，它有较强的市场导向，让企业把心思用在"找市场"而非"找市长"，鼓励企业通过满足市场和读者需求来获得更多的回报。第三，可以最大限度地激发企业活力。只有企业发展得更好，免税所带来的效果才会更加明显，这就会更充分地调动企业发展的积极性。第四，有助于减少权力寻租，铲除滋生腐败的土壤。总之，实行免税扶持的政策，国家投入少，鼓励示范作用大，操作简单，负面后果少，因此建议继续加大对出版分销和文化产业的免税优惠力度。

（四）尽快在全国范围内实施制作与出版分开

2016年7月，图书出版业的制作与出版分开在江苏等地开始试点实施。其最为实质的内容就是：印刷费用的支付，可以"由图书出版单位、图书制作公司、印刷企业三方签订协议确定"。也就是说，它在原有政策的前提下，承认了行业普遍操作的三方协议的合法性。

这一改革对国有出版社、民营图书公司和印刷厂都有很大影响，它不仅关系到企业运营的流程，还关系到民营企业能否健康发展。

按目前政策规定，只有出版社可以支付图书印刷费。民营出版单位与国有出版社合作出版的图书，须将印刷款打到出版社账上，由出版社转移支付给印刷厂。纸张、印刷费用是图书最大的直接成本，这么大的资金通过出版社转移支付，双方都有忌讳。现实中，民营出版单位自己支付纸张、印刷款的现象十分普遍。为了规避风险，出版社、民营公司、印刷厂签订一个三方协议，规定由民营出版单位向印刷厂支付印刷费。这个协议在企业三方有效，但政策不合法。一旦有人举报，三方都要受处罚。

纸张、印刷是民营图书公司最大的直接成本，但它不属于发行企业的业务范畴，是不能计入成本的。这样，民营的税就非常大。有的企业就拿印刷成本去税务局抵扣成本，有的地方税务认可，有的地方并不认可。纵使能够抵扣，这样的业务和财务在出版法规中仍是不合法的，不但存在政策风险，而且制约企业发展，是民营企业走向阳光化的重大障碍。

建议在图书制版公开试点的基础上尽快出台面向全国的政策。实行图书制作与出版分开，对于企业来说，有助于减少国有、民营的对接成本，理顺双方的业务流程；对于产业来说，可以进一步释放活力，有望迎来新的发展的契机；对于政府来说，民营业务与财务的阳光化，有助于政府更加全面地了解行业，有利于科学决策和规范管理。

（鲍　红　中国新闻出版研究院）

第七节 "出版+VR"的现状与发展趋势

党的十八大以来，习近平总书记关于科技创新的一系列重要讲话指出："科技是国家强盛之道，创新是民族进步之魂。"对于传统出版行业而言，也必须与时俱进，用现代科学技术武装出版形式，加快媒体融合，为出版产业开拓新的发展领域，形成新的经济增长点。虚拟现实技术被誉为继互联网之后的下一代计算平台，它将深刻地改变各行各业，变革我们的生活。虚拟现实技术与出版的结合既是新技术在行业应用的典型尝试，也是出版创新的有益探索。

虚拟现实（Virtual Reality，简称 VR），指利用计算机技术模拟产生一个为用户提供视觉、听觉、触觉等感官模拟的三度空间虚拟世界，用户借助特殊的输入/输出设备，与虚拟世界进行自然的交互。2016 年被业界称为"VR 元年"，VR 重新定义了信息生产、传播、呈现的方式，它和"互联网＋"一样，不仅是一个独立的产业，更是能与传统产业相融合并产生社会变革的巨大动力。VR 技术正在改变众多行业的商业模式，它在电商、视频、直播、医疗、教育、传媒等领域的应用正在迅速展开，也必将为出版行业提供新的发展契机。

根据赛迪智库《虚拟现实产业与应用发展白皮书》报告显示，2015 年我国 VR 行业市场规模为 15.4 亿元人民币，预计 2016 年将达到 56.6 亿元，到 2020 年市场规模预计将超过 550 亿元。据相关统计，国内目前生产 VR 设备的开发公司已经超过 150 家，自 2015 年近一年来 29 家 VR 企业融资总额超 10 亿，在 A 股市场上已经有 60 多家上市公司涉及到虚拟现实技术。国内目前有超过 100 种 VR 头盔，VR 线下体验馆数已超过 2 000 家。艾媒咨询（iiMedia Research）数据显示，2016 年上半年，有 54.8% 的中国手机网民对虚拟现实相关产品表示知悉，64.9%的受访用户认为目前虚拟现实技术虽然还不完善，但还是对其有信心。艾媒咨询分析师认为，当前虚拟现实产品全面进入消费市场的条件已经比较成熟，虚拟现实系统、硬件、应用都将跃上一个新台阶。

一、VR技术在出版行业应用的机遇

（一）政策支持为"VR＋出版"发展提供良好环境

2016年3月18日，《中华人民共和国国民经济和社会发展第十三个五年规划纲要》发布。《纲要》提出，新产业方面，重点支持新一代信息技术、新能源汽车、生物技术、高端装备与材料、数字创意等相关产业的发展壮大，大力推进智能交通、精准医疗、高效储能、VR与互动影视等新兴前沿领域创新和产业化，形成一批新增长点。

随着"十三五"规划纲要的发布，2016年4月14日，国家工信部发布了《虚拟现实产业发展白皮书》，明确表示："虚拟现实正处于产业爆发的前夕，即将进入持续高速发展的窗口期，可以预见，在未来的半年到一年内，虚拟现实消费市场将迅速爆发，行业应用有望全面展开，文化内容将日趋繁荣，技术体系和产业格局也将初步形成。"并将"通过财政专项支持VR技术产业化，引导产业做大做强"。这又一次表明了国家对发展VR产业的决心。

2016年7月2日，国家新闻出版广电总局印发《关于进一步加快广播电视媒体与新兴媒体融合发展的意见》，《意见》指出鼓励采取自主原创、联合制作、联合开发、委托制作等方式，创新节目模式和内容，积聚种类多元的优质节目内容版权资源，做大做强节目库。开发节目版权的不同表现形态和呈现方式，为节目版权价值最大化奠定基础。增强广播电视台在原创品牌节目中的主导权，让广播电视台真正做讲好中国故事的主力军，旗帜鲜明地引领文化时代风尚。积极利用互动、VR等新技术创新节目形态，激发用户参与节目创作的热情，增强节目吸引力。

2016年12月5日，英中创意创新者论坛上，国家新闻出版广电总局副局长童刚表示："大数据、人工智能、虚拟现实等新技术的快速发展正在改变着人们的生活，给文化创意产业带来诸多机遇和挑战。如何运用新技术开发优质内容，提高用户体验，是两国创意产业共同面临的问题。"

2016年12月8日的"第四届中国网络视听大会"上，国家新闻出版广电总局局长聂辰席发表主旨演讲。就如何"洞见"新视听，聂辰席表示：互联网发展的新动向深刻影响着网络视听行业的新走向。当前，互联网发展迭代频繁，与之相关的新技术、新应用不断取得新突破。大数据、人工智能、AR、VR等新技术都会在网络视听领域转化为新生产力，网络视听必将借助技术进步不断创新、升级、飞跃，把网民憧憬的一个又一个美好蓝图变为现实。

2016年12月19日，国务院印发《"十三五"国家战略性新兴产业发展规划》，《规划》明确提出，要创新数字文化创意技术和装备，加快VR（虚拟现实）、AR（增强现实）、全息成像、裸眼3D、交互娱乐引擎开发、互动影视等核心技术的创新发展。新技术在新型软硬件产品上的运用，成为数字创意技术装备创新的提升工程。这说明，未来VR/AR等新技术将会得到进一步的发展和延伸，VR的实际应用范围和变现能力将加强。

国家和相关部门的政策支持为VR技术在文化产业的应用提供了良好的发展环境。

（二）技术进步为"VR+出版"发展提供支撑

2016年，VR技术发展，尤其是头显设备的技术进步和移动VR设备的大规模生产，为VR应用的迅速普及提供了保障，而同时应用层面的开发，针对不同行业的解决方案也顺势而出。2016年11月，中国新闻出版研究院主办的"首届VR/AR媒体融合发展研讨会上"，HTC展示的最新成果Vive paper，即将纸媒与VR技术结合，使阅读者能够以前所未有的方式实现两者的互动。目前，该公司已与悦游杂志社、中国日报社、21世纪英语教育传媒、电子工业出版社等出版机构展开合作。Vive paper技术不仅给读者带来了新的阅读体验，还给传统出版业注入了新的活力，带来了新的盈利模式。

就出版社制作VR视频内容而言，据北京信息科技大学虚拟现实与系统仿真研究所所长申闫春介绍，Unity技术是一款让开发者轻松创建诸如三维游戏、建筑可视化、实时三维动画等类型互动内容的开发工具，对于出版界来说，从技术价格、存储量上来讲，如今Unity、照片三维重建技术都能够得到应用。对于出版社编辑来说，通过10天的学习，可以掌握Unity软件的基础操作。

随着更多公司加入应用软件的开发，VR内容制作的成本、难度都会下降，出版业与VR技术结合也会变得更加无缝连接。

（三）潜在用户规模为"VR+出版"提供市场空间

据统计，到2020年，中国市场的VR潜在用户数预计将达到2.86亿。而目前VR重度用户也接近百万。据《中国VR用户行为研究报告》显示，中国VR潜在用户规模已从2015年的2.86亿上升到2016年上半年的4.5亿，接触过或体验过虚拟现实设备的VR浅度用户从1 700万人上升到2 700万人，购买过各种VR虚拟现实设备的重度用户从96万人上升到237万人。据市场预期，中国VR产业的市场潜量有可能达到千亿规模，即将迎来爆发式增长。

中国新闻出版研究院公布的《第十三次全国国民阅读调查》数据显示，受数字媒介迅猛发展的影响，数字化阅读方式（网络在线阅读、手机阅读、电子阅读器阅读、光盘阅读、平板电脑阅读等）的接触率为64.0%，较2014年的58.1%上升了5.9个百分点。其中，手机阅读接触率上升最快。2015年，60.0%的成年国民进行过手机阅读，较2014年的51.8%上升了8.2个百分点。据统计，2015年，我国成年国民人均每天手机阅读时长为62.21分钟，比2014年的33.82分钟增加了28.39分钟。这是历次统计中首次日均手机阅读时长超过1小时。大众的数字化阅读习惯，也为更加直观、形象的VR/AR阅读的普及提供了基础。

二、VR技术在出版行业应用的现状

（一）在报刊方面的应用

虽然不如欧美起步早，但国内媒体也已经积极开展VR实践，探索转型契机。2016年8月，VR新闻实验室在北京成立，首批成员单位即广州日报 、辽沈晚报、潇湘晨报、大连晚报、郑州晚报、青岛晚报、重庆商报、沈阳晚报、海南日报、生活报、重庆晚报、法制晚报，全国12家主流报纸共同探索新闻的另一种表达形式——VR 新闻。通过 VR 眼镜观看新闻视频及全国各地的风土人情、民生故事，沉浸感会更强，真正拥有身临其境的感受。HTC Vive 与康泰纳仕（中国）也达成了合作，一起推出了全球第一款用 Vivepaper 创新技术打造的增强式 VR 阅读体验杂志，就是《悦游 Condé Nast Traveler》，带上 HTC 头显翻动书页的时候，世界也会如翻书一样产生变化，可以体验书页上的插图，更加身临其境地感受杂志内容的魅力。科技期刊与 VR 技术的结合探索也已展开，VR 技术的受众主导理念切合了科技期刊的发展需求。引入 VR 技术不仅能够生动形象地展现论文内容，达到精确化表达的目的，还可以提升读者体验、发挥科技期刊交流平台功能并实现资源共享。北京触角科技公司开发了一款 VR 科技出版应用软件，实现读者交流、数据收集、论文分享等功能，可视化 VR 内容可以快速生成与论文相关的 3D 知识，方便读者阅读。

（二）在图书出版方面的应用

2016 年 1 月，北京图书订货会上，北京出版集团推出的一套《恐龙世界大冒险》图书，吸引了孩子们戴上 VR 眼镜驻足观看。7 月底的全国书博会上，等待体验的观众也是排起了长长的队伍。《大开眼界·恐龙世界大冒险》丛书被称为"第一部结合虚拟现实（VR）技术的启智类科普读物"，丛书一部分是趣味横生的儿童科普绘本；另一部分是在自主研发的"大开眼界" APP 平台上的 VR 内容体验。

2016 年 5 月 12 日～16 日，中国（深圳）国际文化产业博览交易会在深圳国际展览中心召开。吉林出版集团展出了《未来的太空家园》《恐龙时代》等 3D 增强现实互动数字产品，吸引了展会上不同年龄段的读者纷纷下载二维码，观看 APP 上形成的虚拟立体图像，并将现实人物与虚拟图像形成的立体图片拍照留念。

2016 年 6 月 23 日～24 日，"2016 国际教育信息化创新产品及应用成果展"于青岛国际会展中心举行，青岛出版集团、青岛城市传媒携"VR 未来课堂"等系列创新教育产品亮相展会。"VR 未来课堂"是依托教育版权资源和教育课程开发经验，利用 VR/AR（虚拟现实/增强现实）技术，专门为中小学开发的系列"VR 课程"产品，通过沉浸式的教育内容、虚拟互动的学习体验，为传统课堂带来全新的教学方式。"VR 未来课堂"包括 VR 创新课程、VR 教辅图书、VR学习教具、VR未来实验室四大板块。

2016年7月8日~12日,"第六届江苏书展"在扬州国际展览中心举行。凤凰数媒VR虚拟现实体验区成为数字阅读馆一大热点,《浅海迷情》《深海探险》等主题游戏吸引了大批的读者,逼真的场景使人感觉如置身大海,尽情遨游。这种沉浸式体验让男女老少玩得不亦乐乎,忘记了年龄的界限,收获了简单而纯粹的快乐。据不完全统计,开展以来前来体验VR的人数已超过千人。

2016年8月21日,上海书展期间,山东教育出版社举行了《恐龙大世界》(VR套装)新书推介及互动体验会。该书以VR技术与纸质图书相融合的全新阅读方式,带领现场的近百名读者穿越回远古的恐龙时代。

2016年10月,有虚拟现实界"奥斯卡"盛典之称的VRCORE开发者大赛颁奖典礼在北京举行。人民卫生出版社有限公司出版的《人卫3D系统解剖学》VR版,荣获最佳应用奖以及最佳跨界奖提名。该技术可以全方位立体式展示人体结构,弥补了人体标本不足而无法给学生提供足够学习机会的遗憾。

2016年12月5日~7日,在广州举行的第六届中国国际版权博览会上,几米绘本VR(虚拟现实)体验区里人头攒动。戴着VR头盔和耳机,握着手柄,在现场工作人员的协助下,人们仿佛走进了几米最新绘本《我的世界都是你》所构筑的童话世界,跟随绘本主角小女孩的脚步,开启一段心灵之旅。这也是几米绘本的首次VR尝试。

2016年12月23日,国家新闻出版广电总局下发《关于发布首批新闻出版业科技与标准重点实验室的通知》(新广出办发〔2016〕105号),由江西出版集团红星电子音像出版社牵头申报的,并与江西新媒体出版有限公司、中国科学院计算机网络信息中心共建的基于AR/VR呈现方式的知识服务科技重点实验室成功入选。江西出版集团也正在筹建江西最大的"VR体验中心＋VR内容实验室",并积极研发VR内容分发平台和VR教育资源平台,致力于开拓VR产业在娱乐文化领域、教育领域的大力发展,

2016年12月28日,在人民教育出版社的支持下,时运教育与国家动漫创意研发中心的战略合作正式签约,共同开发人教版《小学语文》《小学数学》配套的动漫虚拟现实课程。时运教育董事长黄山、国家动漫创意研发中心董事长杨维共同出席,共同开启双方在"虚拟现实教育"上的强强联合。届时时运教育资深老师和北京多位一线特级教师、顶级名师组建的专项教研团队,配合

国家动漫中心最前沿的量产动画技术，将为我国的亿万小学生带来福音。

2016 年 12 月 30 日，国内首个 VR 书店——上海交通大学出版社实体书店首创的 VR "阅读隧道"揭牌开幕。这是一家定位于"好书 + 咖香 + VR + 文化 = 快乐"的 3.0 版创新型书店，时下火热的 VR 技术也被引入，将来读者通过 VR 设备，可以进入虚拟书店看书买书，还可通过"VR 图书展示厅"摆脱传统图书的纸张形态，阅读立体化读物，甚至能"走入"书中情境，与书中的人、物进行实时互动。

2016 年，经过一整年的观望和筹备，在年底，出版业有诸多 VR 项目开花结果，VR 硬件从年初的火热扩张逐渐回归理性发展，VR 内容也在现有视频和游戏之外，找到诸多结合点。

三、VR 技术在出版行业应用的特点

2016 年，出版业布局 VR 产业呈现以下几大特点。

（一）VR 应用从观望到普遍展开

2016 年初，大多数出版社属于观望阶段，推出 VR 图书的出版社寥寥无几，随着 VR 概念的不断深入，各种应用的迅速普及，国内诸多出版集团、出版社开始试水 VR，推出了各自的 VR 化产品。北京出版集团、吉林出版集团、凤凰传媒、皖新传媒、青岛出版集团、中文天地传媒有限公司、人民教育出版社、人民卫生出版社、武汉科技出版社等出版单位通过资本运作或技术合作就 VR 数字出版等展开布局，其目标不仅是创新拉动图书销售，更是希望通过这类新型图书获取用户数据，基于内容创新构建新型产业服务平台。

如果说最初出版对于 VR 技术的应用属于小打小闹，那么如今各出版集团则是将 VR 作为重点的宣传对象，从 2016 年初的图书订货会到全国图书交易博览会到上海书展、江苏书展等出版业展会上，VR 体验成为各大展会的必备专区，各集团纷纷携自己的 VR 产品亮相，且产品不仅限于图书出版，而是有更多的跨界融合。

（二）教育成发力重点

无论整个 VR 产业还是出版 VR 转型，VR 教育成为 VR 内容生产的重要切入点。VR 出版产品无论是少儿还是科普都以教育为主要发力点，这也是出版社向知识服务转型的有益尝试。

在大的背景、大的机会方面，大家有着相对一致的研判：一方面，教育版权资源足以支撑 VR 教育有力前行；另一方面，市场资源方面存在巨大空间可以开拓，与新兴技术融合能够裂变更大可能。

（三）内容开始多元，应用更加广泛

出版业 VR 内容最初同质化严重，以太空、恐龙为代表的少儿科普为主要内容。而随着技术的不断深入，更加多元化的内容开始涌现，VR 漫画、VR 党建读物、VR 游戏等内容不断推出，出版社开始借助自身的 IP 资源，加以 VR 技术来更好地探索。同时随着实践的不断深入，出版商开始意识到 VR 产业生态圈需要良好的内容作为支撑，开始更加注重内容生产、内容监管，自觉维护生态建设。

四、VR 技术在出版行业应用的建议

《2016 中国数字创意产业发展报告》中指出，数字创意产业是以创意为核心、数字技术引领的战略性新兴产业，主要包含网络文学、动漫、影视、游戏、创意设计、VR、在线教育 7 个细分领域。2015 年我国数字创意产业规模达到 5 939 亿元，同比增长 22.9%，其中 VR 增幅最大，达 267.5%。7 大细分领域中，VR 处于起步阶段，潜力最大。中国传媒大学文化经济研究所所长张洪生指出，虚拟现实技术为人类精神文化生产带来更多的可能。文化产品是为人类内心需求服务的，通过虚拟的生活解决现实生活中满足不了的精神文化需求，这是未来文化生产的一种方向。虚拟现实技术在文化产业的应用领域非常广泛，主要包括：实物在线、内容娱乐、设计创意、学习教育、新闻出版、连接互动终端设备等。其中在新闻出版领域，广播电视行业已经开始通过虚拟现实技术进行新闻报道、赛事直播等尝试，取得了良好的效果。在出版领域，通过二维码和智能终端的结合，实现了纸质出版物和场景再现的结合，未来的出版必然迎来更多的出版物形态。

（一）VR与图书结合

虚拟现实融合出版具有天然的优势，传统媒体与新媒体融合，自然应该关注VR这种新媒体形态。VR图书将使人们更加热爱阅读，VR与图书结合可以包括VR版图书、电子书VR化、VR教材以及图书VR衍生品四种形式。

VR版图书和普通图书一样，有着难忘的文字和画面，但是其中有一页印有二维码，通过手机扫描再戴上VR眼镜就能真正进入到书中的世界。大众畅销类书籍比较适合做成VR版图书。

随着技术的发展，手机登录移动设备的能力越来越强，能够提供高质量的VR体验。当人们用手机阅读时，只要点击VR体验，就能直接在手机上观看VR体验的内容。

VR教材对老师和学生来说都有着很高的吸引力，地理、天文、生物、化学等学科都可以变得不再晦涩难懂。学生学习地理时，真的可以见到所学的各个地方，学习天文时，可以看到各星座在眼前闪闪发光。

图书VR衍生品主要以VR游戏为主，一本书做成VR游戏，读者有可能马上就成为书迷，因为可以进入到喜欢的书中，成了主角本人。

（二）VR与书店结合

VR不仅改变了图书生产方式、阅读方式，也将改变分销方式。资深出版人、书店转型专家三石提出，VR技术是体验实体书店的入口，通过VR技术，读者可以足不出户地浏览和体验全国各大实体书店，从而产生去实体书店的兴趣和愿望。除此之外，对于实体书店而言，VR技术也有广阔的使用前景。读者在实体书店可以通过虚拟设备体验一场专家讲座或者观看一场文艺演出，这将是绝佳的文化体验，VR技术在实体书店的应用将是一场新的书店革命。

（三）收费模式

HTC Vive中国区总裁汪丛青曾表示，VR技术为出版业带来的不仅是阅读方式的改变，还有更新的盈利方式，包括版权交易、VR定制、VR广告、线下体验等。出版商的VR内容可将制作好的内容通过版权交易的方式获得利润；将自己制作内容的一部分IP交给VR做定制；通过内容付费观看的模式获得收益；线下体验店，通过少部分付费体验的方式，与线下体验店进行分成。目前来看，线下体验是VR盈利及回收现金流的最好方式，其次，VR广告也是被看好的盈利方式之一。

（四）"VR＋教育出版"前景广阔

"VR＋教育"在中国不仅远景十分乐观，而且离大规模的、全面的、深入的实现并不遥远。根据北京微视酷科技有限责任公司（VRschool）在北京、上海、广东、湖南、河南、陕西等地做的市场调查显示，无论是发达地区还是欠发达的中西部地区，大家对教育的热情是一致的，对能够帮助孩子学习的VR技术所提供的沉浸式教育模式也是十分认同。而对于看似高昂的价格，大部分家长都表示物有所值，愿意支付费用为自己的孩子购买服务。出版物是教育的重要组成部分，从某种意义上说，教育图书是出版产业的基础，尤其是地方出版社的很大一部分产值都来自于教育出版，许多出版社都寄希望于控盘能力较强的教育出版领域，纷纷探索数字化转型，把数字化教育作为产业转型的重要机遇。幼儿教育、职业教育和高等教育在VR应用方面都具有较大的市场潜力。国内一些出版社开始尝试推出VR类教育产品，起到了比较好的效果。

（五）VR成为专业出版知识化服务的有益补充

在数字出版转型中，专业出版相比大众出版数字化程度更高，也获得了稳定而高额的利润。它以提供知识服务为定位，用户群体比较稳定，需求也相对明确，对数字出版产品也更易于接受且有付费意愿。在专业出版方面，VR的应用空间值得探索。如建筑领域，VR的介入可以更形象地展示空间构造，医学方面可以弥补人体标本不足而无法给学生提供足够学习机会的遗憾等。VR

技术将为专业领域的学习带来更大价值。

（六）建立行业标准，成立行业联盟，搭建交流平台

目前 VR 新闻出版领域已有一定数量的作品面世，众多出版社和数字出版企业参与其中。由于没有统一的标准，出版作品的质量难以得到控制和把关。此外，在整个新闻出版行业对 VR 探索的初期阶段，新闻出版机构、研究机构需要联合建立 VR 出版物产业联盟，搭建平台，为 VR 应用迷茫中的新闻出版行业分析发展现状，理清发展趋势，找准发展方向，开拓发展空间，互惠共赢。

如果说从纸质阅读发展到数字阅读是阅读来源的改变，那么我们正在经历的 VR 阅读彻底改变的则是信息传播方式，读者将从单纯的"看"书到"进入"书本，跨越了媒介的局限性，与情景实现了融合。人们在书籍、音频、视频、虚拟现实的世界里不停地切换，这样的体验前所未有。虽然 VR 出版尚存在诸多问题，但对于转型期的传统媒体来说，对 VR 抱以开放态度无疑是正确的。每一种新兴事物诞生之初都有许多缺陷和不足，但只要它能够产生价值，人类就不会放弃探索和尝试的脚步，虚拟现实将使出版行业迎来新的发展机遇。

（王　扬　中国新闻出版研究院）

第八节　2016～2017出版科研热点议题综述

从2016年开始，我国开始进入第十三个五年规划时期，这个时期也是全面建成小康社会、推进结构性改革的攻坚阶段。《中共中央关于制定国民经济和社会发展的第十三个五年规划的建议》描绘了未来5年全面建成小康社会的总目标和路线图。国家的"十三五"规划与新闻出版行业直接相关的内容有八个方面和"一大三小"四个工程。新闻出版业"十三五"规划主要有三个大的方面："十三五"时期新闻出版要达到的目标、工作重点和重点工程。"十三五"规划是在一个特殊时代、特殊背景下制定的。在此背景下，2016～2017年的出版科研，也就具有了一些特殊的议题。在中国知网上以"出版"为主题进行搜索，2016年的文献有46 070篇，其中期刊文献有37 129篇，2017年上半年的期刊文献有近万篇。从文献的篇名来看，"大数据""互联网""移动""众筹""VR""IP""融合""新媒体"等与新技术有关的关键词出现频率仍然是最多的，"模式"一词大量地出现在出版科研主题中，也说明出版者正在探索新的出版形态。由此可见，新技术对出版业的改造和影响，仍然是出版实践工作者和出版科研工作者共同的话题。同时，"一带一路"的国家战略和"供给侧改革""主题出版"等内容，也是2016年、2017年出版科研的热点议题。

一、服务"一带一路"战略

"一带一路"是国家长远的根本战略，基础建设企业、工业企业要走出去，必然要求文化先走出去，没有文化上的深层交流，一切都难以展开。2016年，出版科研领域关于"一带一路"的讨论较 2015 年更加深入和广泛。

中国新闻出版研究院副院长范军撰文指出，中国出版走入"一带一路"国家，应依据不同国家、不同情况、不同需求，采取不同策略和不同方式：对于经济发达、购买力强的国家，采取政府推动、企业为主体、市场化运作的方式；对于经济相对落后、购买力低的发展中国家，应以政府为主，企业为媒介，侧重于非贸易方式；对于多数能够直接阅读中文出版物的东南亚华人华侨，多采取出版物直接出口的方式。同时，应积极推进本土化传播，有针对性地提供产品，从而增强对本土受众的吸引力，打破文化差异和意识形态差异所带来的阻隔。还应通过新设、并购、合作等方式培育实体，通过上市、参股、控股等形式扩大投资，鼓励有条件的出版传媒企业在丝路国家收购品牌、营销网络和研发机构，大力拓展丝路国家的市场，逐步实现机构本土化、人员本土化、内容本土化，编印发等在当地完成。应加快数字出版产品版权输出的平台建设，整合数字出版资源，以图文、音频、视频等多种形式对出版内容进行全方位、深层次的开发，推动传统媒体与新兴媒体的深度融合，实现由传统出版向现代出版转变。应加大对数字出版重点企业和产业基地走入丝路国家的扶持力度，重点支持电子书、数据库、网络游戏等数字出版产品进入丝路国家。[1]

北京天池君泰律师事务所的张杰从出版单位版权运营管理的角度，围绕涉外著作权合同涉及的相关具体问题以及出版单位在从事版权贸易时需要注意的法律问题提出：针对"一带一路"的涉外性特点，出版单位要审视现有的著作权合同条款，准确确定涉外著作权合同的主体，重视引进版权的作品中素材使用的法律风险，约定权利条款时考虑要周全，重视合同履行，避免因违约导致的违约责任；版权贸易谈判、签约过程中涉及的法律问题有：实体法的适用、争议解决方式的约定、管辖法院的约定。[2]

河北北方学院文学院的田又萌指出，我国出版产品走出去的现状是：贸易逆差逐年减小，但缺乏突破性增长，贸易逆差仍然较大，出版产品对外传播力、国际竞争力及影响力仍然不足，较之于发达国家，我国出版产品的海外传

① 范军. "一带一路"战略中出版走出去的新转变 [J]. 新华书目报. 2016.7.25.008 版.
② 张杰. "一带一路"战略下出版单位版权运营中需要注意的法律问题 [J]. 科技与出版. 2016.10.

播仍处于弱势。通过分析"一带一路"战略为出版产品走出去提供的机遇，提出了宏观层面加大出版物出口的多方位扶持，中观层面理性分析市场格局，因地制宜输出出版产品，微观层面积极融入"一带一路"来发挥出版机构的文化传播效应，推动出版产品走出去策略。①

二、出版供给侧改革

2015 年中央首次提出供给侧结构性改革，2016 年 3 月，十二届全国人大四次会议表决通过的《关于国民经济和社会发展第十三个五年规划纲要》，把"以供给侧结构性改革为主线，扩大有效供给，满足有效需求"作为"十三五"时期经济社会发展指导思想的主要内容。

中国新闻出版研究院院长魏玉山提出，出版业的供给侧改革迫在眉睫；出版业的供给侧改革应当是全产业链的；出版业供给侧改革的目的是要满足人民群众不断变化的、不断升级的对各种出版物的阅读需求；出版业供给侧改革的核心是调整出版物供给结构和出版资源的配置方式。解决面对现阶段出版业发展出现的诸多问题，既要从出版产业自身发展规律的方面入手，也要从经济社会改革的大背景着眼。研究出版业的供给侧结构改革，是出版产业自身发展或时代发展的必然要求。作者指出，出版产业发展的新动力从供给侧改革的思路考虑，主要来自三个方面：首先是加快新技术在出版业的运用，调整产业内部结构；其次是放宽非公资本进入新闻出版产业的领域和环节，调整资本结构；第三是加快出版单位内部改革，调整组织结构。传统出版物的销售数量在减少，要实现持续增长，需要新产品角度，需要从供给侧入手，创新产品形态，创新服务方式，提高产品与服务质量；根据市场需求调整报刊定位及出版新的报刊，是解决报刊深度下滑的重要途径。供给侧改革的落脚点是改革，控制图书品种数量，调整报刊结构，增加报刊和数字产品的供给，都需要对现行的图书出版、报刊出版及网络出版理念、做法等进行改革，才能真实现新闻出版业

---

① 田又萌．"一带一路"战略下我国出版产品走出去的机遇及策略研究［J］．出版广角,2016，8（下）．

的新发展。①

中国新闻出版研究院李晓晔撰文指出了"供给侧改革"给出版业改革创新发展带来的启示:当前,出版业同样存在着"供给跟不上需求""供需不匹配""产能过剩"等问题。有人把出版业不景气的原因简单地推给互联网,认为电商才是导致书业沦落的元凶。这种说法不全面,博库书城总经理徐冲说:"当当拿到的码洋,绝大部分本来就不是你的!在当当买书的读者,绝大部分本来也不是你的!""当当和卓越对中国书业最大的贡献,是唤醒了大量对图书的潜在消费,唤醒了因为不能满足而被冷冻了的阅读热情。如果我们认识不到这一点,如果我们不能从中看到图书零售市场的潜力超出我们的预计,我们怎么还会有未来?"发行如此,出版也一样。网络文学同样也开辟出了一个全新的阅读天地,唤醒了"网络原住民"们不可遏制的创作冲动和阅读热情。而在纸质出版时代,这些潜在的需求是被压抑了的,如果没有网络,这种巨量的需求难以形成如此火山爆发式的释放。对于出版业来说,问题的关键并不在于用迅速攀升的图书品种来满足那些低层次的阅读需求,而在于用高质量的图书来满足读者不断增长和提高的高层次需求;不在于抱残守缺,只会在教辅、少儿、四大名著上讨生活,而在于用全新的理念,在"供给侧"开发新的阅读潜能,激发新的阅读兴趣,创造新的阅读需求。②

遵义师范学院何华征指出,目前,图书出版供需关系存在严重错位:一方面,重复出版严重,库存积压较多;另一方面,读者对图书市场的满意度不高,难以买到新、精、优的高品质图书。解决图书出版供需错配问题,有必要适时推进出版业供给侧改革。因此,无论是从出版现状来看还是从出版业发展愿景来看,出版供给侧改革都迫在眉睫。作者提出了出版伦理秩序:出版生产伦理、出版流通伦理、出版消费伦理。作者提出了出版供给侧改革的发展思路:从供给内容来说,"经济文化广义虚拟化"是出版策划在产品、主题谋划方面的新背景;从供给形式来说,众筹出版是"互联网+"潮流下的出版新景观;从供给思维来说,大数据思维是通达精准出版的重要思路。③

---

① 魏玉山. 出版业:加快供给侧结构改革,满足不断升级的读者需求 [J]. 编辑学刊,2016,3.
② 李晓晔. "供给侧改革"与出版创新 [J]. 出版发行研究,2015,12.
③ 何华征. 论出版"供给侧改革"的愿景及其进路 [J]. 出版发行研究,2016,5.

三、主题出版

根据中国出版传媒商报·东方数据监测显示，主题出版图书持续多月登陆畅销榜 TOP100，并蝉联社科类图书销售榜首，"十三五"期间，主题出版仍将是引领中国图书出版和销售的一大引擎。2016 年，主题出版成为图书市场最美的"风景线"，出版科研工作者也对此议题予以特别的关注。

华中师范大学新闻传播学院的范军在《主题出版的"意义"与"意思"》一文中，首先对主题出版的含义进行了解释：主题出版就是围绕党和国家重点工作和重大会议、重大活动、重大节庆日等集中开展的重大出版活动，其基本作用是服务党和国家工作大局，巩固壮大主流思想舆论，动员全社会团结一心，谱写实现中华民族伟大复兴中国梦的历史新篇章。在此基础上作者提出了"主题出版需要将政治性和学术性有机结合""主题出版需要将价值观的普遍性和特殊性有机结合""主题出版需要'有意义'和'有意思'的有机结合""主题出版还需要内容与形式的有机结合"等观点。①

庄庸、张瑞霞在《追寻主题出版五年关键词》一文中归纳了自 2012 年开始的主题出版：2012 年"十八大"进入顶层设计；2013 年"中国梦"成为理论原点；2014 年"核心价值观"成三年关键词；2015 年"学习贯彻习近平总书记系列重要讲话精神"成为出版主题；2016 年"治国理政新理念新思想新战略"成为核心；2017 年"十九大"构建主题出版新的思想体系。作者提出：在主题出版这一概念下，潜藏着国家、民族和人民，甚至整个人类在这个时代最值得关注的课题。对此，中国出版是否做出了回应和求解，以及求解出什么样的思路、答案，直接影响和改变着自身更为广阔的发展前景。②

华语教学出版社的刘佩英对新时期以来主题出版的特点进行了分析研究，提出了主题出版的六大转变及趋势，即：从由政府主导（被动）到出版单位积极筹谋（主动）；从只注重社会效益到"双效统一"；从主题单一到多层次多

---

① 范军. 主题出版的"意义"与"意思"[J]. 出版科学, 2017, 6.
② 庄庸、张瑞霞. 追寻主题出版五年关键词 [J]. 中国出版传媒商报, 2017, 6.

品类作品涌现；读者从政府、企事业工作人员为主到全员覆盖；销售从团购为主到完全进入市场渠道，甚至开始争夺数字阅读阵地；不仅能够走出去做讲好中国故事的重要载体，也能多方引进来。①

四、PPP 模式

PPP 是英文 "Public-Private Partnership" 的简写，其最新定义是："政府和社会资本合作模式是公共服务供给机制的重大创新，即政府采取竞争性方式择优选择具有投资、运营管理能力的社会资本，双方按照平等协商原则订立合同，明确责权利关系，由社会资本提供公共服务，政府依据公共服务绩效评价结果向社会资本支付相应对价，保证社会资本获得合理收益。政府和社会资本合作模式有利于充分发挥市场机制作用，提升公共服务的供给质量和效率，实现公共利益最大化。"PPP 模式较多应用于环保和基建领域，是当前资本市场炒作的热点之一。2016 年 6 月，财政部联合文化部等二十部委印发了《关于组织开展第三批政府和社会资本合作示范项目申报筛选工作的通知》，首次面向文化领域征集政府和社会资本合作（PPP）项目，鼓励社会资本进入文化领域，提高文化产品和服务的供给效率，这是公共文化服务提供方式的重大变革。

长安大学赵文义通过探讨公私合作思想的演化与 PPP 模式的制度价值，分析学术期刊数字出版 PPP 模式的现实需求和实现路径：解决学术期刊数字出版市场的寡头垄断问题，除了通过行政手段对垄断的学术期刊数字出版企业进行强制拆分以外，更具有可操作性的手段可能就是市场，通过创建更多的学术期刊数字出版平台实现有效的市场竞争。学术期刊数字出版平台的建设思路和基本框架有综合型和专业型两种，从大数据出版技术、云出版技术、语义出版技术和社交网络技术的发展趋势来看，专业型学术期刊数字出版平台更具有发展前景和可行性。中国优质的学术内容在学术评价体系的导向下都投给了中国学术期刊数字出版平台的竞争对手。在长期养成的思维惯性下，在学术评价体系、学术期刊出版体制等各种规则约束下，中国学术期刊数字出版市场供给侧

---

① 刘佩英. 新时期主题出版的六大转变［J］. 出版发行研究，2016，12.

的结构性改革会面临诸多困难和挑战，不仅需要政府进行有效规制，更需要政府通过 PPP 模式直接参与学术期刊数字出版平台的建设，为中国乃至世界学术期刊数字出版市场供给侧的结构性改革做出应有的贡献。①

中国新闻出版研究院卢剑锋对新闻出版广电公共服务 PPP 模式利益相关方价值诉求进行了深入分析，指出其利益平衡的关键所在：PPP 项目在合同正式签订之后，项目参与主体开始建立一段长期的合作伙伴关系。尽管签约之前会用很长时间做很多准备工作，但是不可预测的风险和问题仍可能出现。当遇到问题时，政府和社会资本这两大最重要的利益主体应将公共利益放在首位，从长远角度考虑投入和产出，处理好短期利益和长期利益的关系，共同承担责任和风险，采取建设性的措施解决问题，同时也要体现灵活性、包容性和人文关怀，使项目得以持续良好地建设和运营。其中，风险分担和利益共享是 PPP 项目各方利益平衡的关键所在。对如何达成利益平衡和持久合作，作者提出建议：不断建立和完善法律法规、相关政策；建立和完善监管和制约机制；设计合理的风险分担和收益分配机制；探索多元化的新闻出版广电 PPP 模式以实现不同形式的利益共享；用完善的合同体系和合同管理来保障 PPP 项目的顺利实施。②

五、众筹出版模式

众筹平台自 2011 年开始在中国萌芽，近年来开始在出版领域发展起来。虽然众筹出版还存在着许多问题，但是在传统出版逐渐萎靡的今天，蓬勃发展的众筹行业与出版结合，对补充现有出版内容、增加阅读人群、加深消费意愿具有极大帮助。

四川大学何明静提出，由于众筹出版在中国发展的时间较短，外部环境还有待发展，我国众筹出版现阶段仍存在许多问题：项目上线出现的问题是众筹平台五花八门，众筹项目小且少；项目上线审核时间长，淘汰率较高；图书质

---

① 赵文义. 学术期刊数字出版的 PPP 模式研究［J］. 科技与出版，2017，1.
② 卢剑锋. 新闻出版广电公共服务 PPP 模式利益相关方价值分析［J］. 出版发行研究，2017，1.

量不能保证。众筹过程中出现的问题是在众筹时出现的一些不真实的情况；众筹成功后兑现承诺的问题是法律的监管问题；还有后续的服务问题。作者分析了成功案例《后宫·甄嬛传》《创业时，我们在知乎聊什么》《〈老子〉与〈周易〉全新对译》，也分析了失败案例《我们的青春》《头条女王》《99心愿私房菜菜谱征集》，从以上的这些案例，对受欢迎的众筹产品进行共性分析：①明星类产品，如娱乐明星、体育明星，典型案例是《继承者们》。②精确的分众定位产品、小众产品，例如，邓诗来的《〈老子〉与〈周易〉全新对译》。③目标资金额合乎情理。①

湘潭大学公共管理学院王丙炎、刘若男针对小众图书出版遇到的问题——市场增长缓慢、受众少且营销渠道窄——提出了众筹出版模式是小众图书出版的契机：学术著作和高校教材的内容以专业知识为主，以特定群体为读者对象，针对特定领域的学术问题开展研究，以其精准的市场定位和坚实的用户基础使众筹出版成为可能；大型工具书众筹活动发起之后，特定的读者会为自己所需要的工具书投资，并且号召具有共同需求的读者一起助力众筹活动，共同促成工具书的出版；在众筹出版中，读者从选题阶段就参与到图书出版流程中，协助出版社确定最切合读者需求的选题；参考投资者的意见对出版物进行装帧设计，突出出版物整体效果的创新度和个性化；在新媒体环境下，借助各类平台，深入到读者群体中，根据出版物特征，有的放矢地开展图书宣传营销活动。作者提出的小众图书众筹出版的路径有三：一是打造众筹平台，二是对众筹出版项目进行挖掘和推广，三是加强众筹出版的宣传推广。②

河北经贸大学甄增荣指出了我国众筹出版存在的问题。第一，随着众筹出版的迅速发展，出版众筹却有点"变了味道"。许多名人明明不缺那点钱，却还要在众筹网上进行众筹。其目的肯定不是为了募集资金，而是为了通过众筹网络平台来免费地宣传自己将要出版的图书，而且也能通过消费者的反映情况来判断消费者是否喜欢自己的书。第二，图书众筹项目缺少评估。如果缺乏对图书众筹项目的评估，极有可能出现一些项目本身质量极差，但是凭借独特的设计风格和良好的宣传手段得以众筹成功。最终，这样低质量的图书发行到市

---

① 何明静. 当前众筹出版存在的主要问题 [J]. 新闻研究导刊, 2016, 3.

② 王丙炎，刘若男. 小众图书出版的众筹之路探索 [J]. 出版发行研究, 2016, 1.

场上，对图书的流通会有很大的影响。第三，众筹出版的特点之一就是互动性，受众可以在网上对项目提供一些意见和建议，这在一定程度上有利于项目内容更加完善，但是，同时也会丧失项目发起者一定的原创性。如果作者在写作的过程中看到各种各样的评论和建议，那么势必会扰乱作者原有的思维模式，分散其注意力，甚至可能使作者陷入两难的境地，阻碍出版计划，甚至会使出版计划失败。同时，众筹出版还存在着宣传力度不够、在法律法规方面还不完善等问题。基于以上问题，作者提出了回归出版本身、还作者原创精神；完善监督管理机制，建立新型盈利模式；从法律层面保障众筹出版健康发展的对策建议。[①]

六、开放获取出版

2001 年 12 月，由开放社会研究会发起在布达佩斯召开的题为"加速让所有学术领域的研究文章都能免费供大家取阅"的会议，是开放获取出版概念正式"登堂亮相"的标志性事件。之后的十多年中，出版科研对开放获取出版的研究几乎是空白状态，2010 年之后开放获取逐渐受到了图书馆界和学术界的关注。2016 年，以"开放获取出版"为主题的文献增加到 266 篇。开放获取出版有时可简称为"开放获取"，开放获取出版是一种新兴的网络出版形式。它有自存储和开放获取期刊两种运行模式。现在，越来越多的国家、社会组织及科学家支持开放获取出版。

农业部规划设计研究院王元杰提出，开放获取出版合理的收入模式和可持续商业模式是发展的关键，也是国内外开放获取出版共同面临的问题。作者从不同方面对开放获取出版进行了深入分析研究，取得了丰富的研究成果，包括：对中国科技期刊和全球开放获取出版的研究现状进行研究，对开放存取期刊和出版机构进行了经典案例分析等。此外，开放获取出版现有的研究成果多集中于开放获取出版期刊盈利能力、知识产权及稿件质量问题等方面。作者对开放获取出版收入模式和商业模式进行探讨，建立能够全面描述开放获取出版

---

① 甄增荣. 自媒体时代我国众筹出版的问题与对策 [J]. 河北经贸大学学报，2016，12.

期刊收入来源的收入模式；归纳总结现阶段开放获取出版期刊出版常用的商业模式和典型案例；提出一种能够适应我国国情的商业模式；给出开放获取出版期刊可持续发展的建议：多管齐下，探索最合适的经济商业模式；顺应时代潮流，开展"互联网＋"业务；立足用户，提高服务质量；加强宣传，做大做强品牌。①

内蒙古大学郭志菊分析了开放获取环境下国外图书馆在出版方面所做的种种努力，提出了开放获取已经成为学术图书馆发展的趋势，开始改变其传统机制。目前，我国图书馆出版已经开始尝试，如北京大学、中国科学院、中国农业科学院、中国科技信息技术研究所、军事医学科学院等的图书馆正在建设机构知识库。尽管国外的图书馆出版仍处在部署和资源积累阶段，但对于我国图书馆出版相对薄弱的境况来说，仍值得学习和借鉴。首先，重新定位图书馆性质。研究型图书馆应当主动介入、积极引导、积极探索开放信息资源的新服务、新能力，要勇于承担开放获取政策的建议者、开放获取的助推手、新型开放科研信息环境的缔造者的多重任务，在政策制定、信息组织和推进高校图书馆联盟等方面做出有利于开放获取发展的举措。其次，要加强宣传开放获取的理念。我国图书馆应积极向科研人员普及开放获取、图书馆出版和机构知识库等相关概念。图书馆还应提供相关的咨询服务并在作者具体操作过程中对于不熟悉方面给予及时的指导和帮助。再次，需要制定相关政策和标准。相关政策的制定为机构知识库的建立和运行提供了保障。相关政策中尤其应重点关注的是版权政策，它直接关系到学术资源的交流和应用。最后，要确保图书馆机构知识库建设、运行资金供应。稳定、持续的资金保障是图书馆出版的基础之一。图书馆可利用汇集的多方资金支持图书馆出版事业的发展。②

长安大学赵文义认为，当下学术界探讨的主要话题，已经不是学术期刊开放获取出版模式是否应该存在，而是如何促进这种出版模式有序发展。作者通过探讨学术期刊开放获取的内生条件，回答了这种出版模式是何以出现和产生的；通过探讨学术期刊开放获取的内在要求，回答了这种出版模式的本质内涵和制度逻辑是什么。在分析学术期刊开放获取出版模式内在逻辑的基础上，作

---

① 王元杰. 开放存取出版的收入模式与商业模式分析 [J]. 中国科技期刊研究, 2016, 8.
② 郭志菊. 开放获取环境下国外图书馆出版对我国的启示 [J]. 中国出版, 2016, 1（上）.

者提出学术期刊开放获取的发展路径如下。第一，要明确学术期刊开放获取的基本规则。第二，中国知网、万方数据等商业出版平台应该向 Elsevier 等商业出版平台学习，为合作学术期刊提供有选择开放获取的机会，进而逐渐降低资源的销售价格。第三，加大对开放获取出版平台的扶持力度，促进现有的开放获取出版平台提升影响力，使开放获取出版平台能够与商业出版平台进行平等竞争。第四，出台针对作者群体开放获取出版的资助政策，参照美国国立卫生研究院、美国科学基金会、德国科学基金会等美欧相关组织的探索和努力，尽量减轻作者群体因为开放获取出版所承受的经济负担。第五，出台针对开放获取学术期刊出版主体的资助政策。第六，各种学会、协会等学术组织应该积极承担起促进学术期刊开放获取的责任，通过学术共同体的集体行动或者学术期刊众筹出版等形式推动学术期刊开放获取的良性运转。第七，改革学术共同体的学术评价机制，坚决摒弃以刊评文的不合理做法，即便是重视被引频次，也应该从重视学术期刊的被引频次转向重视特定论文的被引频次。第八，完善学术期刊开放获取的制度安排和政策保障，包括给予收取版面费行为的合法性界定、适度放宽学术期刊的准入制度限制等。①

七、VR 技术在出版领域的应用

2016 年被称为"VR 元年"，虚拟现实（VR）相关产品层出不穷，风投集体涌入。工信部电子技术标准化研究院发布的《虚拟现实产业发展白皮书5.0》显示，2015 年中国 VR 行业市场规模为 15.4 亿元。VR 被广泛应用于游戏、影视、新闻传播、视频娱乐等多个领域，其产业正值高速发展期。

中国新闻出版研究院副院长范军撰文指出：在我国，VR/AR 在新闻出版领域的应用尚处于探索阶段。2015 年 6 月，在"东方之星"客船倾覆事件报道中，《新京报》所属的新媒中心连续发布了 8 条 3D 模拟视频，利用 VR/AR 技术还原了事件的相关细节。2015 年，中信出版集团引进英国著名科普出版社卡尔顿出版社（Carlton）出版的《科学跑出来》系列丛书，把少年儿童科普与

---

① 赵文义. 学术期刊开放获取的内在逻辑与发展路径［J］. 出版发行研究，2016，10.

VR/AR相融合，让恐龙、太阳、龙卷风等从书中跑出来，在带给少年儿童新奇体验的同时，使其获得更多的科普知识，受到孩子们的热烈欢迎，其全球累计销售也达到了上百万册。2016年，在北京图书订货会上，由北京少年儿童出版社与北京易视互动传媒科技有限公司合作的我国首部VR/AR科普图书《大开眼界：恐龙世界大冒险丛书》与读者见面，引起社会各界的广泛关注。作者指出，当今时代是一个由移动互联网引发的"泛媒体"时代，以VR/AR为载体的媒体传播方式将为读者提供一种崭新的叙述方式，展现了媒介技术进化的全新趋势。现行VR/AR也还面临着技术商业化的不足、制作成本较高等诸多问题，但随着VR/AR技术的日益成熟，它势必会对传媒业产生重大的影响。[①]

中国新闻出版研究院王扬指出VR于新闻出版业应用在内容、成本、技术发展以及社会化等方面的局限，并对VR在出版行业应用提出了对策与建议：一是VR技术与教育出版相结合；二是在专业出版方面，VR的应用空间值得探索；三是尝试虚拟体验，VR与图书销售相结合；四是加大对VR编辑人才培养；五是建立行业标准，成立行业联盟，搭建交流平台。[②]

北京师范大学周敏提出：数字出版是信息技术催生的新型出版业态，以技术创新为发展标志，也代表着出版业不断革新商业模式。相比于虚拟现实技术（VR）回归大众视野、引燃投资和消费市场，数字出版业则遭遇了首个年度的增速回落。对于数字出版业而言，虚拟现实技术（VR）融入的意义在于通过技术革新打造更为灵活开放的交互平台，形成新维度下的商业营销模式，并为数字出版内容的构建提供崭新的视角。而在融合的过程中，VR出版需要妥善处理产品质量、成本压力、内容冲突与营销模式建构等相关问题。[③]

八、IP出版

IP，是英文"Intellectual Property"的简写，意为"知识产权"。IP化经营

---

① 范军.新闻出版与VR/AR的邂逅［J］.传媒，2016，12.
② 王扬."VR＋新闻出版"开启叙事新时代［J］.传媒，2016，9（上）.
③ 周敏.虚拟现实技术（VR）视野下的数字出版发展探究［J］.科技与出版，2016，6.

是以知识产权为中心的经营模式，但并不是传统意义的知识产权（版权）经营，相较于传统的知识产权（版权）运营，IP化运营更注重其价值的深度挖掘、全方位开发，以及商业模式、资本运作等方面的拓展与创新。IP运营的概念最早出现在动漫产业，专指围绕一个游戏的版权，开发相关衍生品进行盈利的商业模式。由于这种产业经营方式的根基在于版权，因此，将其移植到具有大量内容版权的出版产业也应适用，而这种理念也正在被出版产业广泛认可。

关于IP出版，目前相关领域并未形成统一的定义。概括来讲，IP出版指的是一种新兴出版模式，通过融合各类媒介形态，追求IP价值最大化。在时下的中国出版语境中，它特指基于影视开发的文学图书出版。在更狭义的层面上，IP图书专指拥有大量粉丝群体的可供改编为影视的网络文学作品。影视行业的"IP热"对图书出版产生了巨大影响。一方面，网络文学作品成为影视改编追逐的热点。据媒体报道，2014年底已被买下版权用于影视改编的网络小说共有114部。另一方面，在网络文学作品成为影视改编"IP基地"的同时，影视节目同样也反哺了IP图书出版。IP图书以其庞大的粉丝群迅速占有市场，但同时也引发了业界争议。IP出版已经成为出版行业不可忽视的新兴势力。

四川师范大学黄平平分析了IP出版经营现状。在出版单位方面，多数出版单位缺少打造IP产业链的巨额资金，即使有好的IP资源，也因没有资金支持，不得不将IP资源转让他人，这样一来，出版单位逐渐缺乏打造优质IP内容资源的动力，安于现状。此外，出版单位本身也缺少能够洞悉IP资源价值并且能够对其进行经营和管理的复合型人才；同时，出版单位对互联网平台的了解和运用程度也远不如一些专业的网络运营公司，因此，多数出版单位的IP出版经营发展较为缓慢。在此分析基础上，作者提出了IP出版的创新经营的三个策略：以大数据为基础，增强IP经营持久力；一个内容多个创意，深挖IP无形资产价值；资源整合，资产置换，实现共赢。[①]

北京师范大学的周敏康、晨远提出：出版IP在媒介生态圈的地位并不乐观。近几年较有代表性的IP化经营以游戏、综艺节目、网络视频、歌曲、网络小说等为基础，衍生形态多样，但出版机构的IP内容较少，且处于衍生内容下游。为此，探索传统出版机构IP价值转化路径，对改善出版在整个传媒生态圈

---

① 黄平平. IP出版经营现状及创新策略分析［J］. 出版广角，2016，6.

中的地位有重要意义。作者通过案例归纳了传统出版机构 IP 价值转化的现有模式：强化立体出版形成产品群，以社交出版聚合 IP 发展社群经济，出版机构自身品牌 IP 转化，并指出了出版 IP 价值转化应注意的问题：开发独立、有特色的 IP，探索"互联网＋"下多种出版模式的深度融合，明晰版权归属，加强 IP 转换中的版权保护。①

（于秀丽　中国新闻出版研究院）

---

① 周敏康，晨远. 传统出版机构 IP 价值转化路径探析 ［J］. 科技与出版，2016，10.

第九节　2016 年出版走出去情况分析

一、2016 年出版走出去所取得的成绩

（一）走出去成效更加显著

2016 年，我国图书版权输出数量再创新高，版权引进和输出比例结构进一步改善，数字出版物出口占出版物出口比重进一步提高，出版走出去成绩喜人。据国家新闻出版广电总局统计，2016 年全国共输出版权 11 133 种，较 2015 年增长 6.3%，提高 4.6 个百分点。其中输出出版物版权 9 811 种，较 2015 年增长 10.7%，提高 9.2 个百分点，且较引进出版物版权增长速度高出 3.2 个百分点；电子出版物版权贸易实现大幅顺差，净输出 1 047 种，增长 192.5%，输出品种数量为引进品种数量的 5.8 倍。全国累计出口图书、报纸、期刊、音像制品、电子出版物和数字出版物 11 010.8 万美元，增长 5.0%，其中数字出版物出口 3 055.3 万美元，增长 29.1%，占全部出口金额的 27.7%，提高 5.1 个百分点。

除了版权输出增速加快，输出语种结构和内容结构也在不断改善。在英文版权贸易不断增长的同时，其他语种特别是小语种版权贸易实现较快增长。主题图书国际出版不断取得突破，一批反映当代中国主题的优秀出版物进入国际市场。截至 2016 年 10 月底，《习近平谈治国理政》海外发行逾 60 万册，多次在国际书展亮相，取得近年来我国政治类图书在海外发行量的最高纪录，也创造了中国图书单品种在美国亚马逊网站的销售纪录。此外，童书、文学以及反映当代中国精神风貌和学术水准的优质作品也输出到国际市场。随着中国儿童文学作家曹文轩获得 2016 年国际安徒生奖，国际上对中国童书有了新认识，

中国原创童书的版权贸易输出取得了新突破。

伴随着走出去步伐的加快，我国出版业的国际参与度越来越高，赢得了更多国际同仁的关注和认可。据 2016《全球出版企业排名报告》显示，中南出版传媒集团、凤凰出版传媒集团、中国出版集团、浙江出版集团、中国教育出版集团 5 家公司位列其中，全部进入前二十强；其中中南出版传媒集团、凤凰出版传媒集团两家公司进入了前十强。2016 年 4 月，伦敦书展国际出版卓越奖揭晓，接力出版社夺得伦敦书展国际贸易儿童和青少年出版奖，中国图书进出口集团获得市场焦点成就奖。10 月，在法兰克福书展上举行的国际出版商协会（IPA）年度大会上，4 位中国出版人首次进入 IPA，这是继 4 月中国出版人在伦敦书展上的 IPA 大会上首次亮相之后的重大进展，国际出版商协会有了中国声音。

（二）走出去平台深化交流

国际书展是新闻出版走出去的重要平台，目前，中国每年参加的国际重要书展遍布五大洲。2016 年，除继续参加法兰克福书展、伦敦书展、美国书展、意大利博洛尼亚儿童书展、巴黎图书沙龙、莫斯科国际书展等综合性和专业性国际书展外，还加大了"一带一路"沿线国家书展的参与力度，先后参与了 2016 印度新德里世界书展、第 47 届开罗国际书展、第 40 届印度加尔各答国际书展、第 32 届突尼斯国际书展、2016 阿布扎比国际书展、第 23 届匈牙利布达佩斯国际图书节、2016 布拉格国际书展、2016 印度尼西亚国际书展、第 23 届罗马尼亚高迪亚姆斯国际图书与教育展、第 44 届索非亚国际书展等。

其中，2016 印度新德里世界书展和第 23 届罗马尼亚高迪亚姆斯国际图书与教育展均以主宾国身份参加，参展规模和版权贸易成果均创新高。2016 印度新德里世界书展，81 家出版单位组成的中国代表团携 5 000 多种出版物亮相，达成 588 项版权协议及 172 项合作意向。第 23 届罗马尼亚高迪亚姆斯国际图书与教育展，中国首次以主宾国身份亮相，也是首个参加这一书展的亚洲国家，50 多家中国出版机构的 3 000 多册精品图书参展。在 2016 年阿布扎比国际书展上，国家新闻出版广电总局与阿布扎比旅游文化局在阿布扎比国家展览中心签署谅解备忘录，明确中国作为主宾国参加 2017 年阿布扎比国际书展。第 44 届索非亚国际书展上，中国图书进出口（集团）总公司携"一带一路"国家主题图书巡展首次走进保加利亚。

除了积极参加国际书展，由我国各级政府主办的博览会等活动，如北京国际图书博览会、上海国际童书展、中国（深圳）国际文化产业博览交易会、中国国际动漫游戏博览会、中国（武汉）期刊交易博览会、中国国际全印展也越来越受到国际关注和参与，走出去交流平台不断丰富。

2016年是北京国际图书博览会创办30周年。30年前的第一届图博会参展国家和地区共35个，展商总数仅有224家，其中海外展商165家，达成版权贸易97项。而2016年的图博会参展国家和地区达86个，主宾国为中东欧16国，参展商超过2 400家，达成版权贸易超5 000项，同比增长6.3%。北京国际图书博览会已经成为具有权威性和影响力、得到国际出版业和作家关注和认同的国际四大书展之一。上海国际童书展成为亚太地区最大的童书专业展会，形成了童书全产业链出版资源聚集平台。2016年5月，第12届中国（深圳）国际文化产业博览交易会在深圳举办，来自美国、英国、法国、德国、加拿大、澳大利亚、智利、印度等98个国家和地区19 523名海外采购商参加，出口交易金额达176.972亿元，同比增长7.35%。7月，第12届中国国际动漫游戏博览会在上海举办，主展馆海内外参展商共338家，海外展商展场面积超过40%；4 000平方米的商务馆有展位60多个，汇聚了来自中国、泰国、韩国的多家动漫游戏企业。9月，2016中国（武汉）期刊交易博览会在武汉举办，刊博会海外馆迎来了50多个国家和地区的百余家集团参展，2016期刊媒体国际创新发展论坛也于当月23日启幕。10月，第6届中国国际全印展在上海举办，来自全球22个国家和地区的724家展商参展，海内外专业观众达76 818人。

此外，各种中国主题图书展销活动及主题书展活动也开展得如火如荼，活动以图书为媒，促进文化交流。3月，中国主题图书展销月在布拉格启动，多种中国主题图书在布拉格机场候机楼和市内共16家书店陈列、销售。6月，中国主题图书展销月活动在波兰首都华沙启动，多种中国主题图书在华沙、克拉科夫、格但斯克等9个城市的超过100家书店展销。11月，2016厄瓜多尔"中国主题图书展销月"和2016智利"中国主题图书展销月"活动分别在基多、圣地亚哥开幕。9月，2016年中国—泰国书展、影视推介暨中泰出版影视论坛在泰国清迈举办。同月，以"发展中的西藏"为主题的2016年尼泊尔中国书展在尼泊尔首都加德满都举办。

（三）走出去工程深入推进

近年来，国家新闻出版广电总局先后实施了"经典中国"国际出版工程、中国图书对外推广计划、中外图书互译计划、中国出版物国际营销渠道拓展工程、重点新闻出版企业海外发展扶持计划、边疆新闻出版业走出去扶持计划、图书版权输出普遍奖励计划、丝路书香工程这8大工程，构建了内容生产、翻译出版、发行推广和资本运营等全流程、全领域的走出去格局，打开了190多个国家和地区出版物市场，有效提升了版权输出的数量和质量，提升了中国出版物国际传播的有效性和影响力。

截至2016年，"经典中国"国际出版工程共资助3 000多种外向型图书，总金额近1.5亿元，有效提升了我国出版物版权输出的数量和质量。据2016年6月"中国图书对外推广计划"工作小组第12次工作会议披露，"中国图书对外推广计划"共与71个国家的564家出版机构达成资助协议1 454项，涉及2 792种图书，47个文版。作为中国新闻出版业唯一进入国家"一带一路"战略的重大项目，"丝路书香工程"自2014年启动以来，已资助980多种优秀图书在"一带一路"地区的多语种翻译出版。2016年首批"丝路书香工程"重点翻译资助项目结项，一大批"一带一路"方面的新成果不断涌现。第一个"丝路书香·中国书架"也于2016年1月在埃及国际图书中心正式揭幕。"图书版权输出普遍奖励计划（一期工程）"对53家单位的112个重点奖励项目、74家单位（个人）的370个普遍奖励项目进行了奖励，奖励金额达700多万元。

（四）走出去资本表现活跃

据不完全统计，目前我国新闻出版企业在境外运营的各种分支机构及销售网点达459个。其中从事图书出版分支机构28个，期刊出版业务14个，报刊及新闻采编分支机构275个，数字出版子公司15个，出版物发行网点65个（包括网络书店4个），印刷或光盘复制工厂45个，出版教育、培训、版权、信息服务机构7个，通过收购或参股建立的海外网点10个。2016年，我国新闻出版企业走出去主体更加丰富，合作方式更加灵活多样，海外资本合作领域更加广泛，海外布局逐步倚重"一带一路"。

　　走出去的主体中，既有国内大型出版集团，如 2016 年 7 月长江出版传媒集团在肯尼亚注册成立中国首家落地非洲的出版机构，青岛出版集团收购日本大王造纸渡边淳一文学馆会社 100% 股权，8 月广西师范大学出版社集团在北京宣布成功收购英国 ACC 出版集团，二十一世纪出版社集团成立德国分社，浙江出版联合集团与俄罗斯尚斯国际出版公司合作经营俄罗斯首家中文书店；也有单体出版社，如中国人民大学出版社以色列分社正式挂牌成立，9 月社会科学文献出版社和俄罗斯涅斯托尔出版社合资在俄罗斯成立分社——斯维特出版社，11 月中国社会科学出版社智利分社成立；还有民营出版机构，如新经典文化股份有限公司于 5 月宣布战略投资法国菲利普·毕基埃出版社。在合作方式方面，既包括投资或并购现有海外机构，也包括与境外文化企业合作经营，如运营海外分社、翻译研究出版中国图书、建立中国主题编辑部等形式。如 2016 年 6 月由中国外文局与华沙社会学与人文科学大学联合建立的全球第一个"中国图书中心"在波兰成立，11 月南美洲的首家中国图书中心在秘鲁成立。

　　此外，中国出版业与"一带一路"相关国家之间的交流合作延续了去年的热度，继续加大在"一带一路"沿线国家和地区的布局。据不完全统计，目前已有至少 16 家中国出版企业在"一带一路"沿线国家设立了分支机构或引入本土化运作机制，通过当地的翻译、出版人才来推广优秀的中国图书和文化。2016 年主要有：长江出版传媒集团在肯尼亚成立英爵意文化传媒有限公司、中国人民大学出版社以色列分社以及中国—罗马尼亚学术出版合作中心、外语教学与研究出版社和保加利亚东西方出版社的"中国主题编辑部"、社会科学文献出版社俄罗斯分社、云南教育出版社曼谷分社等。

二、出版走出去进程中存在的问题

（一）文化精品力作还较稀缺，国际话语权和影响力不足

　　中华文化在国际上的亲和力、竞争力、影响力逐步提升，中国作家近几年屡获国际奖项，我国出版物的品种、质量、实物量和产业收入均居世界各国的第一位，已经成为名副其实的出版大国。但中国出版还面临大而不强的问题，

在走出去的若干指标上还与欧美出版强国存在着较大差距，比不上美国出版的国际影响力，比不上英国出版业的出口能力，比不上德国的工匠精神。归根到底，还是文化精品力作较为稀缺，出版内容的创造性和创意能力不足。由此又导致我国出版物输出内容较为集中在绘画、书法、中医等传统文化方面，而对我国近年来的发展以及社会变迁进行描述的当代作品相对较少，制约了我国软实力的传播，成为影响我国出版业国际话语权的一个重要因素。

（二）出版企业整体实力和竞争力尚待提高

与世界知名企业相比，我国出版企业还存在较大差距，缺乏生产出世界级、划时代内容产品的能力，与我国文化资源大国形象和日益提高的国际地位还不相称。具体表现如下。

1. 缺乏海外主流营销渠道

近年来，我国出版企业采取了并购、设立办事处等多种方式进入海外市场，但仍然缺乏进入海外主流营销渠道的有效手段，使得一部分海外读者难以拥有接触中国出版物的条件和机会，从而影响了我国出版物的有效传播。这既影响了我国出版国际话语权的提升，也反映出我国出版业国际影响力、传播力不足的问题。

2. 缺乏使用"对方的语言"讲述中国故事的能力

作为文明古国，中国人的思维方式和处世哲学与目前主流的西方文化有较大差异。面对目前西方文化在世界上占据主导地位的现状，我国出版企业缺乏被国际广泛认可且具有吸引力的话语体系来为中国出版走出去保驾护航。而在走出去的过程中更多地使用传统中国思维、中国语言来进行推广，严重地影响了我国出版物的国际吸引力，导致国外企业对我国出版物的内容、理念等产生了认识和理解上的困难，从而影响了我国出版业的走出去。

3. 专业化程度不足

由于文化、语言、政治制度、社会习俗等差异，很多出版物的内容较难为其他国家的出版业和读者所理解或认同。而我国出版企业在走出去的过程中，缺乏对当地社会的调研以及风俗的了解，对部分细分市场缺乏足够的认识，也缺乏足够的人才对当地市场进行分析调研，制约了我国出版业走出去的效果。

（三）走出去人才力量薄弱

我国出版企业走出去的时间较短，相关的外向型版权贸易、经营管理、图书翻译等人才队伍建设滞后。对象国多样化的法律体系和文化背景，对出版走出去人才提出了更高的要求。我国出版业对人才吸引力不足，尤其是通晓对象国风土人情、社会现状的专业型人才严重缺失。对我国出版机构而言，寻求资本输出已经取得了突破性进展，亟须打造一支适应形势、业务精熟的高素质外宣队伍，一批高端顶尖的翻译专业人才队伍，一批通晓国际规则、懂得海外市场的高端人才队伍。

三、推进出版走出去的相关建议

（一）政府层面

1. 继续加强走出去主体培育

深入研究制定新闻出版业全球布局规划，建立对外传播和跨国经营激励机制，充分发挥国有民营两个方面积极性，大力推进外向型出版的发展。推动新闻出版与科技、教育、旅游、金融等相关产业的深度融合，并积极运用互联网思维，切实增强走出去主体的竞争力。支持加快做大做强，推出一批具有国际竞争力的新闻出版名牌企业和品牌产品。

2. 持续支持走出去平台建设

以重大涉外活动为平台，大力推动新闻出版业走出去。持续建设中外出版交流合作的国际平台，继续支持办好北京国际图书博览会，加大推进上海国际童书展影响力。积极支持和鼓励中国出版企业在重要国际书展上参展、办展，举办中国主宾国活动，搭建中外交流合作书展平台。着力加强走出去公共服务平台建设，加大与国外新闻出版主管部门和行业协会的沟通协调力度，积极整合相关国家的政策、法律和风险预警等公共信息资源。与国外重要出版传媒集团和相关高等院校合作，逐渐形成中外交流合作人才培养平台。

3. 继续加大对中外出版交流合作的支持力度

中国政府将继续鼓励和支持中外出版企业开展深入合作，中国图书对外推广计划、"经典中国"国际出版工程、中外图书互译计划等重大项目将加大对中外出版企业共同合作出版的图书翻译的支持力度，强化重点工程项目的支撑作用。同时，继续办好中华图书特殊贡献奖，表彰在介绍中国、翻译出版中国图书、促进中外文化交流等方面做出突出贡献的外籍和外裔中国籍作家、翻译家和出版家。

4. 加快推进"一带一路"战略下的中外出版交流合作

建设"丝绸之路经济带"和"21世纪海上丝绸之路"是中国政府提出的重要战略，也给中国和"一带一路"沿线国家的出版交流合作提供了重要机遇。继续组织实施出版交流合作的重点工程项目，打造丝路书香共同体，形成出版资源互联互通、渠道共享共用、内容共同开发、产业共同发展的出版交流合作新格局。

5. 整合人才资源，加强人才培养

坚持政府扶持与企业自我培养相结合，制定符合走出去工作需要的人才培养计划，鼓励企业通过与高校、科研院所等合作办学、专业培训等方式，积极培养复合型跨国经营管理人才。组织实施新闻出版跨国经营管理人才和专业技术人才境外培训项目，努力培育一批通晓国际传媒运营模式、具有国际眼光的高端人才队伍。积极依托国家和省高层次人才引进计划，着力引进海外高层次跨国经营管理人才。鼓励走出去企事业单位大力推进境外经营管理人才本土化。探索建立国际传播、版权贸易、国际法规、小语种翻译和跨国经营管理等人才资源库。开启人际交流的新模式，逐步实现"借筒说话、借笔言志"，整合中华图书特殊贡献奖获奖人等各方资源，让这些海外汉学家、作家、翻译家和出版家帮助我们更好地对外讲好中国故事。

（二）企业层面

1. 提升本土化水平，建立本土化队伍

在出版物选题策划、编辑、印刷、发行、物流等环节，要与国外出版企业开展全方位合作。以资本为纽带，通过合资、合作、参股、控股等方式，实施本土化战略。鼓励有实力的企业建设本土化企业，提高出版运营能力，提升海外发展整体实力。一方面，要实现人员本土化，在确保内容主导权的基础上，大胆使用当地人才，建立本土化运营团队，发挥人才优势；另一方面，要加强出版和销售本土化，深入研究驻在国不同受众的文化传统、价值取向和阅读心理，差异化、精准化地定位内容产品，以赢得更多的读者，占有更大的市场。

2. 创新运营模式

鼓励有能力的出版企业以资本为纽带，采用合资合作、收购或其他资本运营方式整合国际资源和国际渠道，在力争早日成为具有国际影响力和话语权的出版传媒集团的同时，还要与海外主流企业以及本土化企业建立稳定的战略合作关系，深入挖掘合作资源，更好地开拓国际市场。深化与国际销售机构合作，建立自我把控的营销渠道，不仅仅为了让输出的出版物更好地在当地落地生根，也更容易获得当地市场的第一手反馈，及时掌握当地社会对出版物的需求和风向，以便及时调整出版策略，引入适合当地现实情况的出版物。

3. 加强线上营销，推动线上线下融合

随着电子商务的发展，线上图书零售的崛起已经成为不争的事实。我国出版企业在走出去的过程中，应充分汲取我国电子商务及网上书店发展历程中的经验与教训，对当地互联网行业发展进行深度调研，积极推进适合当地互联网行业发展水平的网络渠道建设，并将网络渠道与线下渠道相融合，突出实体书店所拥有的现场体验的不可替代性，同时积极发挥网络销售渠道的便捷性。不应简单地将网络渠道看作是实体书店的补充或竞争者，而应当认识到网络时代，网络渠道本身不但是电商平台、出版社、读者之间整体供应链中的一个工具和可选择项，也是提升购物体验、扩大出版物影响力的有效渠道，积极探索网络渠道与实体书店相结合的销售渠道，力争做到销售渠道的扁平化。

（息慧娇 人民卫生出版社有限公司）

第十节 数字版权保护技术研发工程助推产业转型发展

经过二十多家单位 2 000 多名工作人员历时五年的联合攻关，2016 年 12 月，国家重大科技专项、国家新闻出版广电总局新闻出版重大科技项目——数字版权保护技术研发工程（以下简称版权工程）胜利竣工。该工程将为出版单位数字化转型提供政府主导的第三方公共服务平台，为产业发展提供一整套数字版权保护技术解决方案，解决我国新闻出版业发展中的版权瓶颈问题，确立我国在数字版权保护技术研发中的自主地位，树立我国在知识产权保护方面的良好形象。

一、实施版权工程的目的与意义

（一）产业转型发展中的版权难题

当今社会，数字网络技术发展日新月异，各种产业环境正在发生越来越深刻的变革，传统产业转型升级、新旧业态乃至不同领域融合发展已经开始并将持续进行。在此过程中，可能存在此消彼长甚至个体消亡，但更多情况下是共荣共生，共同发展。以"十二五"时期新闻出版业为例，根据国家新闻出版广电总局（原国家新闻出版总署）发布的产业分析报告，一方面，数字出版营业收入从 1 377.9 亿元增加到 4 403.9 亿元，在全行业营收中的占比由 9.5% 增加到了 20.3%；另一方面，其他新闻出版产业营收除报纸外均有不同程度的增长，整体上也从 13 190.7 亿元增加到 17 252 亿元，五年间增长了 4 000 多亿元。从版权角度而言，这意味着版权资源的运用正在从传统出版向数字出版转移，同时也意味着版权资源在整个产业链中将会有更多运用。

然而，在新闻出版产业转型升级与融合发展过程中，令人遗憾的是，存在着严重的版权问题，已构成影响产业持续健康发展的关键限制因素，需要高度重视，并系统地加以解决。

归结起来，相应问题主要有以下几方面。

1. 数字出版企业有海量传播需求却无相应积累

早期数字出版企业多由技术公司转变而来，一方面，由于成立时间不长，往往缺乏优质内容资源（版权资源）的积累；另一方面，由于传播能力很强，传播速度很快，在发展过程中又存在着海量的版权资源传播需求。在"侵权成本低、维权成本高"问题突出、社会版权保护机制有待完善的情况下，个别企业在版权资源使用过程中打"擦边球"，甚至公然侵权盗版，侵害权利人的合法权益，扰乱了版权市场秩序。

2. 传统出版单位资源有限且存在转授权障碍

总体而言，传统出版单位内容资源相对丰厚，但受计划经济"条""块"分割影响，单个出版单位的内容资源拥有量也比较有限，而且由于我国实行现代版权制度时间较晚，传统出版单位在过去很长一段时期不重视版权资源尤其是数字版权资源的积累。传统出版单位在自身转型发展过程中，以及在与数字出版企业合作过程中，一是可以利用的版权资源比较有限；二是找不到数字出版的着力点，多持观望态度，数字化进展缓慢；三是出于版权资源安全的担忧，以及对数字使用收益分配的质疑，不敢也不愿将优质版权资源交与数字出版企业。

3. 出版单位获取优质资源授权的压力不断增大

知识经济时代，版权日益成为发展的重要资源和竞争的核心要素。相应地，权利人及其代理机构对版权价值的认识水平逐渐提高，对优质版权资源的授权日趋谨慎，市场要价不断攀升。随着行业竞争的不断加剧，无论是传统出版单位还是数字出版企业，在获取优质版权资源授权问题上面临的压力都在不断增大。

4. 数字网络传播使版权保护面临全面挑战

随着新技术、新设备的不断发展和应用，版权资源的呈现方式和传播渠道日渐多元，信息传播的虚拟化、迅即化、碎片化特征日益明显，版权隶属关系越来越复杂，由此带来许多问题，首先是版权归属查证困难，在不断更新的海量信息中，厘清某部作品以及作品中某一片段的权利归属非常不易；其次是交易信息查证困难，技术实力的不对称加剧了交易信息的不对称，相应版权资源的应用频度和次数难以确定；再次是侵权追踪与责任追究困难，经过技术处理的新"作品"与原作品的相似性难以鉴别，实践中，由于域名注册人所在地、侵权人实际所在地和相关服务器所在地往往分离，责任追究起来也比较困难。

版权是新闻出版业繁荣发展的前提，新闻出版业是版权产业的重要组成部分。面对上述种种问题，守法出版企业的创新积极性必然受到影响，经济效益与社会效益无法得到保障，数字出版产业可持续发展存在隐忧，传统出版数字化转型升级、新旧出版融合发展面临瓶颈。新闻出版领域如此，版权产业其他领域的转型升级与融合发展也面临类似问题。

（二）实施版权工程的目的

为应对数字网络技术发展给版权保护带来的挑战，破解新闻出版产业转型发展中的版权难题，促进新闻出版产业更好更快地发展，原国家新闻出版总署提出了数字版权保护技术研发工程等四项新闻出版重大科技工程项目的建设目标，由国家数字复合出版系统工程提供数字化生产系统，由版权工程提供版权保护与运营的技术保障，由中华字库工程提供用字保障，由国家知识资源数据库工程提供出版业向知识服务转型升级的全面支撑。

在2006年发布的《新闻出版业"十一五"发展规划》中，原新闻出版总署明确提出，要通过实施版权工程等国家重点工程，"进一步推进数字出版发展进程，提高新闻出版业信息化水平，加快传统新闻出版产业向现代内容产业的转变，在新世纪国际数字内容产业竞争中，占得先机和主动，为中国出版和中华文化走向世界奠定坚实的基础"。这既是对四大工程实施目的的权威阐释，也是从行业发展角度对版权工程实施目的的最好诠释。

当然，版权作用的范围不限于新闻出版领域。实施版权工程，也是为了"有效应对互联网等新技术发展对版权保护的挑战"（《国家知识产权战略纲要》），为我国版权产业的创新发展提供技术支持。

（三）实施版权工程的意义

版权工程是国家新闻出版广电总局完成的第一个新闻出版重大科技项目，

其实施意义主要如下。

1. 为破解我国新闻出版业发展中的版权难题提供了一整套技术解决方案

版权工程既可提供专项技术支撑，也可为移动出版、互联网出版、富媒体报刊等多种商业模式提供应用系统支持，还可提供数字版权认证、授权信息管理、网络侵权追踪等全流程数字版权保护技术服务，确保了版权资源在数字网络环境中从注册、交易到传播、阅读等各环节的安全可控，对于推动产业转型升级与融合发展、促进行业可持续发展、增强国际传播能力，具有十分重大的意义。

2. 带动了其他相关技术的研发与应用

版权工程的实施，引起业内的普遍关注与广泛参与，带动一批出版企业提高对数字版权保护技术的应用水平，引领一批高校、技术企业围绕工程研发方向在外围开展更为深入的技术研发，借助其他支持渠道，取得了多项数字版权保护关键技术的单点突破。

3. 为类似项目的开展奠定了基础

通过实施版权工程，国家新闻出版广电总局在管理层面建立了一套工程管理体系和工作机制，积累了重大科技工程项目管理经验。此外，借助工程研发，总局重点支持工程总体组以及各项目承担单位，培养与锻炼了一批数字技术骨干人才和多支项目管理队伍，同时发现和团结了一批行业外的专家，为类似项目工作的开展奠定了基础。

4. 确立了我国在数字版权保护技术研发中的自主地位

版权工程论证、立项的"十一五"时期，正是世界数字版权保护技术发展的关键期。国外 IT 公司为掌控数字出版发展未来，赢得市场先机，纷纷研制和推广自己的数字版权保护技术和标准。我国在版权工程实施过程中，坚持自主创新，共申请发明专利 41 项（其中 6 项已授权），登记软件著作权 62 件，在国内外媒体上公开发表论文 42 篇。与此同时，版权工程的实施，带动诸多高校、技术企业研发形成一批相关成果，申报、产生了一系列知识产权。版权工程对于确立我国在相关技术研发中的自主地位、保证我国出版业在未来市场竞争中争取主动、抢占制高点，发挥了重要作用。

5. 树立了我国在知识产权保护方面的良好形象

版权工程立项论证时，我国侵权盗版现象普遍存在，在有些领域还比较突出。西方发达国家将贸易与知识产权挂钩，利用多、双边交流机制，频繁向我国政府施压，进行贸易报复和制裁。这种形势下，国家组织实施版权工程，无疑可以彰显我国保护知识产权的态度与成效，树立我国在知识产权保护方面的良好形象，为我国新闻出版及相关行业利用国际国内两个市场、两种资源，实现又好又快发展，营造良好的国际环境。

二、版权工程技术研发成果概览

数字版权保护技术又称 DRM，全称为"Digital Rights Management"，2001年被麻省理工学院《技术评论》杂志评为"将影响世界的十大新兴技术之一"。其发展可追溯到 20 世纪 90 年代，根源是互联网技术迅猛发展下网络侵权盗版现象频繁发生，版权保护亟须技术手段支撑。通过对全球 DRM 行业进行技术构成分析研究发现，当前 DRM 技术在全球范围内仍处于兴盛期。DRM 行业技术要点主要集中在 DRM 服务、数字水印、数字加解密、许可认证等领域。

为推进我国数字出版发展进程，提高新闻出版业信息化水平，加快传统新闻出版产业向现代内容产业转变，2006 年，原国家新闻出版总署提出数字版权保护技术研发工程（以下简称版权工程）等四项新闻出版重大科技工程。版权工程在立项之初不是要研发一项或几项孤立的技术，而是要建立一套我国具有自主知识产权的数字版权技术保护支撑体系和版权保护安全策略。在立项时，就重点关注 DRM 行业技术要点，形成的建设体系如图 1 所示。

工程包含 26 项课题，全部覆盖了 DRM 行业技术要点。这是目前版权保护领域技术含量最高、集成应用场景最复杂、协调研发难度巨大的软件工程，特别是通过将媒体指纹、版权标识与数字水印这三大技术路线与内容注册、许可发放、电子商务等系统进行有机融合，建立起了完善的开放数字作品市场运行机制和有效的内容版权认证监管体系。

经过 20 多家单位 5 年的联合攻关，版权工程形成了 3 个重要的 DRM 服务平台、6 项核心版权技术、5 类版权保护系统、5 类应用示范项目和 4 类 25 项工程标准等内容，结合前述 DRM 技术要点，工程成果可表述如下。

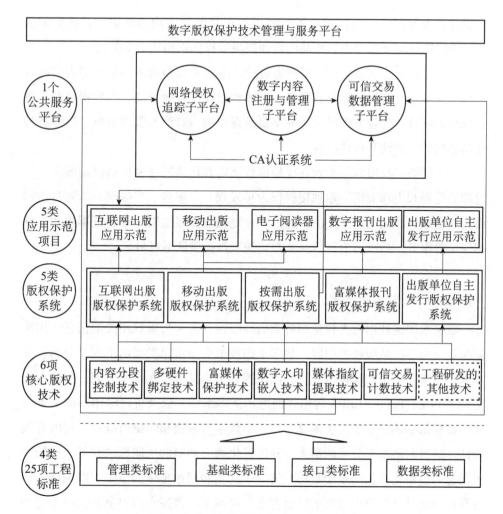

图1　数字版权保护技术研发工程体系图

（一）DRM 服务平台

版权工程核心成果为综合性的数字版权保护技术管理与服务平台，集数字版权保护管理、交易监管、侵权追踪、专利技术共享、产品展示等功能于一体，面向新闻出版行业及社会公众提供一套数字版权保护整体解决方案。

该平台主要包括数字内容注册与管理、版权保护可信交易数据管理、网络侵权追踪3个子平台，其中：

——数字内容注册与管理子平台提供版权信息注册、作品特征提取和版权标识符嵌入等服务，为新闻出版行业提供可靠的数字内容注册、权属证明服务，为网络环境下数字内容作品的传播提供版权标识和认证服务；

——可信交易数据管理子平台通过接入电商平台和出版单位数字内容授权平台实现第三方交易数据监管服务，有效地保证内容提供商、内容销售商等各方权利和利益，为各方提供可信的交易数据查询、监测与管理服务，保证各种交易数据的可信性和可监控性；

——网络侵权追踪子平台在线提供数字内容作品网络侵权情况的服务，通过即时受理和主动监测，做到侵权行为早发现、早报告、早提醒，达到打击网络侵权盗版、净化网络空间的目的，平台还提供在线实时取证、证据核实、证据保全等服务，后续可为行政执法与司法审判提供证据材料。

（二）数字水印技术

数字水印是利用人类视觉和听觉的局限性，嵌入与版权相关的信息，用来证明数字内容作品版权的归属。数字水印技术根据水印类型的不同又分为：文本水印技术、图像水印技术、音频以及视频水印技术。在文本方面，版权工程实现了 PDF、Epub、CEBX 等格式的电子文本水印，以及抗打印印刷的文本水印版权标识和认证系统，实现流通过程中数字出版物和印刷出版物版权的有效验证。通过利用基于分块的最大奇异值量化索引调制的水印算法和基于整帧并可动态调整量化步长的水印算法，解决了视频和图像带来的质量下降问题。通过利用分块排序和最大选取的综合方案，提高了图像高水印容量和提取正确率等难题。数字水印相关技术分别获得 2015 年中国电子学会技术发明一等奖和教育部 2015 年高等学校科学研究优秀成果（技术发明）一等奖。

（三）媒体指纹技术

随着互联网的发展和数字内容的广泛应用，特别是大量文字作品网站、博客、贴吧的出现和大量音频、视频分享网站（如 YouTube、土豆网等）的发展和壮大，文字、图片、音乐、电影等数字作品通过互联网进行非授权的散布与共享愈演愈烈。互联网上数字作品版权管理的复杂性决定了采用传统的数字版权管理策略（如数字加密和水印）不可能在各种情况下都有效。而媒体指纹识别提取与匹配技术，通过从内容中提取匹配标识作品的独特性特征（媒体指纹），达到类似利用人的指纹管理身份的目的，是对现有的数字水印技术与版权标识技术的有益补充，有利于综合多种技术手段建立开放环境下的统一版权管理体系。版权工程研发人员通过对 10 万个文档、10 万幅图像、1 万段视频、1 万段音频等数字内容持续进行测试实验，最终研发出了达到国际先进水平的媒体指纹检测系统——基于变形敏感的软级联模型的视频拷贝检测，该系统的先进性体现在三个方面：首先是拷贝检测的准确率高（漏警率与虚警率低）；其次是拷贝的精确定位，即对派生该拷贝的参考媒体起始与结束时间精确认定；最后是单次查询（拷贝检测）的平均处理时间少，即低时间复杂度。本项技术获得了 2015 年中国电子学会技术发明一等奖，并获得了中国国家知识产权局和世界知识产权组织共同主办的第十八届中国专利优秀奖。

（四）加解密技术

加密保护技术一直以来都在数字内容传播过程中起着重要的防盗版作用。对内容提供商而言，传送密钥的安全性最为重要，需严防密钥在传送时被窃取。在版权工程中，数字内容作品密钥的安全传输和保护是通过采用所研发的多硬件环境绑定技术同密钥绑定相结合方式，利用目标设备的硬件环境配置信息，产生密钥的绑定对象信息（设备硬件特征信息或硬件特征信息包），来加密内容密钥，生成密钥绑定密文，为密钥安全传输和受控恢复、安全使用提供基本保障。另外，在密钥传送过程中，版权工程采用数字签名来确保传输信息的完整性和不可抵赖性，形成了一套适合数字内容版权保护的密钥生命周期安全管理方案，考虑到版权工程加解密技术整体统一性，最终研发完成了一套数字证书认证系统和一套基于国产密码算法的密码服务中间平台软件，为版权工程总体提供统一的规范化数字证书服务支撑和密码服务支撑，提供标准化的、达到了国家相关规范的数字证书服务和密码服务接口，提供适用于多种数字出版业务场景的数字证书服务。

（五）许可认证技术

随着各种阅读终端的普及，数字内容的授权许可需要支持多设备授权、多用户授权等模式的共享权利。与现有针对单设备授权的普通应用不同，多设备授权、多用户授权等模式必然带来权利许可的复杂化和多样化。为了解决多终端环境下的授权许可，通过将工程中的数字内容权利描述标准与多设备内容共享，将数字内容密钥与多个设备标识信息进行绑定，为终端用户创建相应的数字内容作品提供授权许可，即数字许可证，许可证包含了自身的属性信息的描述（唯一标识、版本号）、具体许可信息的描述（Agreement）以及用以验证许可证合法性的数字签名（Signature）。版权工程中通过将授权信息加入到具体许可信息中，包括资源加密算法类型、内容密钥恢复算法等信息，实现了多种授权模式，包括单设备授权、多设备授权、多用户多设备授权、自适应/非自适应授权等。

此外，版权工程还在数字内容分段控制、可信交易、多硬件环境绑定等方面实现了技术突破，例如：数字内容可实现作品的按章、节、页进行版权保护；针对当前多形态阅读终端设备，可实现同一数字内容在多种不同终端间的自由共享和控制，等等。

需要强调的是，版权工程自立项论证以来，一直坚持自主创新道路。在分包过程中，版权工程不接受外资独资企业申报。在研发过程中，版权工程将知识产权产出作为重要考核指标，共申请发明专利41项，登记62件软件著作权，在国内外媒体上发表论文42篇，形成25项版权保护技术标准，在行业技术研发项目中树立了典范。

三、版权工程应用推广与成果转化

数字版权保护技术用于控制数字内容的使用和传播，已成为数字内容交易和传播的重要支撑技术。作为国家新闻出版广电总局新闻出版重大科技项目之一，数字版权保护技术研发工程（以下简称版权工程）已于2016年12月20日正式竣工。这标志着版权工程建设任务的全面完成，同时也预示着版权工程应用推广工作的正式开始。

（一）明晰工程成果服务对象及应用场景

版权工程核心成果为综合性的数字版权保护技术管理与服务平台（以下简称平台），主要服务于出版单位、数字内容销售集成商、社会公众、相关行业主管部门、版权行政管理与执法机构、司法体制机关以及相关行业组织、版权代理机构、律师事务所等，可为新闻出版行业及社会公众提供一整套版权保护技术解决方案。

对于出版单位而言，在平台上完成机构登记后，平台会为每个单位生成一个出版单位数字内容作品库。出版单位只需把数字内容作品的基本信息、授权信息进行注册（平台支持批量注册），而不用提供整个作品内容，然后通过下载相应的保护工具，给每部数字内容作品嵌入唯一标识符，提取作品特征值并上传到平台，就能完成数字内容注册环节。如果出版单位需要查看是否有侵权，或者需要进行侵权取证，可以使用平台进行网络侵权追踪：首先，出版单位要提交侵权追踪业务申请；平台根据申请中的信息进行网络采集；接着进行比对分析，查看是否存在侵权行为；最后，形成比对分析报告，相应报告可作为出版单位打击盗版的证据资料。

对于个人用户而言，除了可以通过平台进行作品注册查询外，还可以为自己创作的作品进行数字版权保护。创作者在完成个人身份认证的情况下，可以将自己的作品按照平台流程进行注册，也可以下载相应的数字版权保护工具，给自己的数字内容作品嵌入唯一标识符，作为权属证明信息。后续可以将嵌入水印的作品交给电商平台进行销售。如果需要对自己的作品进行监控，同样也可以进行网络侵权追踪。

除上述主要应用外，版权工程还可为新闻出版广电行业主管部门提供统计分析报告、行业智库及创新指数分析等服务；为版权行政管理与执法机构提供证据核实、预测研判分析等服务；为司法审判机关提供证据保全、辅助司法鉴定等服务。

（二）深圳文博会开启工程成果推广序幕

2016 年 5 月，版权工程以成果介绍、系统平台体验和关键技术推介为主，亮相第十二届深圳文博会，吸引了上千名业内外人士参观。会前，我们与102家出版相关单位签署了数字版权保护技术服务意向书，涵盖传统书报刊出版单位、新媒体公司、动漫及艺术设计企业、技术企业、基地园区、律师事务所、知识产权服务公司以及相关行业组织等。文博会期间，在国家新闻出版广电总局领导及众多业内外嘉宾的见证下，版权工程应用推广单位中国新闻出版研究院院长魏玉山与中国出版集团、电子工业出版社、华东师范大学出版社、中文在线数字出版集团股份公司、张江国家数字出版基地等30家单位代表进行了现场签约。

（三）现阶段应用推广工作实践

随着工程建设任务的逐渐完成，工程的工作重点逐渐转向市场调研和应用推广。中国新闻出版研究院组织有关人员相继走访了出版集团、传统出版社、书店、数字出版基地（园区）、版权代理机构以及相关技术企业等，一方面，推介版权工程主要成果及相关应用服务；另一方面，深入了解用户需求，探讨数字环境下解决版权授权问题的新方式，研究筹划后续优化开发，以适应技术变化和产业发展的最新需要。与此同时，与多家数字出版企业、高校出版社签署了数字版权保护技术服务合同，批量注册了作品信息，同时将侵权追踪技术成果应用到了网络文学反盗版实践中。

（四）未来展望，在阳光普照的版权道路上前行

中国新闻出版研究院计划通过集中展出、巡回演示、技术交流等方式，推介工程成果及相关服务，不断促进版权工程成果的应用，努力为政府决策、行业发展、社会创新提供支撑。当前正在筹划开展的工作主要有以下几个方面。

1. 成立"数字版权保护技术应用产业联盟"

积极筹建"数字版权保护技术应用产业联盟"，通过产业联盟的形式，聚合联盟成员出版、技术、法律等优质资源，完善和疏通数字出版产业链，在促进工程成果应用的同时，助推传统出版业转型升级，促进传统出版与数字出版融合发展。

2. 通过培训、巡展等进行推广

开展数字版权保护方面的宣传、培训、巡展和技术交流等各种形式的推广

活动，推介工程成果及相关服务。一方面，通过巡回展示、系统演示等形式，展现工程技术成果；另一方面，通过技术培训、使用成效介绍等方式，与用户进行面对面交流，加强客户直观认识及进行口碑推广。

3. 与基地（园区）合作进行成果推广

对数字出版、文化创意、版权贸易等相关基地（园区）进行调研，了解入驻企业数字版权保护技术需求，向重点企业宣传、推介工程技术成果。同时，通过入驻基地（园区）、授牌运营等方式，与基地（园区）管委会合作，为入驻企业提供相应的数字版权保护技术服务。

创新型国家建设和文化强国建设需要版权保护的强力支撑，数字网络条件下的版权保护需要数字技术手段的强力支撑。我们相信，随着数字网络技术的快速发展与不断应用，以及整个社会对版权保护工作的日益重视，版权工程研发成果及相关技术成果的应用前景会越来越广阔。

（张凤杰　张从龙　栾京晶　中国新闻出版研究院）

第四章　港澳特区、台湾地区出版业发展报告

第一节　2016 年香港特别行政区
出版业发展报告

　　受各种因素的影响，香港特区阅读风气大不如前，2016 年图书出版业市场仍然低迷，前几年已形成的出版"新常态"——新书出版品种和印数都减少、可重印的书品种更少、畅销书品种不多、整体销售下跌等，令书业整个供应链逐步产生变化。例如：新书集中于书展前后，书店和市场消化不了；平时书店缺乏足够的新书令台湾版销量增加；书店卖书下跌，以非书业务弥补等。图书业的上中下游都在"新常态"下求生存，争取获得一个合理的平衡点。在整个变化的情况下，我们看到业界在 2016 年锐意做了很多基础工作，亦是根本的工作，例如出版格局调整、优化出版、开展调研等，意味着要从底层做起，寻求发展。

　　以下先概述 2016 年整体的图书阅读趋势，再分别分析综合和教科书出版的情况。

一、图书业零售市场

　　从 2015 年第四季开始，香港特区书业零售市场明显转弱。至 2016 年，虽偶有引起读者注意的图书，但仅属昙花一现，多非长销之作。同时本地零售市场更见艰难，作为业内一员，不可谓不担忧。不过，从另一角度观察，同业仍然努力深耕有潜力的产品分类，个别品种仍见成绩，当中或与社会息息相关，或反映社会生活的新形态。

（一）从严肃到普及：哲学类型

　　近年来，普及哲学类图书成为各大书店的重要分类，其在全球出版发展仍然稳固。数年前的《正义——一场思辨之旅》便是重要例子。它显然大大推进了这个版块的出版及阅读量，偏向大众口味之作、由浅入深的解说类型以至插图式参考，都纷纷涌现。例如《哲学超图解》（台湾野人文化）的销量非常突出；与《正义》本同为大学公开课程的《令人着迷的生与死：耶鲁大学最受欢迎的哲学课》编辑成书后（台湾先觉出版）也不乏读者。2016年这种气氛继续发展，如入门类的《哲学百科》（香港商务），便有相当理想的销售业绩。哲学向来给人严肃且不可亲近的感觉。这些书籍虽被界定为普及哲学，但与图像、影像、网络等结合，与印象中的学术作品所呈现的方式或有不同，但面向众多读者，也更具阅读及参考价值，更有抛砖引玉的意义。

（二）关怀学生：教育类书籍

教育发展成为香港特区热门的社会议题，日常家长教养、学习压力、公开考试模式，乃至特区政府教育政策，均在讨论之列。2015年由名人撰写的培育经验图书非常受关注，包括陈美龄的《50个教育法，我把三个儿子送入了斯坦福》（香港三联）及《我的女儿麦明诗》（香港青森文化），累积销售十分理想。除此以外，香港教育竞争激烈，学生自杀的例子愈来愈多，辅导类及生命教育类书籍，销售亦见明显上升。

（三）着色本之后：疏解压力的写字练习

2015年着色本及禅绕画书籍大行其道。尤其在亚洲，受韩剧及潮流话题带动，好几个月的畅销位置，皆被这类书籍占据，近似情况于2016年同样出现。同时，各种书法书、钢笔写字书等大量出现，以美感欣赏角度定位，或从心灵励志方向出发，连带各种书法用品，销售亦有所提高。不过，写字书的销售情况一如着色本，销售高峰期仅维持数月，热潮过去，便明显迟缓。

（四）繁忙生活中的另一选择：简单主义

全球提倡"乐活"，注重生活质素、健康，也关怀环境保护。在这样的气氛下，不少作者著书，提出在繁忙的城市之中，亦需留有生活品质，寻求心灵和谐。一如《我决定简单地生活——从断舍离到极简主义》（台湾三采）主张减少物欲；长销的《北欧式的自由生活提案》（台湾联经）给读者举出其他国家的例子，探讨如何在自由生活的前题下追求快乐；近年流行 "Hygge" 一字，传达正面信息的《Hygge 丹麦幸福学》等图书（台湾麦浩斯），颇切合现代生活哲学方式。

（五）日常生活的形态改变：旅游书的出路

港人热衷旅游，外出度假的人很多。然而，过往热销的旅游书籍，却没有因此而受惠，反而跌幅明显。分析主要原因，乃是现今科技发达，旅客搜索资讯轻而易举，网络限制更少，且更新容易、快捷，受欢迎也在所难免。不少出版社亦努力研究此新形势下的出路，例如配搭各项优惠、规划更多特色路线图，同时认真制作，凭借自己的品牌，争取更多读者的信任和支持。此外，旅游式指南并非唯一选择，不少作家也撰写旅游文学，用意不只在提供实际的旅行资讯，而是分享旅途中所想所感，也深得爱好文字的读者喜欢。

（六）小结：书店市场改变

踏入 2016 年及 2017 年，重视市场化、结合书籍与高档非书产品推销的文化企业，在香港特区的重要消费商场布点，主打生活品味，是书业另一种新元素。与此同时，香港零售市场未见明显转好，租金的巨大压力没有减退，书业固然同受影响，到处另觅新环境，搬迁频繁。2015 年英文书店 Page One 正式全线停业，成为出版界重大新闻。出版市场是否正在萎缩，无法过早下定论。而据我们观察所得，严谨制作的书籍，仍得读者欣赏；长销类别，还不断有新读者出现，对出版界而言，这才是最大意义。

二、综合出版方面

（一）出版社倾向于保守

由于图书市场持续不景气，出版社逐渐倾向于保守，主要反映在以下几方面。第一，不敢多出新书，亦不敢贸然重印，新书印量亦下调，在书价不一定能上调的前题下，导致成本上升，毛利下降。第二，出版时间集中于书展或促销期之前（如春节、秋销等），令市场竞争更大，出现一时无书、一时多书的遍荒遍荣情况，节奏失调。第三，因迁就和追逐市场，集中于可销的题材或版块，令出版范围倾斜，增加竞争之余，亦加速消亡可销题材。2015年所见，香港题材（如影视、百行百业）、儿童书籍等都是例子。第四，由于本土题材当道，出版题材的国际视野不够，出版过于本土化，是值得反思的题目。

（二）电子书发展趋势

电子书是否会取代纸质书，已是一个讨论多年的话题。根据《纽约时报》中文网电子书的数据，电子书销量于2008年至2010年间增加了1 260%，增幅相当惊人，甚至造成一些书商和出版社陷入经营困境。有学者分析，电子书销量在当时大幅增长或与潮流带动相关，因为电子书的吸引力在于读者和受众阅读时有更大的参与度和互动性。

事隔数年，根据美国出版商协会于2015年公布的报告，美国电子书销量于短短几年间出现下滑趋势，相反，纸本书的销量却有增长。至于内地方面，有关机构的《2015年图书零售市场报告》显示，内地图书零售市场销售额为648亿元人民币，增长达12.8%。这个数字说明纸本书的销量并未受到重大冲击，反映出纸本书仍有相当强劲的市场竞争力。再看看香港特区的情况，香港出版学会就市民阅读习惯，委托调查机构于2016年1月15日至2月6日，成功访问了1 765人。结果发现，有35.7%的受访者表示过去一年完全没有上网阅读电子书的习惯，而表示上网以阅读电子书为主的受访者也只有15.8%；喜欢阅读电子书的受访者约占年轻人的22.1%；67.8%的受访者表示会选择阅读纸本书，可见市民普遍阅读纸质书多于上网阅读或阅读电子书。

据业界估计，电子书和纸本书将会并存发展。全国的电子书环境和发展进度各有不同：内地的电子书拥有13亿人口市场，可争取"低零售价，高流量"的优势；台湾地区的出版和阅读文化则比较丰富，有助于电子书发展；香港特区的电子书发展则较慢，但不少学校、老师、学生和企业愿意选购和投资，估计未来香港特区的电子书销量会呈上升趋势。

(三)"香港出版双年奖"正式启动

香港特区每年都有各种不同规模及主题的图书奖项,包括由香港电台、香港公共图书馆、香港出版总会联合举办的"香港书奖"(以"推动优质阅读,表扬优秀中文出版书籍"为理念)、由香港教育专业人员协会举办的"中学生好书龙虎榜"等。

虽然香港特区已有上述数个图书奖项,但始终缺乏一个由出版业界主导的、被行业认可的图书奖项。为此,香港出版学会经过多年的筹备工作,并得到香港特区政府"创意香港"的赞助,于 2016 年 9 月宣布"香港出版双年奖"正式启动,其目的是"为行业设立具公信力、认受性、权威性与有价值的出版专业奖项。透过公开报名,基于公平、公正、专业的评选程序和机制,选出十类图书的出版奖项,对表现卓越的香港出版物和作者、出版团队给予肯定和表彰,为业界树立更高的标准"。

"香港出版双年奖"分为文学及小说、艺术及设计、社会科学、商业及管理、生活及科普、心理励志、语文学习、儿童及青少年、图文书及电子书共十个类别。每个类别选出最多十本佳作获"入围奖",再从入围奖中选出该类别中的一本获"最佳出版奖"。为提高奖项的权威性和认受性,主办单位邀请到多位出版界、专家、学者等重量级人士组成顾问团。第一届的评审结果已于 2017 年 7 月公布。

(四)香港全民阅读调查报告

香港特区素来缺乏全民的阅读调查,对于本地民众的阅读情况了解不多。在图书市场愈见艰难时,业界认为愈有必要回头深刻地认识市场。因此,香港出版学会委托"新论坛"机构进行了首次"香港全民阅读调查"。2016 年 1 月 15 日至 2 月 6 日,"新论坛"机构成功访问了 1 765 名市民,以了解他们的阅读习惯。在 1 765 名受访者当中,有 68.8% 的人表示在过去一年有阅读印刷图书的习惯。从相关年龄分析中发现,年轻受访者有较高的阅读比例,特别是 18 岁以下及 18 至 31 岁两个年龄层的人群,超过八成的人有阅读习惯。

调查结果显示，近七成受访者有阅读印刷图书的习惯，而在有阅读习惯的受访者当中，排除漫画书和教科书，他们平均每月阅读 3 本书，一年购书至少 6 本，显示出读者有一定阅读素质。有较多受访者表示，文学小说是首要阅读图书，但调查亦发现文学小说最受 18 岁至 30 岁的受访者欢迎，31 岁至 40 岁则以心灵励志类为首要阅读图书，40 岁以上的受访者多选择保健养生类图书。

值注意的是，有 46.5% 的受访者表示阅读的图书多是"自己买"，有 10.1% 的人是"向人借"，有 37.4% 的人是在"图书馆借"。这反映出有近一半的受访者，是多以借书的方式来满足阅读需要。这个现象带出了香港特区出版业多年来积极争取的"香港授予公共图书馆借阅权"。

首次香港全民阅读调查报告发布并举行媒体发布会，引起社会广泛的注意和讨论。香港出版学会同时鼓励读者分享阅书心得和推荐好书，目的是有希望提高香港全民阅读率。

（五）授予公共图书馆借阅权最新发展

香港特区前几年成立授借权联盟，争取在港落实授予公共图书馆的借阅权。2016 年 5 月，联盟举行新闻发布会，发起作家千人联署，向特区政府争取于 2017/2018 年推行授借权机制。国际授借权联盟召集人 Dr Jim Parker 与另外几位国际代表获邀来港出席在香港中文大学举办的"授借权国际会议 2016"，与本地作家及出版文化界代表交流推行授借权的经验。Dr Jim Parker 在发布会上表示："目前已经及即将执行'授借权'的国家和地区达 56 个，包括加拿大、丹麦、芬兰、英国、瑞典、冰岛、德国、比利时等。"

授借权联盟指出，自 2013 年授借权联盟成立起，一直积极推动成立授借权机制，联同业界与特区政府争取设立有关制度。根据从 2013 年起连续 3 年进行的问卷调查，61.3% 的公众因在公立图书馆借书便利而不会购书，估计为业界带来超过 5 亿元的损失；另外，59.3% 的人士同意香港特区推行合理的授借权制度。联盟认为，成立授借权机制是为了维护知识产权，让香港特区出版业及作者得到公平的回报。这是对创作人的一种尊重。只可惜至今，特区政府对授借权的反应仍然冷淡，估计业界要作较长时间、较大力度争取的准备。

三、教育出版方面

经历近年来对送审及供应制度的多番争拗，2016年香港特区教育出版的局面大抵已安定下来。由于缺乏新课程，教育出版市场及局面变化不大。但往后几年因有新高中、初中和小学主科课程的检讨及送审，出版社都在筹划应付，预计又将有一轮洗牌。

（一）新课程推行加剧行业竞争

近年来香港特区课程更新较为频繁，继高中中文及通识科后，未来两年更有多个科目会推出全新课程，包括小学数学、小学常识、小学普通话、初中数学、初中普通话、初中中国历史、初中世界历史、高中数学及高中地理等。

新课程的推出，迫使市场重新开放，将会改变各出版社的出版业务结构，部分以往专注出版小学教科书的，现已积极拓展中学市场；部分出版社也会借此机会开拓本身未参与的科目。可以预见，未来教科书的市场竞争将更加激烈。

上述新课程大部分在2018～2019及2019～2020学年在学校正式推行。与此同时，其他新高中课程的课本也进入改版周期，以致众多学科将集中在未来两至三年内送审、推广及出版，对教科书出版社的人力资源造成极大压力，同业之间竞争更加激烈，更开始出现"挖角"潮。

（二）送审机制调整

自2016年10月开始，特区政府教育局接受教科书送审的时间由以往的每年四次改为每年三次，且电子教科书计划全面开放给传统出版社，同一套书的纸本和电子书可在同一期送审。目前纯粹采用电子教科书教学的学校仍是少数，即使推行，也只限于个别科目，但随着学校硬件逐渐齐备，老师对电子教学模式及教材的掌握度提高，若学校全面采用电子教学，通过送审的电子教科书必定占优势。

（三）STEM 教育推行及出版社的多方面配合

STEM（科学、科技、工程及数学英文首字母缩写）教育已成为全球的教育趋势，香港中小学的 STEM 教育亦愈来愈受重视。特区政府教育局发布的《推动 STEM 教育——发挥创意潜能》报告显示，在多个推动 STEM 的措施中，重点策略之一是修订课程，将会更新科学、科技和数学教育学习领域的课程。日后出版社编写相关课本内容及制作教材时，必须加入 STEM 原素。此外，特区政府教育局亦向学校提供一次性拨款，协助学校开展 STEM 教育。

为配合相关趋势，几家主要教科书出版社 2016 年都十分积极地推广相关产品及服务，主要涉及电脑科、数学科及常识科，包括提供课程规划、活动资源及教材、教师培训及导师服务等。其中亦有出版社与大专院校合作，推出暑期收费课程。

（四）电子教学的推进提升了对出版社的要求

2016 年由印刷课本改为电子课本的学校仍然占极少数，主要原因是目前参与"电子教科书市场开拓计划"的出版商均未能提供充足的配套教学资源给老师使用。此外，传统教科书出版社除提供印刷本外，亦能提供电子课本给老师和学生使用。相信电子教科书在短期内仍难以取代印刷本的主流位置。

随着资讯科技的发展，学校对其他电子教学资源的需求及要求皆逐渐提升，其中小学的发展步伐较快。除了基本的电子课本及网上资源库外，大部分老师都十分重视其他电子学习及教学工具的应用，除需具备更多方便学生自主学习、能进行课堂活动及评鉴的互动功能外，亦注重相关工具的使用方便性。至于中学方面，对以上提及的电子学习资源的需求亦逐步提升。

（五）学生人数持续减少

未来数年，香港特区学生人数将持续减少。据统计，2016～2017 年度入读中学一年级的学生人数将跌破五万，直至 2019～2020 学年才有可能回升。这将导致教材的经营环境更加恶劣，各出版社均需努力开拓新的市场空间，增加可销品种。

表 1 2015~16 学年 9 月全港中小幼学生人数

级别	学生人数	预计报考大学年份
幼儿班	65 323	2029—30
低班	63 315	2028—29
高班	56 760	2027—28
小一	51 016	2026—27
小二	51 689	2025—26
小三	50 071	2024—25
小四	47 075	2023—24
小五	44 826	2022—23
小六	43 449	2021—22
中一	51 111	2020—21
中二	52 854	2019—20
中三	55 223	2018—19
中四	58 629	2017—18
中五	55 370	2016—17
中六	56 840	2015—16

2016~17 学年入读中一人数

资料来源：立法会财务委员会审核 2016~2017 年度开支预算资料。

（六）TSA 争议及学生人数下跌对教参书市场的影响

小三（小学三年级）全港性系统评估（TSA）被学界指责为出现操练文化。经过逾一年检讨后，特区政府教育局在 2017 年 5 月推出"修订版"，即"2017 小三基本能力评估研究计划（BCA）"，并扩展至全港小学。局方强调新计划并非复考 TSA，不会用来评估学校表现，全港官立小学亦不会购买 TSA 练习题。2016 年 BCA 举行后，当局会收集学界及不同身份者意见，决定最终政策，具体措施将留待下届特区政府敲定。

鉴于上述原因，从 2016 年开始，绝大部分学校都已取消订购 TSA 类练习，导致相关练习销售大幅下跌，对几家主要出版补充练习的出版社影响较大。鉴于此，几家出版社都先后修订 TSA 练习系列，重新包装，同时亦加大了其他新版练习的出版量。

中学方面，受到学生人数持续下跌及二手书市场等因素影响，一些过往专注出版教科书的出版社，亦较积极地开拓教参书业务，并涉及不同学科；而以往已出版教参书的出版社，2016 年的出版种类及数量亦较以往增多，在教参书市场已经饱和的情况下，仍有不少针对中学文凭考试的新教参品种涌现。

（七）课本、教材及学材分拆政策全面实施

自特区政府教育局实施"课本、教材和学材分拆订价"政策后，2016 年所有教科书出版社都全面遵守和配合，一方面正式向客户学校发出各学科教学资源的费用发票；另一方面，把以往免费附送的学材独立订价，让消费者可按需要自行选购课本、学材或套装。有部分出版社同步提供独立课本及附有学材的套装版，亦有部分只提供独立课本。在学材销售方面，所有出版社均自行处理，在新学年开学后由学校向出版社直接订购，而非通过零售渠道供应。

（八）校本课程推行的趋势

推行校本课程的学校逐渐增多，甚至主科亦出现相关情况。以中史科为例，部分学校甚至表明即使推行新课程，亦只会按校情实施校本课程。部分学校会自编教材，但更多学校会要求出版社提供校本剪裁课本。个别出版社以为学校量身订做校本教材为手段争取客户，但这需要投入更多人力处理编辑及制作，不但增加成本，市场空间亦进一步收窄。

四、结　语

书市寒冬持续，比预期要长，更令人担忧的是未见到回暖的迹象。面对这种"新常态"，怎样适应以求存，就是关键。在调整期中，减产只是权宜之计，最终还在于出版格局和选题优化，特别是出版的定位问题。以上不限于出版社，亦包括书店和发行。据个人观察所得，很多同业都在不断思考、不断反省、不断尝试中。2016 年香港特区出版业为日后的发展推出了一些重要举措，例如香港出版双年奖、全民阅读调查等，影响深远。愿香港特区同业奋发图强，迎难而上。

[李家驹　梁伟基　刘美儿　罗海玲　香港联合出版（集团）有限公司]

第二节　2016 年澳门特别行政区出版业发展报告

澳门特别行政区政府为了避免博彩业独大，积极推行经济适度多元化政策，如大力推动文创产业及会展业发展，同时加强人才培育与引入专才，以承接进入国际城市的机遇。2016 年由于受到政治环境的影响，赌收出现下调现象，基于上述的新形势，澳门特区的出版业将面临哪些挑战，又可有哪些新发展，是本文探讨的主要内容。

一、澳门特区出版业发展概况

本节将就 2016 年业界发展做简单的说明。

（一）出版品统计

本文的主要统计数据来自澳门中央图书馆、澳门大学图书馆及几家主要出版机构的网上目录。澳门回归以来，共出版了 7 500 多种书刊，平均每年约有 470 种书刊出版。截至 2017 年 5 月 6 日，经初步调查得知，2016 年共出版具有国际书号与较重要的出版品有 731 种，包括专书、特刊、期刊等。每天约有 2 种书刊出版。表 1 为 2016 年澳门特区出版书刊的主题分析表。2015 年排第一位的艺术类主题书刊，2016 年仍稳守第一位，共 148 种；第二位是文学类，共 72 种；法律类为第三位，共 69 种；第四位为公共行政类，共 66 种；第五位为社会类，共 64 种；第六位为历史类，共 49 种；第七位是教育类，共 43 种；第八位是经济类，共 40 种；第九位为科学类，共 24 种；第十位为医学类，共 22 种。

表1　2016年出版书刊主题分析表（依主题计算）

排行	主题	出版数量（种）
1	艺术	148
2	文学	72
3	法律	69
4	公共行政	66
5	社会	64
6	历史	49
7	教育	43
8	经济	40
9	科学	24
10	医学	22
11	宗教	20
12	旅游	17
13	交通	14
14	饮食	10
15	音乐	9
16	博彩	8
16	综合	8
16	语文	8
17	体育	6
18	哲学	5
18	传播	5
19	治安	4
19	统计	4
19	图书馆	4
19	戏剧	4
20	出版	2
20	建筑	2
21	人口	1
21	文娱	1
21	书目	1
21	博物馆	1

以下为前十位主题图书的出版内容分析。

第一位为艺术类图书，印证了近年来特区政府大力推动文创产业及展览业的成果。主要有由澳门文化局出版的国内外知名的艺术家来澳门所展出的作品集及场刊。这些出版品由于设计精美、内容充实，成为出版市场的热点，除在两岸出版业界中获得良好的口碑外，海外市场销售亦不错。另外，澳门基金会亦出版了本地艺术家作品系列，使本地艺术家作品得以结集出版。

第二位为文学类图书，主要来自澳门文化局及澳门基金会出版的不同的文学系列作品集；其次是文学社团及机构出版了不少新生代作家作品集，如澳门故事协会、澳门日报出版社等。

第三位为法律著作，主要为立法会出版的澳门法律与法规专书。由于澳门法律书刊往往成为本地法律从业人士及修读法律系学生的教材与参考书，所以在内销市场有一定的需求。

第四位为公共行政领域图书。其内容以特区政府部门的年度工作报告及倡导政制为主。其中由审计署出版的多种审计报告最具参考价值。

第五位为社会类图书，主要是以社团特刊、社会调查为主。

第六位为历史类图书，以讲解澳门历史为主。如澳门理工学院开展澳门地方史的研究工作，并将多种研究成果结集出版；澳门大学为推动澳门学研究，出版了系列著作；澳门国际研究所出版有关土生葡萄牙人的历史专著；澳门文化局出版大型历史展览及口述历史丛书等著作。虽然历史类题材以澳门为题，但是著者在内容上引入较多新元素及第一手数据，加上排版精美悦目，有利于读者阅读及欣赏，历史类书刊在市场销售中有较好的表现。

第七位为教育类著作，以学校年度特刊、校内通讯、教科书及学生作品集等内容为主。

第八位为经济类图书，以各类统计调查报告、商业机构或社团的年度报告及特刊为主，专著作品均不多，题材以澳门本土为主，未能在海外图书市场引起读者购买的愿望。

第九位为科学类图书，主要以学校教科书为主。

第十位为医学类图书，以医疗统计及调查类图书较多。

在出版语种方面，可参见表 2 的分析。2016 年共有中文 467 种、中葡文及中葡英文各有 68 种、葡文 58 种、中英文 43 种、英文 22 种、中葡英菲文 2 种、葡英文 2 种、葡英日文 1 种等。虽然澳门特区定位为国际休闲中心、博彩业有一定的影响力、澳门为葡语地区交流的平台，但图书出版仍以中文书为主，英文作品则集中在社会及旅游方面，葡语作品主要为艺术、法律及公共行政作品。不少政府出版品以中葡或中葡英三语出版，多语种出版依然是华文地区中出版的特色。

表2　2016年书刊出版的语种统计表

语种	出版数量（种）
中文	467
中葡文	68
中葡英文	68
葡文	58
中英文	43
英文	22
中葡英菲文	2
葡英文	2
葡英日文	1
总计	731

在出版单位方面，参见表3。以不同类型的出版单位来计算，政府部门44个单位，出版书刊共329种，为最多；次为社团组织，共125个单位，出版220种书刊；第三为私人出版单位，共63个，出版书刊167种；第四为学校，共6个单位，出版8种书刊；个人自资出版，共6个，出版7种。本年度虽然是以几个政府部门大出版单位独占大部分的出版数量，但是出版总量只占45%，为历年来首次出现不过半数的现象，显示出政府出版不再是主导。然而社团及私人单位出版的数量不断增加，占了53%，反映出澳门特区的出版正朝向多元化发展。

表3　2016年各类型出版单位数量及出版书刊数量统计表

出版单位类型	单位数量（个）	出版数量（种）	占总出版量的百分比（%）
政府部门	44	329	45%
社团组织	125	220	30%
私人出版单位	63	167	23%
学校	6	8	1%
个人自资出版	6	7	1%
总计	244	731	100%

表4为政府部门出版数量排行。44个出版单位中，排名前五位的依次为文化局、立法会、统计暨普查局、澳门基金会、澳门理工学院、旅游局及教育暨青年局。前五位的出版量为194种，占政府出版品种数量的58.97%，情况与历年相似。至于以往曾为出版数量最多的民政总署，因为其有出版功能的部门于2016年转入文化局，所以民政总署出版数量锐减。

表 4　2016 年政府部门出版数量排行榜

排行	出版单位名称	出版数量（种）
1	文化局	48
2	立法会	37
3	统计暨普查局	27
3	澳门基金会	27
4	澳门理工学院	19
5	旅游局	18
5	教育暨青年局	18
6	澳门大学	16
7	澳门政府	10
8	社会工作局	8
8	卫生局	8
9	民政总署	7
9	邮政局	7
9	审计署	7
9	环境保护局	7
10	法院	5
10	金融管理局	5
10	个人资料保护办公室	5
10	康复服务十年规划跨部门研究小组	5
11	印务局	3
11	治安警察局	3
11	法律及司法培训中心	3
11	财政局	3
11	廉政公署	3
11	新闻局	3
11	体育局	3
12	行政暨公职局	2
12	法务局	2
12	科学技术发展基金	2
12	负责任博彩推广筹委会	2
12	能源业发展办公室	2
12	澳门监狱	2
13	中国与葡语国家经贸合作论坛常设秘书处辅助办公室	1
13	司法警察局	1
13	社会保障基金	1
13	金融情报办公室	1
13	海事及水务局	1
13	消防局	1

排行	出版单位名称	出版数量（种）
13	消费者委员会	1
13	贸易投资促进局	1
13	经济局	1
13	澳门生产力暨科技转移中心	1
13	澳门旅游学院	1
13	检察院	1
	总计	329

表5为社团组织出版数量排行榜，125个单位，共出版了220种书刊。澳门国际研究所出版13种，排列榜首；第二位为官乐怡基金会，共7种；第三位为缅华笔友协会、澳门出版协会、澳门书画艺术联谊会、澳门国际青少年科普学会，各6种；第四位为广野，共5种；第五位为澳门中华新青年协会、澳门动漫文化交流促进会、澳门国际版画艺术研究中心、澳门竞新书画学会，各4种。在11个机构中，排第一、第二位的为葡文出版社团，之后有4个为艺术社团、3个为青年社团。

表5 2016年社团机构出版数量排行榜

排行	出版单位名称	出版数量（种）
1	澳门国际研究所	13
2	官乐怡基金会	7
3	缅华笔友协会	6
3	澳门出版协会	6
3	澳门书画艺术联谊会	6
3	澳门国际青少年科普学会	6
4	广野	5
5	澳门中华新青年协会	4
5	澳门动漫文化交流促进会	4
5	澳门国际版画艺术研究中心	4
5	澳门竞新书画学会	4
	总计	61

表6为私人出版单位数量排行榜，以人民科学出版社有限公司为首，共27种；次为中国艺术出版社及津万出版有限公司，各13种；排第三位的为国际

书画出版社有限公司，共 10 种；第四位为银河出版社，共 8 种；第五位为新纪元国际出版社，共 7 种。以往出版数量较多的本地人创办的出版社，如东方文粹、澳门日报出版社、澳门出版社有限公司、国际港澳出版社、澳门出版社、国际炎黄出版社、东望洋出版社、中华出版社等，出版数量均有大幅下降现象，全年只出版一至两种书刊，甚至没有出版书刊。出版社未出版书刊难以维持生计，所以部分出版社转以协助本地机构排版及制作工作。

表 6　2016 年私人出版单位数量排行榜

排名	出版单位名称	出版数量（种）
1	人民科学出版社有限公司	27
2	中国艺术出版社	13
2	津万出版有限公司	13
3	国际书画出版社有限公司	10
4	银河出版社	8
5	新纪元国际出版社	7
	总计	78

表 7 为学校出版单位情况。2016 年的学校出品数量不多，可能是因为各大图书馆仍没有收到书刊之故，暂时共有 4 所学校情况。其中以澳门培正中学出版 8 种最多；次为澳门粤华中学 4 种；第三为澳门培华中学及化地玛圣母女子中学各 1 种。

表 7　2016 年学校出版单位数量排行榜

排名	学校名称	出版数量（种）
1	澳门培正中学	8
2	澳门粤华中学	4
3	澳门培华中学	1
3	化地玛圣母女子中学	1

澳门特区出版的报纸及期刊约有 200 种，大部分为机构的通讯，较重要的有报纸 10 种及期刊 30 种，题材以澳门旅游、时事为主。学术期刊有 60 多种，内容以文史研究、法律、经济、教育等类别为主。2016 年创刊的期刊有 40 种，其中由刘阿平女士创办的艺文杂志内容最丰富，排版精美，为近年来较高水平的澳门私人创办的期刊。

表8　2016年创刊期刊列表

新创刊期刊的名称	出版单位
Demographic statistics	统计暨普查局
澳门警察 Revista da polícia de Macau	澳门保安部队高等学校
惩教简讯 Boletim dos servicos correccionais Correctional services newsletter	惩教管理局
贞心为你	黄洁贞立法议员办事处
利民会讯 Let's work together	澳门利民会
公民教育信息 Informacoes sobre educacao civica Civic education information	民政总署
新口岸会讯 Associacao dos Moradores da Zona de Aterros do Porto Exterior boletim de informacao	澳门新口岸区坊众联谊会
澳门江门同乡会会刊	澳门江门同乡会
澳门广府人（珠玑）联谊会会刊	澳门广府人（珠玑）联谊会
Sense Macao	旅游局
MPI 校友联系 MPI connect	澳门理工学院校友会
暨南大学生命科学技术学院澳门同学会会刊	暨南大学生命科学技术学院澳门同学会
学生事务部升学及就业中心活动预告	澳门大学
非高等教育统计数据概览	教育暨青年局
澳门美食 Macau food	全方数码有限公司
Retail sales survey	统计暨普查局
Industrial structure of Macao	统计暨普查局
饮食业及零售业景气调查	统计暨普查局
Construção privada e transacções de imóveis	统计暨普查局
Estatísticas do comércio externo de mercadorias	统计暨普查局
Estatísticas do sector das convenções e exposições	统计暨普查局
Estimativas da população	统计暨普查局
Estrutura sectorial de Macau	统计暨普查局
External merchandise trade index	统计暨普查局
External merchandise trade statistics	统计暨普查局
Índice de produção industrial	统计暨普查局
Índices do comércio externo de mercadorias	统计暨普查局
Inquérito ao volume de negócios ao comércio a retalho	统计暨普查局
Population estimate	统计暨普查局
Private sector construction and real estate transaction	统计暨普查局
Salários dos trabalhadores da construção e preços dos materiais de construção	统计暨普查局
Wages of construction workers and prices of construction materials	统计暨普查局

续表

新创刊期刊的名称	出版单位
澳门学人	澳门学人发展协会
台湾公论报	公论传媒有限公司
寒舍 Humble house	澳门人出版有限公司
新闻报	梁海泽
艺文杂志 Arts & culture magazine	刘阿平
风向 Direction	澳门人出版有限公司
青峰 Prime magazine	澳门青年峰会
东南学校家长会会刊	东南学校家长会
IT 快讯 IT newsletter	澳门生产力暨科技转移中心
漫道月刊	津漫出版有限公司
橙纸 Orange paper	澳门大学学生会传播学会

(二) 出版业界的交流

澳门特区出版的从业者不足 2 000 人，分别在近 300 个出版单位工作，其中有近四成为社团及业余性质的出版人，另有约 500 人从事报刊的出版与编辑工作。根据统计暨普查局公布的数据，在文化产业中属同一领域的出版业营运机构有 177 家，在职员工 1 857 名；全年收益有 7.6 亿元，增加值总额 3.1 亿元。

从事图书销售的人员不足 300 人。近年来澳门基金会、澳门大学、民政总署、文化局及印务局均联合到海外发行新书，2016 年澳门理工学院加入。目前各单位仍在起步阶段，发行经验尚不足，主要依靠香港特区的书商协助推展市场。

澳门特区每年的三次大型书展，分别在 3 月、7 月及 11 月举行，先后由澳门出版协会及一书斋举办，每次均展出逾万种图书，平均每次入场人数约有两万人，主要客源为图书馆及个人读者。在 3 月及 11 月举行的书展名为书香文化节，由澳门出版协会主办，前者由澳门星光书店承办，后者由澳门文化广场承办，并与台湾图书出版事业协会合作，展出台湾地区出版及教育用品逾千种。

澳门特区业界亦参加了 2016 香港书展，由澳门基金会及澳门文化局合办，澳门出版协会承办，销售情况一般。澳门大学出版中心先后四次参加美国亚洲研究学会年会书展。该书展聚集了约 4 000 名相关学科的与会者，另加上数百名美国大学的东亚图书馆馆员参加，是非常重要的展览活动。以上的参展单位努力开拓区际图书市场，可作为澳门特区其他业界的榜样。

澳门基金会在其虚拟图书馆网页加入一项新的澳门出版品检索服务，读者可在此库搜寻 2000 年至今约 9 000 条澳门出版品的目录，各图书代理商可查找及了解澳门出版的概况。

2016 年的出版合作方面，先后有近 50 种书刊为本地出版单位委托外地单位出版，分别为香港大学出版社、香港三联书店；内地的中国社会科学出版社、社会科学文献出版社、科学出版社、人民教育出版社、人民出版社、广东人民出版社、商务印书馆、法律出版社、作家出版社等。

（三）书店业

2016 年澳门特区共有门市书店及代理公司 30 家，包括：澳门文化广场（2 家分店）、宏达图书中心（2 家分店）、澳门星光书店（2 家分店）、葡文书局、文采书店、一书斋、珠新图书公司、环球书局、耶路撒冷书城、浸信书局、圣保禄书局、活力文化、环亚图书公司、大丰啤令行、竞成贸易行、学术专业图书中心、澳门政府书店、乐知馆、大众书局、悦学越好有限公司、Milestone 及愉阅屋等。新开的书店有井井三一儿童绘本书屋、正能量、游乐、慢调书旅、文化公所。其中以文化公所主力推广本土出版最为积极；井井三一书屋重点销售儿童绘本，加上其选书标准严谨，懂得通过新媒体宣传，拥有不少家长及幼教老师客户；正能量书店为另一家独立书店，以协助学校或社团举办阅读活动及读书会等方式来建立客户关系，在活动中推介不少好书给澳门读者。

至于其他书商，计有二手书店或书摊约 10 家、漫画店约 20 家、报刊批发商 6 家、文创商店 6 家、便利店 30 家及书报摊 30 家，均分销少量的图书及报刊。

近年来因人手不足、租金昂贵等因素，有多家书店停业，计有边度有书、Bookachina、创意文化、Bloom。此外，亦有因租金或发展新业务而搬迁的，计有二手书店、星光书店、悦学越好有限公司、珠新图书公司等。这反映出澳门中小企业受到博彩业的影响，难以维生。

二、澳门特区出版业发展的优势与挑战

（一）优　势

1. 旅客人数屡创新高，客源广阔

作为近代中西文化交流十分重要的一个交汇点，澳门以其独特的历史风貌、融合欧亚特色的建筑风格和历史城区，每年吸引着来自世界各地上千万的游客，旅游休闲业成为澳门经济中最重要的组成部分。2016 年澳门入境旅客超过 3 000 万人次，内地、香港特区和台湾地区仍然是前三大客源地。澳门特区政府提出建设"世界休闲旅游中心"的目标，其带动的各项消费也非常可观，这让世界各地对研究澳门经济、旅游业发展及城市定位的兴趣日渐浓厚。因此，以澳门研究为主题的具有本地特色的出版品也较受欢迎，直接推动了出版业的发展。同时，随着博彩业及酒店业的迅速壮大，大量欧美以及世界各地的外籍员工来澳工作，加上澳门年轻新家庭非常注重外语教育，也使得外文书刊市场持续兴旺。由于受到澳门历史背景的影响，不少书刊以中英葡等多语种出版，于其他地区相比更显示其独特性，有利于打开国际市场。

2. 可作为葡语国家出版品的翻译平台

澳门在葡萄牙人的殖民管治之时，建立了一支具有中葡双语能力的公务员队伍。此外，澳门理工学院及澳门大学两所高校亦提供中葡双语的翻译课程，教育暨青年局设有奖学金来鼓励赴葡升读大学的人士，种种措施均为澳门培育了大量的中葡翻译人才，成为中国与葡语国家之间的重要桥梁，并因此得以出版大量中葡双语、中葡英三语的书刊，澳门亦因此成为世界出版中葡语种图书最多的地区。澳门坐拥世界第五大书种——葡语图书的优势，只要在葡语地区建立销售据点，应在葡语图书市场上有一定的拓展空间。

3. 出版单位及作者人数众多

由于在澳门特区出版书刊相对其他地区便利，出版一部图书约需 35 000 元人民币，不少本地作者期望出版自己的书稿，或为自己的单位出版通讯，加上成立一家出版社没有条件限制，所以本年约有 50 多家新出版单位成立，包括

私人出版社、个人、社团等。这些出版单位对带动澳门的出版风气有极大的刺激作用。

4. 书店密度甚高，可打造书店街的概念

澳门特区的中区，除化妆品店、礼品店以外，在商业与游客中心的黄金地带，有多家书店开业，而且各店只相距三至五分钟的步行时间，其分布密度甚高，书店的类型亦多元化，如有葡文及其他外文的专门图书店、艺术书店、天主教的书店及传统的消闲图书书店。

5. 出版品内容地方色彩甚浓

统计数据显示，2016 年出版的 731 种书刊中，以澳门为题的有 420 种，占了 57%，虽然比例较以往减少，但仍可说明本地出版品极具地方特色，成为研究澳门历史、澳门经济、澳门社会及政治等范畴的重要参考文献，有利于推动各地人士对澳门研究的兴趣。

6. 特区政府积极推动澳门出版事业发展，对出版品有一定资助

澳门基金会、文化基金、教育发展基金、文创基金、澳门霍英东基金会、澳门大学、澳门理工学院等多个单位，对澳门出版品有一定的资助。这对于没有充裕出版经费的作者而言，的确是优势。此外，澳门基金会亦于 2011 年起在澳门虚拟图书馆网站设立澳门出版品检索系统，每年更新一次数据，网址为：http://www.macaudata.com/publication/publicationAction/publication? head-Type = 11。此网页可作为读者选购图书的主要来源及平台。

7. 图书馆事业发达，阅读推广普及

近年来，中小幼学教学人员于非教学方面的工作日益增加，澳门教育暨青年局根据情况，于 2007 年起推行学校专职人员资助计划，设立若干名中小学教学协助的专职人员。其中包括：信息科技教学人员、学校医护人员、余暇活动人员、阅读推广人员以及实验室管理人员等，作用是减轻教学人员于非教学方面的工作。其中阅读推广人员的设立理念最早见于 2004 年度特区行政长官的《施政报告》上提出的"将阅读纳入教学规范，透过课程推广阅读风气，培养学生终身阅读的兴趣及习惯"。因此，学校方面对于阅读推广文化的重视可见一斑。除了人力资源的配合外，该局于 2016 年度资助每所学校最少约 5 万元人民币的购买图书资金，学校图书馆可在澳门及邻近地区各大书店购买藏书及期刊，亦间接地推动了学校与出版社之间的关系。可惜学校对本地出版品并不

认可，图书馆主要购买外地的出版品作为馆藏。澳门特区图书市场的收入除门市销售以外，主要依靠举办书展以及摊位促销、教科书销售、图书馆及学校团体批量订购等。据估计，每年澳门的图书馆花在本地购书经费上约为 2 000 万元人民币，而书展及门市收益约为 500 万元人民币，教科书销售约有 1.5 亿元人民币。澳门出版单位每年在印刷等方面开支约 2 000 多万元人民币。这些费用大部分由特区政府或基金会资助出版或承担，导致出版单位缺乏市场竞争动机，不利于图书市场的长远发展，澳门出版行业的市场化进程还有很长的路要走。

8. 与海外合作出版书刊，渐渐成为风气

澳门特区有着优越的地理位置。邻近内地及香港特区，为本地私人出版社搭建了一条联系各地作者及开拓稿源之路。部分出版单位（作者）与外地出版单位（作者）合作出版图书，保证了新题材的引进，扩大了图书市场的影响力。例如澳门基金会与广东人民出版社，教育暨青年局与人民教育出版社，文化局与上海古籍出版社，澳门大学与上海古籍出版社、复旦大学出版社等不同内地出版单位合作出版图书。

（二）挑 战

1. 小中企业经营困难，人手不足，租金昂贵

由于澳门特区经济的迅速发展，带动了地产市场、人力资源市场不断上涨，对于需要较大面积经营的书店形成了庞大的压力，店面租金高昂、员工薪金上升、工作时间较长等不利因素，导致近年先后有四家书店关闭，相对影响了出版业的下线作业。

2. 书店店面面积较少，书店拒收学术性书籍

书店业在有限的存货空间中期望陈列较多的畅销书以维持生计，由于内地及香港特区、台湾地区的出版业较发达，读者喜欢购买外地出版的书刊，本地读者对澳门出版的书刊没有太大的需求，长期陈列在书架上的澳门出版品没人问津，近年来已有半数以上的书店拒收澳门出版的学术性书籍，出版业的生存空间再次被挤压。

3. 翻译人才集中在特区政府公务员系统，人手不足

虽然澳门特区拥有不少的翻译人才，可大部分集中在较高薪与稳定的公务

员行列，协助政府出版品的翻译工作。然而，另一批中葡翻译人才却往澳门法律范畴发展，导致私人出版商需要出版外文译著，却没法在澳门找到合适及有经验的翻译人才，中葡双语人才仍然不足，不利于图书翻译市场的发展。

4. 出版业界缺乏出版与发行经验

由于澳门特区的出版品中有大量是社团出版的书刊，它们的主编是随着理事会更迭而转换。新任主编往往缺乏经验，从错误中学习后，转眼又到一届理事会，再次更换新的主编，如此常常出现出版质量与水平参差不齐的现象。

5. 出版品内容单一，制约本地的销售市场

澳门特区出版品的内容大多以澳门为题，内容较单一，题材狭窄，加上不少书刊是年度的出版品，如年报、工作报告、年度统计调查等，只有少数读者有此需求，货源积压现象严重。由于澳门阅读人口不多，内销市场有限，加上以政府出版品为主，且大部分以送赠形式分发，制约了本地的销售市场。此外，出版品内容多偏向以澳门为题，对本澳的研究相对较为透彻，但同时也是弱点，局限了澳门以外的销售市场。另外，出版制作技术及工艺仍相对落后，电子出版等技术仍在起步阶段，加上内需市场小以及缺乏资金投入，按量（需）印刷等较新技术根本无法普及。

6. 出版品作为礼品派送的风气浓

由于大部分澳门出版品为政府出版品或是由政府资助部分经费出版，作者或政府部门为了让更多人认识其书刊，往往以赠送形式来促销，形成了一种索赠与赠送图书的风气，窒息了澳门出版业发展。

7. 印刷业界水平参差不齐，制作成本偏高

澳门特区出版业界与邻近地区相比，大部分出版人没有接受过编辑、校对以及发行等相关的专业培训，这对书刊出版的质量与效率有一定的影响。业界现有的出版技术与知识大多是从工作中累积，也有一部分工作是外派给内地或香港特区的制作公司，加上印刷成本日益上涨，令出版经费增加，很大程度上阻碍了出版产业的发展。比如动漫产业除了人才匮乏外，市场和出版公司更为欠缺。另外比较关键的一点是，出版从业者薪酬普遍低于本地公务员和社会平均薪酬水平。这不仅影响其积极性，也难以吸引更多人才投身于图书出版事业。

8. 海外发行渠道不畅顺，运输成本高

澳门特区并没有一个统筹的单位来代理全澳的出版品，各出版单位的出版品非常分散，既给特区政府统一管理出版产业带来一定的难度，亦增加了出版成本。由于业界难以掌握行业信息，不利于学者及出版从业人员对本澳出版产业的宏观调查与研究。

9. 业界仍未能利用新的社交媒体作为传播信息的平台

虽然新的社交媒体不断发展，可是澳门特区大部分出版单位仍没有发展社交媒体作为推广业务的平台。澳门现在拥有网上购书平台、出版社 APPS 等的单位不多，如有民政总署、澳门政府书店等较具规模的出版单位。如此会失去让年轻人接收澳门出版品资讯的机会。

10. 与外地合作出版，欠缺主导权

由于作者或本地出版机构期望增加在国内及世界各地的影响力，所以与外地的出版社合作出版或资助出版成为一种新出版形式。如此风气盛行，作者及资金都往外面流失，对本地出版事业必定带来一定的冲击。

三、对澳门特区出版业发展的建议

（一）针对各地读者的需求，制定季度好书清单

澳门特区出版业界或供货商应顺应市场的需求，满足不同读者的需要，将有利于外销的图书编制成季度清单，向海外发行，从而让外地读者获取新书的资讯。

（二）组织业界代表参与各地书展

鉴于出版业界的出版经验不足，建议由澳门基金会及文化局主导，带领业界到访各地书展，与其他出版社及业界建立良好的沟通平台，以有利于各方合作。

（三）做好社交媒体的基础建设

社交媒体已成为新一代的沟通平台，业界应做好准备，特别针对年轻族群体不爱看传统的宣传媒体资讯，安排有关人员负责在各类媒体上发布不同的出

版信息，利用他们的网络推广新书信息。

（四）打造中区成为书店街，提供多方面与图书周边产品的服务

业界应针对图书销售的从业员，开办图书市场、图书情报、图书欣赏、采购渠道、书店管理、书店设计、顾客心理、工作态度等方面的培训课程，争取特区政府支持派员出外观摩考察及邀请其他地区业者来访交流，从而提升业界的素质。每年有 3 000 多万游客到访澳门特区，其中不乏爱书人，只要是心中所好，为了买到在原居地买不到的书刊，便会不惜行李的轻重、价钱的平贵而实时购买。假设有百分之一的游客在澳门购买一本书，便有 20 多万册的销售量。所以建议特区政府打造中区成为书店街，让来澳门而不去赌场的游客找到另一个消闲及品味生活的亮点。同时，业界应持开放态度，接纳其他地区书店业来澳开设分公司，吸收外地经营管理的经验，亦让本地从业人员知悉自己的不足，意识到不进则被淘汰，从而提升自己的服务素质。

（五）开办出版及发行课程，提升编辑水平

应邀请国内外的业界人士来澳开办出版及发行课程，并动员相关业界人士来上课，避免重复过去开课的学员不对口现象。课程更应每年开办，以承接每年新从事编辑的人士。此外，业界应计划长远的培育人才方案，如开办本科或硕士课程，以利业界日后的长远发展。

（六）引入外地出版社在澳门开办分社

由于短期内无法解决人手不足的问题，业界可邀请各地出版社来澳设立分社或办事处，担当制作机构的角色。这类机构在澳门接到项目后，将稿件传回总公司进行编辑排版工作，待编辑工作完成后，客户可选择在澳或在其他地区印刷，出版单位还是以本地付款单位名义出版，作者亦可保持自己的版权。

（七）与国内外电子书商合作，在其平台上加载澳门出版品

为了使国内外读者随时随地能查找澳门出版品，建议本地出版单位从速与国内外电子书平台合作，将澳门出版品上传，提升澳门出版品的影响力，同时

亦增加其论文被引用的机会。

四、结　语

由澳门博彩监察协调局网站公布的 2016 年全年博彩数据显示，1 至 12 月全年博彩毛收入累计 2 232.1 亿澳门元，较 2015 年减少 3.3％。澳门特区传统的图书出版没有显著突破点，书店业基本上没有因为每年有 3 000 多万游客到访而令业绩大幅增长，只有出版对象为游客的旅游指南及黄页、地图及期刊的业者有一定的得益，并得到商号的赞助，刊登各种广告，在业绩上有良好的纪录。此外，特区政府非常关注本地文化及创意产业，经常组织外访贸易会。预计在 2017 年，澳门出版及图书市场发展将因承接大量游客，会有较好的业绩。

五、附　录

2016 年新图书出版单位

出版单位性质	出版单位名称
个人自资出版	吴志辉
个人自资出版	许伟业
个人自资出版	黄兆琳
个人自资出版	邓思平
个人自资出版	谢颖思
政府部门出版	康复服务十年规划跨部门研究小组
社团出版	中华老子研究学会
社团出版	君慧慈善会
社团出版	澳门文创智库协会
社团出版	沙梨头坊众互助会
社团出版	亚洲（澳门）人文与自然研究会
社团出版	孙中山先生诞辰 150 周年纪念活动组织委员会
社团出版	澳门佛光协会
社团出版	广野
社团出版	缅华笔友协会
社团出版	澳门潮汕文化协会

续表

出版单位性质	出版单位名称
社团出版	澳门负责任博彩协会
社团出版	新口岸小区中心
社团出版	德晋慈善会
社团出版	欧洲事务硕士研究生协会
社团出版	澳门东盟国际商会
社团出版	澳门建材企业商会
社团出版	澳门浸信会
社团出版	澳门国际青少年科普学会
社团出版	澳门现代建筑学会
社团出版	澳门博彩业职工之家
社团出版	澳门单亲网络互助服务
社团出版	澳门顺德乐从同乡会
社团出版	澳门演艺人协会
社团出版	澳门广府人（珠玑）联谊会
社团出版	澳门学人发展协会
社团出版	鲍思高慈青营协会
社团出版	澳门三维咨询策划协会
私人出版单位出版	天网信息科技（澳门）有限公司
私人出版单位出版	超盈文化有限公司
私人出版单位出版	即兴项目有限公司
私人出版单位出版	文声出版社
私人出版单位出版	两岸四地中医药科技合作中心
私人出版单位出版	商务印书馆
私人出版单位出版	南光国际会议展览有限公司
私人出版单位出版	浩天国际控股集团
私人出版单位出版	历真出版
私人出版单位出版	汇丰印务
私人出版单位出版	道医堂文化传播出版有限公司
私人出版单位出版	国际出版传媒集团有限公司
私人出版单位出版	盘矶广告策划有限公司
私人出版单位出版	讯艺有限公司
私人出版单位出版	澳门恒瑞国际拍卖有限公司
私人出版单位出版	Happy Macao 出版社
私人出版单位出版	"一带一路"出版社

（王国强　澳门大学、澳门出版协会）

第三节　2016 年台湾地区出版业发展报告

一、台湾地区出版产业概况

台湾地区出版产业根据产业链结构可以分为上游的创作端，包含作者与支持创作服务的版权经纪公司；中游的生产端，如负责编务与发行的出版社（台湾地区重要的出版集团有城邦、远流、联经等），以及负责制版、印刷与装订的印刷厂；中下游的图书经销公司（台湾地区重要的图书经销公司包括联合发行、红蚂蚁、高见、日翙文化）；下游的销售端，如连锁书店（金石堂、诚品、三民书局、垫脚石、诺贝尔等）、网络书店（博客来网路书店、读册、Pchome24h 购物书店等）、独立书店（茉莉二手书店、虎尾厝沙龙、三余书店、洪雅书房等）、小说漫画及杂志出租店、电子书销售平台（如 Google 图书、Readmoo、Kobo、Pubu 电子书城、远传电信 E 书城、台湾大哥大 myBook、中华电信 HAMI 书城），以及偏向机构服务的电子书平台（如凌网 Hyread、华艺 airiti 以及联合线上 UDN 读书吧等）和与图书馆密切合作的台湾云端书库。

根据台湾"国立中央图书馆"书号中心的统计分析，台湾地区出版机构总数达到 30 938 家，其中"政府单位"有 3 814 家（12.3%），属于民间的有 18 879 家（61.0%），至于个人出版社则有 8 245 家（26.7%）。进一步根据历年统计的资料可以发现，个人出版近年有新增的趋势，而这也反映出近年来数家出版平台是个人出版重要的销售渠道之一。台湾的杂志出版机构超过 7 000 家，有声出版机构超过 9 000 家，图书出版机构则超过 12 000 家。但 2016 年台湾申请 ISBN 的出版社却仅有 4 979 家，首次跌破 5 000 家，这些出版社合计出版新书达 38 807 种。从 2016 年各书店所统计的畅销书榜来看，台湾各类型的重要出版社如表 1。

表1　台湾地区各类型图书主要或重要出版社

综合型	远流、天下文化、大块文化、读书共和国、圆神、秀威
生活风格	三友、雅书堂、瑞升、枫叶社文化、麦浩斯、布克文化
亲子童书	汉湘文化、风车、世一、天卫文化、小鲁、阁林
文学小说	联合文学、台湾商务、新雨、皇冠、二鱼文化
语言电脑	博硕、日月文化、电脑人文化、山田社、捷径文化
艺术设计	积木、流行风、书林、联邦文化、远流、原点
心理励志	张老师文化、赛斯文化、心灵工坊、好的文化、好优文化
商业理财	商周出版、美商麦格罗·希尔、今周刊、财信、原富传媒、聚财资讯、久石文化
医疗保健	元气斋、采实文化、人类智库、晨星、台湾广厦、苹果屋、大树林
人文科普	联经出版、五南、前卫、立绪、允晨文化
考试用书	考用、鼎文、千华数位文化、布克文化、三民

　　根据"全国新书资讯网·ISBN/CIP 各年度统计"的数据，2012 年台湾地区的图书出版种数达到 42 305 种的高峰后便逐年下降，2015 与 2016 年连续两年出版种数均未达 4 万种。这当中唯有个人出版呈现增长的趋势，个人出版的内容是以个人学术著作、书画艺术创作以及文学等类型的作品为主。进一步以图书馆常用的分类方式分析这 4 979 家出版社所出版的 38 807 种新书，可以发现"语言/文学"类图书最多（共 9 490 种，占新书总数的 24.45%），而"社会科学"类（共 6 233 种，占新书总数的 16.06%）与"应用科学"类（共6 214 种，占新书总数的 16.01%）分占第二、三名，至于"艺术（含各种艺术与休闲旅游）"类（共 6 014 种，占新书总数的 15.50%）与"儿童文学"类（共 3 094 种，占新书总数的 7.97%）则是排名第四与第五名。至于属于"总类"（包括目录学、图书资讯及档案学、国学与群经与百科全书）的图书出版数量仅有 340 种，占全部新书总数不到百分之一（0.88%）。

　　表2 是根据业界常用的图书分类来分析 2014～2016 年台湾地区的出版轮廓。根据表2 可以发现，2016 年图书出版类型仍是以"小说"类（含轻小说）图书最多（共 4 471 种，占全部新书总种数的 11.52%）；其次分别为"儿童读物"类（含绘本、故事书等）共 3 336 种，占全部新书总种数的 8.60%；"人文史地"类（含哲学、宗教、史地、传记、考古等）共 3 025 种，占全部新书总种数的 7.79%；"艺术"类（含音乐、建筑、雕塑、书画、摄影、美工、技艺、戏剧等）共 2 931 种，占全部新书总种数的 7.55%；"社会科学"类（含统计、教育、礼俗、社会、财经、法政、军事等）共 2 346 种，占全部新书总

种数的 6.05%。不过在畅销书排行榜上常见的"心理励志"与"商业管理"两个类别的图书出版，占全部新书总种数都不到 5% 的比例。

表2 台湾地区 2014~2016 年图书出版类型统计

序号	图书类型	年度图书出版数量与比例（种、%）		
		2014	2015	2016
1	文学	2 584（6.21%）	2 341（5.90%）	2 300（5.93%）
2	小说	5 354（12.87%）	4 705（11.85%）	4 471（11.52%）
3	语言	1 426（3.43%）	1 747（4.40%）	1 931（4.98%）
4	字典工具书	184（0.44%）	205（0.52%）	171（0.44%）
5	教科书	2 277（5.47%）	2 082（5.25%）	1 801（4.64%）
6	考试用书	2 346（5.64%）	2 134（5.38%）	2 247（5.79%）
7	漫画	2 517（6.05%）	2 407（6.06%）	2 325（5.99%）
8	心理励志	1 857（4.46%）	1 981（4.99%）	1 660（4.28%）
9	科学与技术	2 648（6.37%）	1 985（5.00%）	1 831（4.72%）
10	医学家政	2 515（6.05%）	2 398（6.04%）	2 187（5.64%）
11	商业管理	1 695（4.07%）	1 588（4.00%）	1 592（4.10%）
12	社会科学	3 302（7.94%）	2 536（6.39%）	2 346（6.05%）
13	人文史地	3 586（8.62%）	3 008（7.58%）	3 025（7.79%）
14	儿童读物	3 046（7.32%）	2 863（7.21%）	3 336（8.60%）
15	艺术	2 965（7.13%）	3 039（7.66%）	2 931（7.55%）
16	休闲旅游	1 277（3.07%）	1 253（3.16%）	1 071（2.76%）
17	"政府"出版品	106（0.25%）	1 179（2.97%）	2 089（5.38%）
18	其他	1 913（4.60%）	2 266（5.71%）	1 493（3.85%）
	合计	41 598	39 717	38 807

根据台湾地区《儿童及少年福利与权益保障法》第 44 条的规定，出版人应对出版品进行分级。因此"国图书号中心"会要求出版从业者自行填写新书的"分级注记"与"适读对象"。2016 年申请 ISBN 的新书中，属于"限制级"图书有 460 种，占全部新书总种数约 1.19%。表 3 整理近三年来台湾出版图书适读对象的统计进行分析。根据该表可以知道，在 2016 年出版的新书当中，属于"成人（一般）"类的图书最多（共 24 947 种，占全部新书总种数的 64.28%），而属于"成人（学术）"类的新书则有 5 910 种，占全部新书总种数的 15.23%，至于属于"青少年"类的图书则只有 3 897 种，占全部新书总种数的 10.04%，虽然台湾已经迈入高龄化社会，但是属于"乐龄"类型的图书却是最少，仅有 48 种，占全部新书总数的 0.12%。

表3　台湾地区 2014~2016 年出版图书适读对象分类分析

适读对象	图书出版适读对象分类数量与比例（种、%）		
	2014	2015	2016
成人（一般）	27 278（65.58%）	25 786（64.93%）	24 947（64.28%）
成人（学术）	6 436（15.47%）	6 188（15.58%）	5 910（15.23%）
青少年	4 402（10.58%）	4 166（10.49%）	3 897（10.04%）
学龄儿童	2 688（6.46%）	2 502（6.30%）	2 893（7.45%）
学前幼儿	735（1.77%）	1 016（2.56%）	1 112（2.87%）
乐龄	52（0.13%）	58（0.15%）	48（0.12%）
其他	7（0.02%）	1（0.01%）	—
合计	41 598	39 717	38 807

台湾地区出版新书所使用的语文有 93.72% 以繁体中文为主（共 36 370 种），其他出版新书所用的语言以英文最多（933 种），占整体新书的 2.40%，其他语系则有简体中文（290 种）、日文（190 种）、德文（101 种）、法文（86 种）以及韩文（25 种）。此外，历年来台湾出版书籍中有相当大的比例是翻译书，且翻译书的比例有逐年增加的现象。2016 年台湾所出版的 38 807 种新书中，有 9 716 种为翻译图书，占全部新书总种数的 25.04%。其中日本翻译书有 5 431 种，占所有翻译图书的 55.90%，其次则是英语系的美国翻译书（2 196 种，占翻译图书的 22.60%）与英国翻译书（697 种，占 7.17%），而韩国翻译书的比例在近几年的比重也稳定增长，2016 年台湾出版的翻译书中，韩文就有 508 种，占翻译图书的 5.23%。

表4　台湾地区翻译书出版类型统计分析

类型	新书总数（种）	翻译书总数（种）	翻译书占该类比例	翻译书占新书比例	日本	美国	英国	韩国	其他
文学	2 300	302	13.13%	3.11%	92	87	29	6	88
小说	4 471	1 423	31.83%	14.65%	977	264	84	15	83
语言	1 931	117	6.06%	1.20%	56	12	4	38	7
字典	171	15	8.77%	0.15%	7	3	3	1	1
教科书	1 801	178	9.88%	1.83%	8	158	6	1	5
考试用书	2247	25	1.11%	0.26%	10	13	0	2	0
漫画	2 325	2 094	90.06%	21.55%	2 079	4	1	6	4
心理励志	1 660	558	33.61%	5.74%	164	288	23	21	62
科学技术	1 831	410	22.39%	4.22%	127	185	53	19	26
医学家政	2 187	839	38.36%	8.64%	535	138	33	63	70

续表

类型	新书总数（种）	翻译书总数（种）	翻译书占该类比例	翻译书占新书比例	日本	美国	英国	韩国	其他
商业管理	1 592	497	31.22%	5.12%	254	187	27	11	18
社会科学	2 346	363	15.47%	3.74%	99	178	33	11	42
人文史地	3 025	477	15.77%	4.91%	103	208	68	28	70
儿童读物	3 336	1 320	39.57%	13.59%	315	249	260	164	332
艺术	2931	480	16.38%	4.94%	251	112	49	27	41
休闲旅游	1 071	259	24.18%	2.67%	181	23	9	32	14
"政府"出版品	2 089	19	0.91%	0.20%	9	9	1	0	0
其他	1 493	340	22.77%	3.50%	164	78	14	63	21

表 4 是台湾地区翻译书出版类型的统计分析结果。由表 4 可以发现，"漫画书"是翻译书比例最高的书种，共 2 094 种（占所有翻译书的 21.55%），漫画类翻译书占所有漫画书的比例达到九成（90.06%），且几乎全部来自日本；其他翻译书占该类图书比例超过三成的类型有小说（31.83%）、儿童读物（39.57%）、医学家政（38.36%）、心理励志（33.61%）与商业管理（31.22%）。而翻译书占整体新书比例最高的前三名分别是漫画（21.55%）、小说（14.65%）以及儿童读物（13.59%）。

表 5 为 2014～2016 年台湾电子书出版类型的统计分析。由分析结果可以知道，2016 年新电子书共有 2 002 种，占全部新书出版总数的 5.16%。其中属于一般出版社出版的电子书有 1 576 种，占电子书全年申请总数的 78.72%；其次则是"政府机关"的 333 种（占电子书全年申请总数的 16.63%）；至于个人出版则有 93 种（占电子书全年申请总数的 4.65%），不过许多个人出版未必会申请 ISBN，如在 Google 图书上销售的电子书，有许多便没有申请 ISBN，因此实际的个人电子书出版数量可能会有低估的情况。在电子书类型的分析方面，以"语言"类（含语言学及世界各国语言学习读本）电子图书最多，共 526 种（占电子书总数的 26.27%），其次为"政府出版品"258 种（占 12.89%），第三名则是"人文史地"类（含哲学、宗教、史地、传记、考古等）135 种（占 6.74%）。

"政府出版品"的电子书比例位居第二。从这一现象就可以知道台湾电子书出版的困境，那就是缺乏数量与优质的内容。而"漫画"类图书可以说是最有可能具有规模经济的图书类型，但是因为台湾出版的漫画几乎都是日文作家，加上并没有得到电子书版权的关系，"漫画"类电子书只有两本。此外，属于阅读大宗的"文学"以及"小说"类电子书也分别只有66本与103本。显现台湾数位图书出版在数量与质量上均有很大的成长空间。此外，2016年所出版的电子书中，有87.56%的格式为pdf，显示pdf格式仍为台湾电子书市场的主流，至于ePub与其他类型格式则分别占7.39%与5.04%。

表5 台湾地区2014～2016年电子书出版类型统计分析

序号	电子图书类型	年度数位图书出版数量与比例（种、%）		
		2014	2015	2016
1	文学	91（5.55%）	107（4.99%）	66（3.30%）
2	小说	83（5.06%）	72（3.36%）	103（5.14%）
3	语言	112（6.83%）	362（16.86%）	526（26.27%）
4	字典工具书	3（0.19%）	4（0.19%）	11（0.55%）
5	教科书	104（6.35%）	32（1.49%）	42（2.10%）
6	考试用书	202（12.32%）	109（5.08%）	101（5.04%）
7	漫画	83（5.06%）	3（0.14%）	2（0.10%）
8	心理励志	113（6.89%）	306（14.26%）	72（3.60%）
9	科学与技术	166（10.13%）	178（8.29%）	79（3.95%）
10	医学家政	39（2.38%）	209（9.74%）	108（5.39%）
11	商业管理	85（5.19%）	133（6.2%）	110（5.49%）
12	社会科学	67（4.09%）	118（5.5%）	91（4.55%）
13	人文史地	114（6.96%）	146（6.8%）	135（6.74%）
14	儿童读物	122（7.44%）	80（3.73%）	115（5.74%）
15	艺术	98（5.98%）	108（5.03%）	50（2.50%）
16	休闲旅游	58（3.54%）	47（2.19%）	95（4.75%）
17	"政府出版品"	43（2.63%）	76（3.53%）	258（12.89%）
18	其他	57（3.48%）	57（2.66%）	38（1.90%）
	合计	1 640	2 147	2 002

表6说明台湾地区2016年杂志与图书出版机构数量及销售额情况。资料根据"财政部"的发票统计资料库而得。由表6可以知道，每个月均有销售业绩的杂志出版社约1 200家，而有销售业绩的图书出版社则约1 700家，与2015年的差异不大。在数位出版的销售方面，每月有销售业绩的数位杂志出版社由年初的22家成长到年底的30家，有销售业绩的数位图书出版社则由年初的28家成长到年底的40家。

表6   台湾地区 2016 年杂志与图书出版机构数量及销售额（单位：个、千元）

类型	杂志				图书			
	纸本		数位		纸本		数位	
月份	数量	销售额	数量	销售额	数量	销售额	数量	销售额
一月	1 213	7 668	22	—	1 742	15 837	28	—
二月	1 205	2 458 585	23	18 092	1 739	2 545 470	28	46 957
三月	1 199	41 925	24	—	1 731	12 641	29	—
四月	1 204	2 903 107	24	23 796	1 736	3 139 686	30	47 012
五月	1 204	46 514	27	—	1 735	26 592	31	—
六月	1 199	2 702 465	26	25 995	1 733	2 769 724	32	52 450
七月	1 202	6 800	26	—	1 727	12 560	33	—
八月	1 204	2 512 13	29	32 847	1 729	2 777 16	34	47 766
九月	1 205	8 347	30	—	1 736	12 270	35	—
十月	1 202	2 455 241	29	35 114	1 738	3 061 671	39	37 428
十一月	1 212	9 502	30	—	1 744	11 565	40	—
十二月	—	—	—	—	—	—	—	—

　　博客来网路书店与诚品分别是台湾地区最重要的线上与实体的图书销售渠道。根据这两个销售通路 2016 销售书排行榜可以进一步了解 2016 年台湾读者关心的图书类型。2016 年博客来会员人数突破 750 万，而行动流量占比已经达到 50%，年度书籍销售排行榜 Top 10 部分依序为《被讨厌的勇气》《解忧杂货店》《一休陪你一起爱瘦身》《如果可以简单，谁想要复杂》《练习，喜欢自己》《耳鸣，是救命的警铃》《遇见你之前》《穴道导引》《哈利波特与被诅咒的孩子》，以及《哥教的不是历史，是人性》。此外，博客来也公布了年度 7 大图书热门搜寻关键字，分别是"写字""中国 IP V. S. 台湾华流""童书""阿德勒与负能量""熟龄阅读""诗的大盛""哈利·波特回来了"。诚品书店公布的 2016 年台湾 10 大畅销书包括《如果可以简单，谁想要复杂》《你所烦恼的事，有九成都不会发生》《台湾不教的中国现代史》《静坐：这一档子事》《拉普拉通的魔女》《平行世界的爱情故事》《倾听》《一戴深睡眠：消除疲劳的神奇颈带》《不懂带团队，那就大家一起死！行为科学教你把猪一般的队友变菁英》等。

二、台湾地区图书通路现状

图书通路包含销售与借阅。前者是指一般的实体或网络书店，后者则是指图书馆。台湾地区的网络书店销售扮演着越来越重要的角色，主要的网络书店如博客来网路书店、金石堂网路书店、读册（由博客来网路书店创办人张天立所创办的二手书网路书店，也销售电子书与新书）、诚品网路书店、Pchome 网路家庭等，都有提供 24 小时取货的物流服务。博客来、金石堂网路书店与三民书局都和香港特区的便利商店有合作，让香港特区的读者可以在台湾网络书店购书，香港特区便利店提供取货服务。博客来网路书店的海外店配取货服务的地点还包括澳门特区与新加坡等地。诚品网路书店也预计于 2017 为香港特区读者提供在台湾地区的诚品网站购书、在香港地区便利店取货的物流服务。

实体书店方面，2016 年可以说是台湾地区实体书店动荡的一年，许多实体书店因为无法改变营运策略而在大环境的变动中消失。如 2004 年进驻台北 101 大楼、占地数百平方米的 "Page One" 书店，是台北少数主打外文书的大型书店，在 2015 年 7 月底歇业；与纪伊国书屋（台湾地区有四家纪伊国书屋）同属日系书店的淳久堂书局，因为与太平洋 SOGO 百货公司天母馆的租约到期于 2016 年 2 月 29 日结束营业，目前只剩下台北市光复南路一家。2016 年许多有名的实体书店也关闭了。以台北著名的重庆南路书店街为例，由昔日号称 "百家争鸣" 到现在仅剩下约 10 家书店，加上传统著名书店如政大书城、上达重南店、建宏书局、屏东博客书局、台中市阔叶林书店等不是无预警停止营业就是因大环境问题而歇业，都可以看出实体书店在台湾地区的困境。但即便如此，仍有新的书店成立。有全球最美 20 家书店之一美誉的 "茑屋书店"，其日本母公司 TSUTAYA 于 2017 年 1 月选定在台北统一时代百货打造首家 "TSUTAYA BOOKSTORE"。TSUTAYA 在日本虽是以书店起家，但 DVD/CD 也是相当重要的营业项目。另外，由于台湾的茑屋书店是与得利影视共同合作，故取名为 "TSUTAYA BOOKSTORE"，而在日本茑屋书店的名称则是 "TSUTAYA BOOKS"。台湾茑屋书店一号店占地共 163 平方米，而 100 席座位的书店还可以为读者提供咖啡及调酒，除了有日文书、英文书、中文书以及杂志约 1.5 万册的贩售外，蓝光、DVD、杂货与文具等商品也是销售的重点。

目前台湾地区主要的连锁书店仍以拥有 47 家门市的金石堂以及拥有 41 家门市的诚品为主（诚品在内地苏州以及香港特区的太古、尖沙咀以及铜锣湾各有一家门市），垫脚石书局拥有 11 家门市，以中部为核心的诺贝尔书店则有 14 家门市。除了传统的实体书店外，便利商店已经成为台湾最重要的杂志销售以及网络购书的物流取货通道。

目前台湾地区主要的连锁超商有四家，均有杂志与图书销售，并都与网络书店合作，为消费者提供网络购书、便利店取货的服务。台湾主要的便利商店分别是：统一超商（5 125 家）、全家便利商店（3 003 家）、莱尔富便利商店（1 340 家）以及来来超商（798 家）。而台湾两大便利商店统一超商（7 - 11）以及全家便利商店也都在图书产业结构中成立杂志经销点，统一超商有高见行销，全家便利商店则有日翊文化。这两家公司都是负责便利商店的图书与杂志的销售业务。全家便利商店也与大陆的淘宝商城以及日本的 amazon 合作，让台湾地区读者可以在大陆的淘宝商城以及日本的 amazon 购书，再选择到台湾地区的全家便利商店取货。

电子书销售通路方面，由于台湾地区人口未达数位出版的经济规模，加上畅销书多半为翻译书，因此目前台湾地区的数位出版仍谈不上什么进展。由目前台湾出版的电子书仅占新书的 5.16% 这一数据，就可以察觉到台湾地区的数位出版并未走在一个成长的轨道上。也因为如此，台湾最大的网路书店博客来一直没有正式进军电子书市场。虽然如此，仍有厂商尝试经营台湾电子书。2017 年市场中，台湾电子书平台 "Readmoo 群传媒" 宣布在 8 月推出第一台繁体中文 EInk 电子书阅读器 "mooInk"，并宣称该阅读器可下载 Readmoo 累积的 6 万种电子书，亦可下载 txt、pdf、word 等格式的电子书。虽然类似的商务模式有以前远流出版社的金庸机且以失败告终，但 Readmoo 群传媒仍希望通过整合硬体（硬件）、软体（软件）及内容的电子书阅读器重新点燃台湾电子书生机。Readmoo 是元太科技与振耀科技（都是电子纸的制造商）结合电子书服务以及阅读社群与创作市集所成立的阅读平台，目前 Readmoo 已经与超过 800 家中文出版社或作者合作，其专属的 "mooInk" 电子书阅读器也推出限量的木纹版本，希望营造新的阅读体验。

远流出版社与台湾的许多图书馆合作首创电子书租阅服务。该模式是参考公共借阅权（Public Lending Right）精神，"市民借书看书，'政府'代付费用"的 B2B2C 电子书服务模式。市民借电子书的费用由"市政府"支付，借阅费用回馈给作者与出版社，实现作者、读者与出版社三赢的局面。目前台湾云端书库有超过百家的出版社提供约 3 300 本电子书供民众借阅。由于台湾云端书库与各"县市"的图书馆合作，因此每家图书馆的借阅方式也会根据各"县市"的条件而有所不同。

图书馆可以说是公共部门的图书流通机构。图书馆除了会有固定的预算进行图书采购外，也会针对不同的读者需求规划许多与阅读有关的活动。台湾地区目前有 274 家图书馆，共提供 94 219 个阅读座位，图书馆的志工人数为 10 509 人。全台图书馆藏书数量达到 48 236 749 册，电子资源（包含电子书、线上资料库、光碟资料库）则有 1 482 790 种。表 7 是台湾地区 2016 年图书馆购书预算与馆藏册数；表 8 则是台湾地区 2016 年图书馆借阅次数与阅读推广活动统计。由表 8 可知，台湾地区全年图书资讯借阅共 20 361 842 人次，图书资讯借阅达 73 219 891 册，电子书借阅为 2 128 342 人次，电子书借阅为 1 920 118 册，全年图书馆阅读推广的活动则达到 142 837 场次。

表 7　台湾地区 2016 年图书馆购书预算与馆藏册数

类型	总计	"国立"	"直辖市"	"县市乡镇"
图书馆数总馆（所）	274	2	52	220
图书馆数分馆（所）	261	2	238	21
阅览席位数（席）	94 219	3 663	58 738	31 818
全年购买图书费用（元）	567 912 737	30 182 000	412 162 722	125 568 015
图书	379 907 249	12 040 000	277 919 631	89 947 618
电子书	22 993 787	2 587 000	16 773 942	3 632 845
期刊	61 092 220	1 884 000	44 910 923	14 297 297
报纸	34 653 075	1 037 000	26 554 449	7 061 626
视听资料	47 841 114	3 189 000	36 048 793	8 603 321
电子资料	15 469 846	5 496 000	9 493 846	480 000
其他图书资料	5 955 446	3 949 000	461 138	1 545 308
供读者使用的电脑数（台）	5 482	348	2 821	2 313
编制内总馆员数（人）	1 301	129	761	411
志工人数	10 509	895	6 973	2 641
图书及非书资料收藏数量（册）	51 352 709	3 172 637	30 000 512	18 179 560

续表

类型	总计	"国立"	"直辖市"	"县市乡镇"
一、书报刊资料	48 236 749	2 776 676	28 640 179	16 819 894
1. 图书	47 594 709	2 621 144	28 244 280	16 729 285
中文（册）	46 045 945	2 386 185	27 126 759	16 533 001
外文（册）	1 421 692	224 091	1 018 211	179 390
东南亚文（册）	127 072	10 868	99 310	16 894
2. 期刊	57 843	3 540	31 073	23 230
中文（种）	54 527	3 059	28 577	22 891
外文（种）	3 149	469	2 370	310
东南亚文（种）	167	12	126	29
3. 报纸（种）	6 064	365	4 098	1 601
4. 其他	578 133	151 627	360 728	65 778
二、非书资料	1 633 170	246 806	995 706	390 658
地图（张）	30 796	11 986	16 151	2 659
微缩单片（片）	106 513	91 475	14 489	549
微缩卷片（卷）	28 404	24 479	3 456	469
录音资料（片、卷）	380 808	22 772	246 772	111 264
录影资料（片、卷）	1 011 526	85 841	683 647	242 038
静画资料（幅）	5 921	848	991	4 082
其他（件）	69 202	9 405	30 200	29 597
三、电子资源	1 482 790	149 155	364 627	969 008
线上资料库（种）	416	204	135	77
光碟资料库（种）	1 589	35	486	1 068
其他类资料库（种）	673	301	100	272
电子书（种）	1 480 112	148 615	363 906	967 591

表8　台湾地区2016年图书馆借阅次数与阅读推广活动

类型	全台总计	"国立"	"直辖市"	"县市乡镇"
全年图书资讯借阅人次	20 361 842	726 625	15 834 108	3 801 109
全年图书资讯借阅册数	73 219 891	3 004 517	55 060 292	15 155 082
全年电子书借阅人次	2 128 342	1 324 219	752 908	51 215
全年电子书借阅册数	1 920 118	1 164 226	663 273	92 619
全年电子资料使用次数	3 884 187	2 442 050	1 356 561	85 576
全年阅读推广活动（场次）	142 837	2 405	110 421	30 011
一般阅读推广活动	19 342	226	15 849	3 267
幼儿阅读推广活动	7 815	83	6 360	1 372
儿童阅读推广活动	17 001	397	12 938	3 666

续表

类型	全台总计	"国立"	"直辖市"	"县市乡镇"
青少年阅读推广活动	2 049	38	1 298	713
乐龄阅读推广活动	6 490	79	5 085	1 326
新住民阅读推广活动	880	69	672	139
社教艺文活动	18 059	149	12 878	5 032
地方特色活动	1 399	66	564	769
说故事	25 412	255	17 665	7 492
影片欣赏	34 595	680	30 613	3 302
其他	9 795	363	6 499	2 933

三、台湾地区出版业困境与"文化部"做法

2016年可说是台湾地区近十年来图书市场最严峻的一年,不但许多实体书店遇到经营危机,连网络书店的成长都趋缓或停滞。新书出版数量下降、图书整体销售金额减少、图书印量趋于保守以及实体书店关门等都是2016年图书市场的写照。为了让出版产业环境更加完善,台湾成立了许多民间出版协会与组织。这些协会与组织都是出版同业彼此相互帮助的社团,并对台湾出版产业间的交流有很大的帮助。这些组织包括:台北市杂志商业同业公会、台北市出版商业同业公会、台湾数位出版联盟、台湾独立书店文化协会、中华动漫出版同业协进会、台湾图书发行协进会、台湾电子书协会、台湾图书出版事业协会、台湾数位出版联盟协会、中华出版伦理自律协会、台湾数位有声书推展学会等。

除了民间的协会外,台湾"文化部"也是协助台湾出版产业的重要支柱。自2012年5月20日起,台湾"行政院新闻局出版事业处"原有业务除流行音乐移拨至"文化部"的"影视及流行音乐发展司"及"影视及流行音乐产业局"外,其余对图书、报纸、杂志、漫画及数位出版事业之辅导、奖励、补助、管理及资讯搜集等工作并入"文化部"的"人文及出版司"办理,因此台湾的出版产业相关政策便由"文化部"来进行。"文化部"针对"台湾出版市场的困境与突破",在2016年5月向"立法院"进行报告,认为台湾地区的

出版困境可以归纳为下面几个层面。

1. 内容提供端

创作者缺乏稳定创作环境，影响创作意愿；创作者与产业缺乏连结，内容自制率无法提升。

2. 出版业者

创作内容缺乏行销平台；两岸华文出版竞合，影响出版业对外市场的拓展。

3. 通路

图书通路削价竞争，小型出版社及实体书店生存困难；数位出版商业模式未成熟，影响授权意愿。

4. 消费端

阅读习惯改变，免费资讯多，影响购书消费意愿；公共部门图书采购低价抢标，压缩出版业利润空间；环境不景气，且生育率降低，整体消费力下降。

为了打造更完善的出版产业环境，台湾"文化部"优先射出"三枝箭"，期待能先解决台湾地区出版长久累积的困境。这"三枝箭"分别是：带动"国民"阅读、改善"政府"图书采购问题、建立友善的创作环境，兹将这"三枝箭"的意涵说明如下。

1. 带动"国民"阅读

为提升民众阅读风气，"文化部"将建立阅读推广平台，并与社福机构、社区、图书馆、学校等合作共同推动阅读。此外，"文化部"也将持续扶植独立书店、独立出版，并持续推动购书抵税等多项措施。

2. 改善"政府"图书采购问题

长期以来，台湾地区公共部门图书采购绝大多数均是采用最低价决标方式办理，因而造成书商往往以低价或低折扣抢标，严重影响出版产业的合理利润及发展，也影响公共部门的藏书品质。因此"文化部"认为提振出版产业应从公共部门的自我改革做起，并考量目前图书采购大宗为各公共图书馆，因此"行政院"院会提案并经决议后，请各"中央单位"暨所属、各公共图书馆及学校办理图书采购时优先采用最有利标或异质性最低标方式办理，以健全公共部门图书采购秩序，提升图书采购作业品质。

3. 建立友善的创作环境

"文化部"提案并经"行政院"决议，请各机关单位于制作文宣或设置公共艺术、彩绘时，应友善对待创作者，优先采用台湾地区原创作品。另外，为加强推广漫画等文创产业，提供更完整的资讯，"文化部"将规划"台湾原创作品及创作者资讯平台"，介绍台湾地区创作者及代表作品，由"文化部"提交各"政府机关"经合法授权后采用。

除了上面三个策略外，"文化部"为推动出版产业发展，透过政策及补助的方式，有计划地协助书店与出版业者发行及推广行销出版品，陆续公布"推动实体书店发展""辅导数位出版产业发展补助案""'文化部'漫画出版发行及推广行销补助案""'文化部'漫画出版发行及推广行销补助作业要点"以及"数位漫画平台补助案"等补助方案，让出版产业的相关补助更为完善。

此外，"文化部"进一步拟订"强化出版产业趋势研究及调查跟优化图书采购的沃土计划""创作人才培育跟出版专业人才升级的探星计划""设置漫画基地的跨域计划""扶持独立书店与出版的乐读计划""扩大办理翻译出版补助及拓展东南亚新兴地区的领航计划""推广数位阅读跟补助中小型出版社发行数位出版品及有声书的云端计划"六项计划，希望借此来减缓出版产业的困境。这六大计划的内容如下。

（一）沃土计划

1. 辅导成立著作权（智财权）保护团体

为应对科技发展造成的各种出版品盗版猖獗，故规划辅导成立相关团体，协助出版业者保护著作权，提供专业咨询、搜集侵权事证、举报及求偿等服务，并宣导著作权（智财权）保护观念。

2. 强化出版产业趋势研究及调查

鉴于环境快速变迁，为让业者掌握市场最新动态，除继续办理出版产业调查外，还将强化产业趋势分析，让业者更能掌握环境变化及市场趋势的发展。

3. 优化图书采购

除呼吁各"中央单位"暨所属、各公共图书馆及学校图书采购时优先采购最有利标或异质性最低标方式办理，另协请"教育部"函知各级学校及图书馆，将"金鼎奖""金漫奖"及"中小学优良课外读物推介"等得奖作品纳入优先采购书单，以鼓励出版优质图书的出版业者。

（二）探星计划

1. 作家造星计划

台湾地区的创作虽多元丰富，但近年来重要通路畅销榜上的书籍，仍多为国外翻译类书籍，且知名的新生代作家不足。规划借助作家造星计划，补助出版社推动作家品牌经营，协助出版社挖掘本土创作人才，可有计划地培育及行销出版品，将作家包装成可以推向市场的品牌。

2. 创作人才培育计划

为培育青年作家，规划透过教育系统培养写作新星，补助大专院校开设多元主题的文学创作课程，并规划办理青年创作计划补助，培育文坛新生力量；增设漫画人才培育进阶课程，征选参训学员接受漫画家助手工作或实习课程，希望提高学员绘画技巧及增加实践经验。

3. 出版专业人才全面升级计划

鉴于大学出版专业系所少，且多数出版社皆为微型企业，难以有系统地办理出版专业人力培训课程及传承经验，规划开设出版专业的培训课程，包含出版业、数位出版业、独立书店的共同核心专业，如行销拓展、版权经纪、编辑专业及数位出版等初阶及进阶内容，提升专业人才品质及数量。

4. 扶植作品发表平台

让创作者得以发声，以逐步累积写作经验及知名度，进而开拓进入出版市场的契机，助力文学及漫画发表平台的发展，为潜力新星创造更多舞台。

（三）跨域计划

1. 设置漫画基地

构建台湾地区原创漫画创作支援、跨域媒合、展示销售、作品发表平台，另设置云端基地，通过网络促进作者、出版社、读者及相关产业者的交流。

2. 跨界媒合

透过出版跨界应用的强化以及表演艺术、动漫画及游戏产业、影视音产业的串连，让出版业成为台湾地区文创强而有力的故事后勤。规划建立文学与影视音产业、动漫画的媒合平台，并办理影视小说创作计划补助，鼓励书写设定有利于且易于影视改编的小说作品，开发多元化的创作类型，进而累积影视改编的文本资产。

（四）乐读计划

1. 支持阅读推广平台

推广台湾地区优秀的原创作品，让大众认识台湾优秀作家及作品，带动民众的阅读风气，提升民众阅读力。

2. 扶持独立书店与独立出版

为巩固独立书店及为独立出版创造出版文化多样性，通过资源挹注，强化独立书店发展能量，协助独立书店办理行销及阅读推广，及通过专业顾问团持续对各地独立书店进行实地辅导访视，为独立书店提供经营行销上务实可行的建议，并举行独立书店周，推动书店观光，让独立书店成为在地的阅读推广场域；另将加强辅导与推广独立出版，协助独立出版参加国际书展，将台湾地区优质出版品推广输出，拓展海外华文市场。

3. 刺激消费鼓励购书

以"行动书店"概念推广阅读，将书店带到城市以外的地方，巡回偏乡社区、学校、社福机构等地，强化网络书店所无法建立的人与书的关系，平衡城乡图书资源落差，创造阅读环境，进而培养购书习惯，推动民众阅读风气。由于购书人口减少，图书销售下滑，将持续推动购书抵税，带动阅读风气，鼓励民众购书。

（五）领航计划

1. 扩大办理翻译出版补助计划

增加补助更多语言译本及补助更多件数，通过其他地区出版通路发行，增加台湾地区各类型出版品的国际能见度及销售量。

2. 强化输出至华文地区

辅导业者参加大陆、港澳特区及其他华文市场的各类书展，协助业者积极开拓市场。

3. 扩展东南亚新兴地区书展

因"东协经济体"的快速发展，辅导台湾地区出版业者及独立出版加速向前拓展，持续参与新加坡书展及马来西亚海外华文书市等，扩大办理"台湾文学节"，培养东南亚台湾文学读者，探索东南亚其他大型国际书展，并积极拓展泰国、越南市场。

（六）云端计划

1. 办理数位阅读推广

在数位浪潮的推引下，更积极地将数位阅读主动带入民众的生活圈，推动数位阅读体验活动，让民众可以在日常生活的公共空间，轻易接触到数位出版品。

2. 补助中小型出版社制作发行数位出版品及有声书

目前台湾地区数位出版纸电同步率仍不高，导致数位出版商品量不足，故规划协助中小型出版业者大量产制和发行具有市场潜力或其他重要意义的数位出版品，充实数位出版品市场；另为落实文化平权，补助发行有声书，提升身心障碍者及高龄族群的文化参与。

四、结　语

2016 年的台湾地区出版界可以说是在一片产值衰退中开始，然后又在产值衰退中结束。近年来，台湾出版环境遭遇到的困境其实并没有什么变化，没有更多坏消息，也没有更多好消息。少子化的困境未来不会改变，对于翻译书的依赖一样过高，数字出版技术虽未对出版产业带来太多冲击却也没创造出好的营收模式，实体书店的经营困境依然如故，"文化部"虽然提出许多政策与补助措施，但是伟大的出版社从来不是凭借"政府"的补助而生存，相对的，创新与变革才是伟大出版社的根本动力。当然，"知道"与"做到"的结果会有天壤之别。"没有夕阳产业，只有夕阳技术。"或许这才是值得台湾出版产业链的所有成员深思的。

（黄昱凯　台湾南华大学）

第五章　出版业大事记

第一节 2016 年中国出版业大事记

1 月

5 日 国家新闻出版广电总局下发《关于开展 2016 年全民阅读工作的通知》，详细部署 10 项工作。通知提出，我国将建立全国性的书香社会指标体系，并定期评估和发布。

同日 第六届中国学术出版年会在北京举行。本次年会以"学术出版与学术市场"为主题，由社会科学文献出版社、中国新闻出版研究院、百道网联合主办。

5 日~6 日 全国新闻出版广播影视工作会议在北京召开。中宣部副部长、国家新闻出版广电总局党组书记、局长蔡赴朝在全国新闻出版广播影视工作会议上做工作报告。

6 日 由国家新闻出版广电总局主管、中国期刊协会主办的《中国期刊年鉴》（2015 卷）正式出版发行。本卷是《中国期刊年鉴》自 2002 年创刊以来出版的第 14 卷。

6 日 由中国新闻出版研究院主办、北京昊福文化传播股份有限公司承办的 2016 全国千家实体书店发展大会在北京召开。昊福文化在大会上发布了"千家实体书店发展计划"。

同日 北京开卷信息技术有限公司发布了《2015 年中国图书零售市场报告》。报告显示，2015 年全国图书零售市场同比增长 12.8%，实体书店零售市场继 2014 年实现 3.26% 的增长之后，2015 年继续保持增长，同比增长 0.3%。

同日 由上海交通大学出版社出版的《中国科学技术通史》（五卷本）新书发布会在北京中国国际展览中心召开。全书 300 多万字，按照大致的时间顺序分为五卷：《源远流长》《经天纬地》《正午时分》《技进于道》《旧命维新》。

7 日　全国"扫黄打非"办公室公布 2015 年"扫黄打非"十大案件，涉及打击非法及侵权盗版出版活动、扫除淫秽色情出版物及有害信息、整治新闻"三假"等"扫黄打非"重点工作。据统计，2015 年全国"扫黄打非"办公室共受理举报线索 102 516 条，各地查办相关案件共 7 213 起，收缴各类非法出版物 1 488 万件。

同日　由国家新闻出版广电总局和国家民委共同举办的第三届向全国推荐百种优秀民族图书出版座谈会在北京召开。国家新闻出版广电总局副局长吴尚之、国家民委副主任丹珠昂奔出席会议并讲话。

7 日~9 日　由中国出版协会、中国书刊发行业协会共同主办的 2016 年北京图书订货会在中国国际展览中心举行。订货会展示图书 50 万种，举办各类文化活动 180 余场，现场馆配采购码洋 1.63 亿元，参观人数近 9 万人次。

8 日　国家新闻出版广电总局在北京公布 2015 年教辅和养生保健类编校质量不合格图书，18 家出版单位的 18 种教辅和养生保健类图书进入"黑榜"，相关出版单位被依法处以警告的行政处罚。

同日　五卷本《中国通史》新书发布会在北京举行。该书创作历经 8 年，用 100 个专题叙述了从中国境内的人类起源到晚清的中国历史，以专题综合体构建中国通史体系。

8 日~9 日　由中国出版协会和中国新闻出版研究院主办的 2015 新闻出版业互联网发展大会暨第九届全国新闻出版业网站年会在北京召开。本届年会以"互联网思维与出版"为主题，发布了《2015 全国新闻出版业网站年度报告》。

9 日　2015 年全国优秀审读报告评选活动颁奖仪式暨"规范撰写审读报告，提高图书编辑质量"研讨会在北京举行。活动最终评选出一等奖 3 名、二等奖 6 名、三等奖 11 名以及优秀奖 25 名，涉及社科、科技、古籍、少儿四个门类。

9 日~17 日　第 24 届新德里世界书展在印度首都新德里普拉盖提·马丹国际展览中心举办。作为主宾国参展的中国代表团由来自国内 81 家重要出版单位的 255 人组成，中国主宾国活动展台展出 5 000 多种、1 万多册中国优秀出版物，举办近 70 场文化和出版交流活动。

11 日　国家新闻出版广电总局在北京举行首届向全国推荐中华优秀传统文化普及图书座谈会，总结和交流传统文化题材图书出版的经验和做法。国家新闻出版广电总局副局长吴尚之出席会议并讲话。

同日　图书电商当当发布了《2015当当中国图书消费报告》。《报告》显示，2015年度全民阅读两极分化的差距缩小，但在图书消费上一二线城市的优势依然十分明显。

14日~16日　由中国新闻文化促进会和中国新闻出版研究院联合主办、出版发行研究杂志社承办的第十届中国期刊创新年会在北京召开。本届年会以"'十三五'规划与期刊创新"为主题，年会上发布了《2014年非时政类期刊平均期印数Top10》。

15日　第29次全国"扫黄打非"工作电视电话会议在北京召开。中共中央政治局委员、中宣部部长、全国"扫黄打非"工作小组组长刘奇葆强调，要深入贯彻中央决策部署，以专项行动为抓手，以互联网为主战场，依法整治各类文化市场，着力打击网上非法出版物和有害信息，进一步规范新闻出版秩序，切实维护良好文化生态。

同日　由中国出版协会主办的中国出版年会在北京召开。年会上发布了《2015年中国出版业发展报告》、2015中国出版业十件大事、2015中国十大出版人物、2015中国30本好书。全国人大教科文卫委员会主任委员、中国出版协会理事长柳斌杰出席年会并讲话。

17日　由中国水利水电出版社、中国新闻出版研究院、中国版协科技出版工作委员会主办的科技出版融合发展研讨会在北京召开。国家新闻出版广电总局副局长孙寿山、水利部副部长周学文出席会议并讲话。

25日　国家新闻出版广电总局下发《关于开展出版物"质量管理2016"专项工作的通知》。《通知》指出，出版物"质量管理2016"专项工作，将重点围绕辞书、教材教辅、地图、少儿、养生保健类出版物以及重大选题备案出版物开展质量检查，推动出版物质量全流程管理。

1月27日~2月10日　第47届开罗国际书展在开罗国际展览中心举行。时任国家新闻出版广电总局副局长、国家版权局副局长阎晓宏率领的中方代表团应邀参加了此次书展，十余家中国图书出版机构携众多优秀书目和外文译著亮相书展。

29日　由新华网与中国出版传媒商报社跨媒联合主办、亚马逊协办的"2015年度影响力图书"推荐结果正式揭晓，共有58种图书入选。

本月　浙江出版联合集团旗下浙江教育出版社有限公司正式变更组建为浙江教育出版社集团有限公司，成为地方首个教育出版集团。

本月　由国家版权局组织编纂、中国人民大学出版社和中国人民大学国家版权贸易基地编辑出版的《中国版权年鉴2015》（总第七卷）出版发行。全书共设14个栏目，分列42个分目或次分目，主要汇集了2014年全国版权保护与版权相关产业发展的状况。

2月

4日　由国家新闻出版广电总局全民阅读活动组织协调办公室开展的2015年度"大众喜爱的50种图书"推荐活动入选图书正式揭晓。《做焦裕禄式的县委书记》《重读抗战家书》《中国历史的教训》《抗日战争》《屠呦呦传》等优秀图书入选。其中，文化类10种、文学类15种、生活类10种、少儿类15种。

5日　国家新闻出版广电总局印发了《关于做好2016年印刷复制发行监管工作的通知》，确定以"加强日常监管、创新监管手段"为主线，持续加强对印刷复制发行企业监督检查力度，着力完善管理服务机制。

14日　上海市新闻出版局透露，2016"世界最美的书"评选在德国莱比锡揭晓，由上海市新闻出版局、"中国最美的书"评委会选送的两部作品《订单——方圆故事》和《学而不厌》分别荣获金奖和铜奖。

15日　国家新闻出版广电总局公布《全民阅读促进条例》（征求意见稿），向社会公开征求意见。征求意见稿分为总则、全民阅读服务、重点群体阅读保障、促进措施和法律责任5章。

同日　南方出版传媒股份有限公司A股股票在上海证券交易所挂牌上市。本次发行规模为16 910万股，募集资金9.90亿元，发行价格为6.13元。

16日～21日　2016台北书展在台北世贸中心举行。本次书展以"阅读，飞向世界"为主题，主题国为匈牙利。66个参展国的626家出版社参展，其中，近40家大陆出版社展出了2 000种共8 000多册简体字图书。

24日～25日　以"尊重原创·传统再造"为主题的2016CPCC中国版权服务年会在北京举办。年会发布了2015年中国版权十件大事，2015CPCC十大中国著作权人年度评选同时揭晓。时任国家新闻出版广电总局副局长阎晓宏出席会议并讲话。

26 日 2016 年度国家出版基金资助项目评审结果公示。经国家出版基金专家评审并报国家出版基金管理委员会批准，2016 年共有 377 项出版项目拟获得国家出版基金的资助，比 2015 年多了 31 项。

本月 全国"扫黄打非"办公室会同教育部、国家工商总局、国家新闻出版广电总局、国家版权局联合下发《关于开展部分重点城市高校及其周边复印店专项治理行动的通知》。《通知》要求，要以案件查办为着力点，对高校及其周边复印店的盗版复印活动予以严厉打击，有效遏制部分城市高校及其周边复印店盗版复印扩散蔓延的势头。

3 月

1 日 由国家新闻出版广电总局制定的《新闻出版许可证管理办法》正式施行。办法对于新闻出版许可证的设立、设计、印刷、制作与发放均进行了具体说明。

同日 "图书版权输出奖励计划"一期项目获奖名单予以公示。公示期满后，53 家申报单位的 112 个项目有望获得重点奖励，74 家申报单位及个人的 370 个项目有望获得普遍奖励。

2 日 国家新闻出版广电总局办公厅发布了《2016 年新闻出版课题研究指南》。2016 年新闻出版课题研究项目重点围绕新闻出版（版权）领域宏观战略问题、理论前沿问题和重大业务课题开展研究，包括落实"五大"发展理念、推动新闻出版产业提质增效研究、知识产权强国框架下版权强国建设相关问题研究、书香社会指标体系研究等 18 个项目。

2 日~4 日 2016 华南国际印刷展在广州中国进出口商品交易会展馆举办。本届展会展出规模达 9 万平方米，共有 1 000 多家海内外知名企业集中展示优秀产品与技术成果。

5 日 第十二届全国人民代表大会第四次会议在北京人民大会堂开幕。国务院总理李克强做政府工作报告时指出，要深化群众性精神文明创建活动，倡导全民阅读，普及科学知识，提高国民素质和社会文明程度。这是继 2014 年和 2015 年后，"倡导全民阅读"第三次写入政府工作报告。

9 日~12 日 2016 年中国（上海）国际印刷周在上海举办。本届印刷周主题为"创新 融合 发展"，由国家新闻出版广电总局印刷发行司指导，上海市新闻出版局、中国印刷技术协会主办。本届印刷周首设主宾省江苏馆展区及活动，国内20个省（市）的194家企业参展。

10日 《网络出版服务管理规定》正式施行。《规定》对网络出版服务许可、网络出版服务管理、监督管理、保障与奖励，以及法律责任做出说明。

11日 北京市新闻出版广电局网站发布消息，北京市提升出版业传播力奖励扶持专项资金设立。该项扶持资金总额达到3 000万元，主要用于对北京市出版业版权输出、境外投资等走出去环节的奖励和补贴以及对各种走出去平台建设的支持。这是我国首个地方促进出版业走出去的专项资金。

15日 国家新闻出版广电总局印刷发行司联合总局出版产品质检中心在北京召开全国印刷复制管理暨出版"3·15"质检活动座谈会，2016年"3·15"质检活动正式启动。时任国家新闻出版广电总局副局长阎晓宏出席座谈会并讲话。

18日~19日 由中国新闻出版研究院主办的"首届期刊融合发展高峰论坛"在北京召开。本届论坛以"期刊融合发展"为主题，中国期刊协会会长石峰出席并讲话。

21日 国家新闻出版广电总局发布2015年优秀网络文学原创作品推介名单，《烽烟尽处》《芈月传》《星星亮晶晶》等21部作品脱颖而出。

22日~24日 2016年国家古籍整理出版资助项目评审会在北京举行。国家新闻出版广电总局副局长吴尚之出席并讲话。评审会上透露，2016年资助项目总额度约3 300万元，拟资助项目100多个。

23日 中国少儿报刊改革发展调研座谈会在北京举行。会议以"深化改革、加强管理、促进繁荣"为主题，国家新闻出版广电总局新闻报刊司司长李军主持会议。

23日~24日 2016年数字出版管理工作暨主流媒体融合发展经验交流现场会在广州召开。国家新闻出版广电总局副局长孙寿山，广东省委常委、宣传部长慎海雄，广东省副省长蓝佛安出席会议并讲话。

28日 新疆文化出版社在乌鲁木齐揭牌。"新疆文化出版社"由"新疆美术摄影出版社"更名而来，由省级专业性艺术出版社变更为省级综合性文化出版社。

29日 2016年全国各省（区、市）"扫黄打非"办公室主任会议在北京召开。全国"扫黄打非"工作小组专职副组长李长江，全国"扫黄打非"工作小组副组长兼办公室主任、国家新闻出版广电总局副局长吴尚之出席会议并讲话。

同日 四川省人大常委会通过《四川省人民代表大会常务委员会关于促进全民阅读的决定》。四川省成为继江苏、湖北、辽宁、深圳之后，全国第五个通过地方性全民阅读法律性文件的省市，也是西部第一个为全民阅读立法的省市。

同日 国家发改委发布《关于废止教材价格和部分服务收费政策文件有关问题的通知》。《通知》要求，教材定价权下放省级管理，由省级价格主管部门会同同级政府有关部门制定教材价格，同时废止《关于印发中小学教材价格管理办法的通知》等一系列教材价格政策文件。《通知》自 2016 年 5 月 1 日起执行。

4 月

4 日~7 日 第 53 届博洛尼亚国际童书展在意大利博洛尼亚会展中心举行，由中国少年儿童出版总社等 34 家单位组成的中国展团携 3 300 册图书参展。4 日下午，国际安徒生奖评委会宣布中国作家曹文轩获 2016 年国际安徒生奖。

9 日~10 日 由中国新闻出版研究院主办的第 13 届中国民营书业发展高峰论坛在重庆召开。本届论坛以"新思路、新举措、新发展"为主题，全国人大教科文卫委员会主任委员、中国出版协会理事长柳斌杰出席论坛并发表主旨演讲，中国新闻出版研究院院长魏玉山发布《2015 年中国民营书业发展报告》。

12 日 由国家新闻出版广电总局和北京市人民政府主办的"2016 书香中国暨北京阅读季"启动仪式在北京市房山区举行。国家新闻出版广电总局副局长吴尚之、北京市人大常委会副主任孙康林出席启动仪式并致辞。

当地时间 12 日 《新华字典》吉尼斯世界纪录发布仪式在英国伦敦吉尼斯总部举行。吉尼斯世界纪录有关负责人正式确认《新华字典》是世界"最受欢迎的字典"和"最畅销的书"。截至两项纪录统计的计算时间（2015 年 7 月 28 日），《新华字典》全球发行量共达 5.67 亿本。中国出版集团公司总裁谭跃、商务印书馆总经理于殿利等出席仪式。

12 日~13 日　2016 中国数字阅读大会在杭州举行。国家新闻出版广电总局副局长孙寿山出席并致辞。大会发布了《2015 年度中国数字阅读白皮书》，同时评选揭晓了"悦读中国"四大年度奖项，宣布成立青少年绿色数字阅读联盟，发布数字阅读企业战略合作项目，并启动 2016 悦读中国年。

当地时间 12 日~14 日　2016 伦敦书展在伦敦奥林匹亚展览中心举办，由 33 家单位组成的中国展团携千余册图书参展。12 日晚，伦敦书展国际出版卓越奖揭晓，接力出版社夺得伦敦书展国际贸易儿童和青少年出版奖，中国图书进出口集团获得市场焦点成就奖。

13 日　国务院办公厅发布《关于印发国务院 2016 年立法工作计划的通知》。制定《全民阅读促进条例》由研究项目提升为预备项目，立法进程加快。

18 日　由中国新闻出版研究院组织实施的第十三次全国国民阅读调查成果在北京发布。调查数据显示：2015 年，我国成年国民图书阅读率为 58.4%，较 2014 年上升 0.4 个百分点；数字化阅读方式的接触率为 64.0%，较 2014 年上升 5.9 个百分点；各媒介综合阅读率为 79.6%，较 2014 年上升 1 个百分点。

19 日　全国古籍整理出版规划领导小组办公室对中州古籍出版社《鲍参军诗注补正》等 104 个 2016 年度古籍整理出版专项经费拟资助项目名单予以公示。

同日　全国"扫黄打非"办公室公布了自 2015 年以来"秋风"专项行动查处的 10 起侵权盗版案件。这些案件涉及网上网下以及印刷、批发、零售等各环节，其中最大侵权数额达 1 亿余元，4 起案件已于近期由法院判决。

19 日~21 日　2016 全国新闻出版单位数字出版工作交流会暨数字出版部门主任联盟年会在北京召开。本届年会主题为"新闻出版智能化趋势：互联网＋物联网　新硬件时代"，由中国新闻出版研究院主办。

20 日　《四部丛刊四编》出版研讨会在北京举行。《四部丛刊四编》是《四部丛刊》的续出之书，由李致忠担任主编，中国书店出版社出版。

21 日　随着全国"扫黄打非"工作小组专职副组长李长江在北京主会场宣布销毁活动开始，全国 31 个省（区、市）2016 年侵权盗版及非法出版物集中销毁活动同时举行。此次销毁活动中，全国共销毁盗版音像制品、盗版图书、盗版电子出版物及非法报刊 1 418 万余件。时任国家新闻出版广电总局副局长、国家版权局副局长阎晓宏出席北京主会场活动并讲话。国家新闻出版广电总局副局长、全国"扫黄打非"工作小组副组长兼办公室主任吴尚之主持北京主会场销毁活动。

当地时间 4 月 21 日~24 日，第 23 届匈牙利布达佩斯国际图书节在布达佩斯举办。由人民文学出版社、中华书局等 6 家出版单位组成的中国出版代表团携近 700 册图书参展。

22 日 国家新闻出版广电总局启动"2016 年首届少儿报刊阅读季"活动。本届活动以"阅读成就精彩人生，报刊陪伴书香童年"为主题，时间为 4 月 23 日至 10 月 31 日。

23 日 由中国图书评论学会和中央电视台科教频道联合举办的"2015 中国好书"推选结果正式揭晓，《抗日战争》等 28 本图书入选。

26 日 国家版权局公布了北京金图创联国际科技有限公司侵犯信息网络传播权案、河北张某某等印制盗版图书案等 2015 年度全国打击侵权盗版十大案件。

27 日 《2014 年中国版权产业的经济贡献调研结果》发布。调研结果显示，2014 年我国版权产业的行业增加值为 46 287.81 亿元人民币，占全国 GDP 的 7.28%，比上年提高 0.01 个百分点。

4 月 27 日~5 月 2 日 第 12 届中国国际动漫节在杭州举行。本届动漫节组织开展了 59 项活动，共吸引 80 个国家和地区参与，累计交易总额达 151.63 亿元。

当地时间 4 月 27 日~5 月 3 日 2016 年阿布扎比国际书展在阿拉伯联合酋长国阿布扎比会展中心举办。由中国图书进出口（集团）总公司、五洲传播出版社等单位组成的中国展团携带近两年出版的 223 种新书参展。国家新闻出版广电总局与阿布扎比旅游文化局在阿布扎比国家展览中心签署谅解备忘录，明确中国作为主宾国参加 2017 年阿布扎比国际书展。

本月 国家新闻出版广电总局办公厅下发《关于开展第二批学术期刊认定及清理工作的通知》。这是继 2014 年 4 月认定了第一批学术期刊之后，总局第二次开展学术期刊认定及清理工作。

本月 20 卷 20 册的《中国传统工艺全集》丛书出版完成。该书由中国科学院、大象出版社组织全国知名专家历时 20 年完成，涵盖传统工艺全部 14 大类，记述的工艺近 600 种。

本月　国内出版传媒业首支永续债券——重庆出版集团注册金额为 9 亿元、年期为"5＋N"的永续中票发行成功。

5 月

4 日~7 日　由中国出版协会少年儿童读物工作委员会主办的 2016 年全国少儿图书交易会在陕西西安举办，来自全国各地的 34 家专业少年儿童出版社及近 200 家电商、实体书店代表与会。

5 日　行业资讯平台"出版头条"产品发布会在北京举办。全国人大教科文卫委员会主任委员、中国出版协会理事长柳斌杰，原中国编辑学会会长桂晓风出席发布会并致辞。"出版头条"由中国出版协会、光明网传媒有限公司主办，安徽出版协会协办，天梯头条传媒（苏州）有限公司负责运营。

当地时间 11 日~14 日　2016 美国书展在芝加哥麦考密克展览中心举办，由 41 家单位组成的中国展团携 836 册图书参展。

12 日~16 日　第 12 届中国（深圳）国际文化产业博览交易会在深圳举办。本届文博会总展位面积达 10.5 万平方米，参展单位共 2 297 个，举办各类活动 700 余项，实质性成交 2 032.014 亿元。

12 日　由国家新闻出版广电总局新闻出版重大科技工程项目领导小组办公室举办的数字版权保护技术研发工程成果展亮相第十二届中国（深圳）国际文化产业博览交易会。时任国家新闻出版广电总局副局长阎晓宏参观成果展并出席当天的数字版权保护技术服务签约仪式。

同日　由中国新闻出版研究院主办的 2016 国家数字出版基地高端论坛在深圳举办。本次论坛的主题为"国家数字出版基地的建设与发展"，国家新闻出版广电总局数字出版司长张毅君出席并做主旨报告。

12 日~14 日　"2016 北京·台湖全国图书馆采购订货会"在北京台湖出版物会展贸易中心举行，大陆、港澳台及海外 2000 余家出版集团、出版社、民营图书公司和出版代理商参展，来自全国各地的公共图书馆、大学图书馆、图书经销商、馆配商、机关团体单位、零售书店、国际学校等近 1200 家客户到场交易交流。

当地时间 12 日~15 日　2016 年布拉格国际书展在捷克布拉格工业展览馆举行。由中国建筑工业出版社、人民东方出版传媒有限公司、北京大学医学出版社有限公司等 4 家单位组成的中国出版代表团携 500 余种图书亮相书展。

14 日　2016 年度北京市新闻系列（数字编辑）中级、初级专业技术资格考试举行。据统计，2016 年共有 3 500 余人进行了网上申报，约 2 700 人通过现场审核。

17 日　国家新闻出版广电总局在官网公布《"十三五"国家重点图书、音像、电子出版物出版规划》。"十三五"出版规划项目由图书和音像制品、电子出版物两大部分 11 个子规划组成，"十三五"出版规划项目总体规模为 3 000 种左右，首次遴选的项目共 2 171 种。

18 日　中宣部办公厅和国家新闻出版广电总局办公厅联合下发通知，公布了 2016 年主题出版重点出版物选题。学习出版社、人民出版社的《习近平总书记系列重要讲话读本（2016 年版）》等 120 种选题入选。

21 日　商务印书馆举行《中华现代学术名著丛书》第二批出版座谈会暨第三批专家论证会，正式宣布丛书第二批 100 种全部完成。《中华现代学术名著丛书》（第二批）共 100 种 105 本，收录上自晚清下至 20 世纪 80 年代末中国大陆及港澳台地区、海外华人学者原创学术名著（包括外文著作）。

25 日~26 日　由江西出版集团和韩国文化体育观光部联合主办的 2016 中韩图书版权交易会在江西南昌举办。交易会吸引了中韩两国 60 家出版单位，展出图书、期刊、电子出版物 2 800 余种。

26 日　2016 年全国图书质量管理工作座谈会在北京召开。中宣部副部长庹震、国家新闻出版广电总局副局长吴尚之出席会议并讲话。

31 日　2016 年全国优秀少儿报刊推荐新闻发布会在国家图书馆举行，国家新闻出版广电总局公布了《中国少年报》《儿童文学》《盲童文学》等 61 种优秀少儿报刊名单。

6 月

1 日　国家新闻出版广电总局与商务部于 2016 年 5 月 31 日发布的《出版物市场管理规定》正式施行，原国家新闻出版总署、商务部于 2011 年 3 月 25 日发布的《出版物市场管理规定》同时废止。

同日　由中国印刷史研究会主办，中国印刷博物馆、北京印刷学院、荣宝斋承办的第九届中国印刷史学术研讨会在北京举行。

2日　国家新闻出版广电总局发布《关于移动游戏出版服务管理的通知》。根据《通知》，总局对移动游戏实施分类审批管理，今后将进一步压缩内容审查时间，提高移动游戏受理和审批工作效率。

6日　中南文化（股票代码002445）发布公告，以4.5亿元现金收购北京新华先锋文化传媒有限公司。本次交易完成后，新华先锋将成为中南文化的全资子公司。这是我国民营书业历史上最高额的一起收购案。

7日　中宣部、国家新闻出版广电总局、国家发改委、教育部、财政部、住房和城乡建设部、商务部、文化部、人民银行、税务总局、工商总局等11部门联合印发了《关于支持实体书店发展的指导意见》。《指导意见》提出了推动实体书店建设的6项主要任务和5项政策措施。

7日~8日　国务院新闻办公室、国家新闻出版广电总局在成都召开"中国图书对外推广计划"工作会议。会议总结"中国图书对外推广计划"实施10年来的成绩，研究部署"十三五"期间中国图书走出去工作。中宣部副部长、国务院新闻办公室副主任崔玉英，国家新闻出版广电总局副局长吴尚之，四川省委常委、宣传部长甘霖出席会议并讲话。

8日　《2017年度国家出版基金项目申报指南》在国家出版基金规划管理办公室网站上正式发布。2017年度《申报指南》在指导思想、资助项目的范围与重点、申报要求和程序等方面做了详细说明。

13日~15日　第31届全国古籍出版社社长年会在广西桂林召开，中国出版协会古籍出版工作委员会36家成员单位负责人结合"十三五"国家重点出版物出版规划，就进一步做好未来5年古籍整理出版工作进行了深入交流。

14日　由中国外文局与华沙社会学与人文科学大学联合建立的全球第一个"中国图书中心"在波兰成立。

当地时间14日，中国主题图书展销月活动在波兰首都华沙启动。

16日　国家新闻出版广电总局在北京召开全国实体书店发展推进会。会议宣读了《关于支持实体书店发展的指导意见》。中宣部副部长、国家新闻出版广电总局党组书记、局长蔡赴朝出席会议并讲话。

17日~18日　由时代新媒体出版社有限责任公司承办的第六届十省电子

音像出版社联席会在安徽合肥举行。本次会议以"创新、平台、政策"为主题，来自安徽、河南、江西、湖南、河北、浙江、广东、山东、山西、湖北十省电子音像出版社社长及代表参加了会议。

20 日~22 日 2016 年美联体社长年会暨图书交易会在湖南长沙举行。会议由中国出版协会美术出版工作委员会、中国书刊发行业协会美术发行专业委员会、湖南省新华书店共同主办，全国美术出版社联合发行集团、湖南美术出版社负责承办。

21 日~22 日 第 31 届全国少年儿童出版社社长年会在浙江杭州召开。此次会议以"少儿出版如何践行社会效益与经济效益相统一要求，实现提质增效"为主题，来自全国 30 余家少儿出版社的社长、总编辑出席年会。

22 日 四川出版集团与安徽出版集团在成都举行战略合作协议签字仪式，双方在文化投资、教育服务、智慧城市、文化旅游等领域达成合作意向。

23 日 中宣部和国家新闻出版广电总局发布 2016 年主题出版重点选题，共计 120 种，含 96 种图书和 24 种音像电子出版物。总局组织全国百家书城于 7 月至 11 月联合开展 2016 年重点主题出版物展示展销活动。

25 日 由西南师范大学出版社与巴蜀书社联合出版的《中华大典·法律典》首发纪实研讨会在北京召开。《法律典》的出版历时 23 年，包括《法律理论分典》《诉讼法分典》《行政法分典》《刑法分典》《民法分典》《经济法分典》6 个分典，总计 23 册，近 4 200 万字。

26 日 广西师大出版社深圳贝贝特文化传媒有限公司在深圳成立，主要负责该社人文图书出版分社和"新民说"品牌的运营。由广西师大出版社与深圳市新福桥文化发展有限公司战略合作共建的广西师大出版社深圳分社同日揭牌。

28 日 中国印刷博物馆成立 20 周年座谈会在北京召开。时任国家新闻出版广电总局副局长、国家版权局副局长阎晓宏出席座谈会并讲话。原新闻出版署署长于友先，中央纪委委员、国家新闻出版广电总局原党组成员宋明昌出席座谈会。

本月 中宣部发布 2015 年"优秀儿童文学出版工程"入选推荐图书，由人民文学出版社、天天出版社出版的《将军胡同》等 7 种图书入选。

本月 国家新闻出版广电总局联合教育部、国家发改委、财政部印发《关于 2016 年规范教育收费治理教育乱收费工作的实施意见》。《意见》要求继续深化中小学教辅材料散滥问题治理，各地要严格落实《中小学教辅材料管理办法》，不断完善教辅材料评议公告工作机制。

7 月

1 日　新修订的《新闻出版统计管理办法》正式施行，原新闻出版总署、国家统计局于 2005 年 2 月 7 日颁布的《新闻出版统计管理办法》同时废止。

5 日　国家新闻出版广电总局发布 2016 年向全国青少年推荐百种优秀出版物入选书目，中国少年儿童新闻出版总社、明天出版社、湖南少年儿童出版社、二十一世纪出版社等 80 余家出版单位的 100 种出版物入选，其中，图书 78 种，音像电子出版物 22 种。

当地时间 5 日　俄罗斯第一家中文书店——尚斯博库莫斯科店开业，尚斯博库图书网站同时开通。国务院副总理刘延东、国家新闻出版广电总局副局长童刚、俄罗斯联邦教育科学部第一副部长特列季亚克共同为书店剪彩。该书店由浙江出版联合集团与俄罗斯尚斯国际出版公司合作经营，位于莫斯科阿尔巴特大街，面积约 200 平方米，店内图书 5 000 余种。

7 日　京广传媒（股票代码：837191）正式登陆新三板。山东京广传媒股份有限公司是新三板首家以实体书店为根基的入驻企业，被誉为"新三板实体书店第一股"。

7 日~11 日　第 12 届中国国际动漫游戏博览会（CCGEXPO2016）在上海世博展览馆开幕。博览会总展区面积达 5.3 万平方米，分主展馆、CCG SP 电竞馆、CCG MAX 同人馆三大主题馆以及商务馆。其中，主展馆海内外参展商共 338 家，海外展商展场面积超过 40%；4 000 平方米的商务馆有展位 60 多个，汇聚了来自中国、泰国、韩国的多家动漫游戏企业。

8 日　青岛出版集团与日本大王造纸株式会社在青岛签订资产与业务转让合同，青岛出版集团以现金方式一次性收购大王造纸渡边淳一文学馆会社 100% 股权。

8 日~12 日　以"阅读的盛会，读者的节日"为宗旨的第六届江苏书展在江苏扬州举办。展馆内汇聚参展出版发行单位 380 多家，出版物品种 12 万多种，吸引了 28.1 万人次进场参观和参与。本届书展总销售额 2 084.8 万元，其中零售 544.8 万元，团购馆配 1 540 万元。

7 月　国家新闻出版广电总局规划发展司下发了《2015 内地上市出版传媒企业经营分析报告》，对内地主板和创业板上市的 32 家出版传媒企业（出版公司 9 家、发行公司 4 家、报业公司 6 家、印刷公司 10 家、新媒体公司 3 家）的经营情况进行了对比分析。

8 日～17 日　"第六届书香中国·北京阅读季·北京儿童阅读周暨中国童书博览会"在北京展览馆举办。活动以"书香伴我成长，科技成就梦想"为主题，吸引了近 20 万人参与，办会规模、观展人数均创新高。

12 日　国家版权局、国家互联网信息办公室、工业和信息化部、公安部在北京联合召开"剑网 2016"专项行动新闻通气会，下发《关于开展打击网络侵权盗版"剑网 2016"专项行动的通知》，启动"剑网 2016"专项行动，突出整治未经授权非法传播网络作品的行为。

12 日　第 17 届中韩出版学术研讨会在北京举办。本届研讨会以"教育出版与出版教育"为主题，由中国新闻出版研究院主办。

16 日　长江出版传媒集团旗下长江传媒非洲公司——英爵意文化传媒有限公司在肯尼亚首都内罗毕成功注册，成为国内出版传媒企业在非洲注册的第一家出版传媒公司。

19 日～21 日　以"创新、引领、融合、发展"为主题的 2016 中国数字出版年会在北京召开。本届年会由中国新闻出版研究院主办，会上发布了《2015—2016 中国数字出版产业年度报告》。国家新闻出版广电总局党组成员、副局长孙寿山出席并做主旨报告。

27 日～31 日　第 14 届中国国际数码互动娱乐展览会（ChinaJoy）在上海举办。本届展会以"游戏新时代，拥抱泛娱乐"为主题，来自全球 30 多个国家和地区的千余家企业参展。在同期举办的中国国际数字娱乐产业大会上，国家新闻出版广电总局副局长、中国音像与数字出版协会理事长孙寿山发表题为《融合发展　共谱我国数字内容产业新华章》的主旨讲话。

27 日　中国音像与数字出版协会游戏工委联合专业机构发布《2016 年 1～6 月中国游戏产业报告》。《报告》围绕客户端游戏、网页游戏、移动游戏、单机游戏、电视游戏等细分领域对 2016 年上半年我国游戏出版产业规模和趋势做了具体分析。2016 年上半年，中国游戏市场实际销售收入达到 787.5 亿元人民币，同比增长 30.1%。

28 日~30 日　第 26 届全国图书交易博览会在内蒙古包头国际会展中心举行。除包头市主会场外，还设乌兰察布市、乌海市两个分会场。本届书博会共有 44 个代表团、860 家出版发行单位参展，总展位数 2 127 个，展出图书 23.7 万种，交易额逾 40 亿码洋。

29 日　安徽新华发行（集团）控股有限公司可交换公司债券（16 皖新 EB）上市仪式在上海证券交易所举行。这是安徽省内企业在可交换公司债券融资上的首次突破，也是全国文化产业公募第一单。

本月　由江苏苏州慢书房与耐思书店联合发起的小书店联盟宣告成立。首批加入联盟的书店包括南京的萤火虫花园绘本馆、上海的远方书屋、广州的云路书吧、武汉的境自在书店等 46 家小型书店。

8 月

1 日　国家新闻出版广电总局丝路书香工程重点翻译资助项目办公室公布 2016 年资助项目公示名单。外文出版社的《习近平谈治国理政》等 81 家申报单位的 439 个品种拟获得资助。

同日　国家新闻出版广电总局经典中国国际出版工程办公室公布 2016 年资助项目公示名单。上海交通大学出版社的《平易近人——习近平的语言力量》等 67 家出版机构的 126 个品种入围，公示结束后有望获得资助。

3 日　《北京市实体书店扶持资金管理办法（试行）》《北京市实体书店扶持项目管理规定（试行）》《北京市实体书店扶持项目评审细则（试行）》出台。这标志着实体书店资金扶持工作已纳入北京市"十三五"时期公共文化服务体系建设之中，预计 5 年资金总投入逾亿元。

5 日~6 日　第 17 次全国皮书年会在河南郑州举行。本届年会以"皮书研创出版：专业化与规范性"为主题，由中国社科院主办，社会科学文献出版社与河南省社科院、河南大学共同承办。

8 日　国家新闻出版广电总局发布《2015 年新闻出版产业分析报告》。报告显示，2015 年全国出版、印刷和发行服务实现营业收入 21 655.9 亿元，同比增长 8.5%；利润总额 1 662.1 亿元，同比增长 6.3%；在积极推进供给侧结构性改革中，行业整体规模扩展。

同日 新华文轩出版传媒股份有限公司（新华文轩）在上海证券交易所挂牌上市，成为我国首家"A＋H"股上市的出版发行企业。新华文轩发行价格为7.12元，本次发行9 871万股，募集资金净额6.45亿元。

13日~15日 由银川市人民政府和银川经济技术开发区管委会共同主办的"首届中阿国际动漫文化节"在银川国际会展中心举行，中方与阿方相关企业共签约各类文化交流项目80个。

11日 由中国民族管弦乐学会、上海音乐出版社主办的《华乐大典》系列丛书首发式在北京举行。6卷本《华乐大典》丛书以史、曲、传、记、目的形式记述了我国民族器乐艺术发展历程，被民乐界誉为填补我国器乐发展学术空白之作。

12日 重组后的时代新媒体出版社亮相。重组后的时代新媒体出版社由原时代新媒体出版社与安徽教育网络出版有限公司两家合并组建，时代新媒体出版社原独立事业部"时光流影"分拆单独成立科技公司。

12日~14日 以"书香两岸·情系中华"为主题的第12届海峡两岸图书交易会在台北世贸中心举行。本届交易会主宾省为山东，共有300多家两岸出版机构参展，参展图书近30万册。

15日 东北三省首家24小时书店——歌德书店在辽宁沈阳开业。歌德书店由辽宁出版集团、北方联合出版传媒（集团）股份有限公司所属北方图书城创建。在当天的开业典礼上，还举行了"歌德书店"主题书——《歌德名言》（中德文对照）首发仪式。

16日 国家版权局通报了"剑网2016"专项行动第一批网络侵权盗版案件查办情况，包括江苏苏州"风雨文学网"涉嫌侵犯著作权案、重庆"269小说网"涉嫌侵犯著作权案等8起案件，涵盖了侵犯网络文学和游戏软件作品著作权、通过网络平台销售盗版制品等案件类型。

17日~23日 2016上海书展暨"书香中国"上海周在上海展览中心举办。2016上海书展以"我爱读书 我爱生活"为主题，由国家新闻出版广电总局、上海市人民政府联合主办，参展出版单位500余家，共展出15万种图书，举办860余场阅读文化活动。

18日~19日 第11届中国传媒年会在广州举行。本届年会以"实践推动转型示范引领融合"为主题，由传媒杂志社主办。年会上发布了《2014—2016

全国报刊媒体融合创新成果报告》和《2014—2016中国媒体融合创新报告》。

18日~22日　第八届中国国际影视动漫版权保护和贸易博览会在广东东莞开幕。本届漫博会由国家新闻出版广电总局（国家版权局）和广东省人民政府联合主办，共吸引503家企业参展，举办11场专业活动、80多项大众活动。

19日~25日　2016南国书香节暨羊城书展在广州中国进出口商品交易会展馆举行。本届南国书香节以"让阅读成为创新的源泉"为主题，主会场展馆面积4万多平方米，开设展销区和专区50多个，参展图书、文创产品高达30万种，广东省主、分会场进场120多万人次，图书销售稳定增长达到3300万元。

20日　我国著名儿童文学作家曹文轩在新西兰奥克兰市获颁2016年国际安徒生奖文学奖，成为首次获得这一殊荣的中国作家。在颁奖典礼现场，曹文轩发表了题为《文学：另一种造屋》的主旨演讲。

23日　第十届"中华图书特殊贡献奖"名单公布。本年度"中华图书特殊贡献奖"获奖者共19名，包括作家5人、出版家4人、翻译家5人、青年成就奖5人。

23日　以"融合发展的新前景"为主题的2016北京国际出版论坛在北京举办。本次论坛由国家新闻出版广电总局、国务院新闻办公室、中国民主促进会中央委员会共同主办，中国图书进出口（集团）总公司承办。

24日　"中国数字图书全球发行平台"在北京发布。该平台由北京欣博友数据科技有限公司和美国传捷通睿公司合作开发，可以制作完成符合全球各渠道要求的电子书格式，并与全球300多家一级电子书阅读渠道和23万余家图书馆建立了合作关系。

24日~28日　第23届北京国际图书博览会（BIBF）和第14届北京国际图书节在中国国际展览中心（顺义新馆）同时同地举办。本届图博会主宾国为中东欧16国，来自86个国家和地区的2407家出版机构参展，展出中外最新出版物30多万种，共达成中外版权贸易协议5018项，同比增长6.3%。

25日　国家新闻出版广电总局下发通知，决定在2016年继续组织开展"百社千校"阅读活动。本次活动以"书籍承载希望，阅读点亮梦想"为主题，组织100家左右图书出版单位，与全国各地特别是老少边穷地区的1000所中小学共同开展多种形式的阅读活动。

25日 广西师范大学出版社集团在北京宣布成功收购英国ACC出版集团。广西师范大学出版社集团以子公司广西师范大学出版社（上海）有限公司为主体，完成了对ACC出版集团旗下的ACC出版社、ACC英国和美国发行公司以及《古董与收藏》杂志的收购。

25日 由五洲传播出版社、韩国出版文化产业振兴院主办的"2016中韩出版合作论坛"在北京国际图书博览会举行。论坛上，中国新闻出版研究院、五洲传播出版社和韩国出版文化产业振兴院签署了MOU协议。

31日 国家新闻出版广电总局发布2015年全国新闻出版业基本情况。数据显示，2015年，全国共出版图书、期刊、报纸、音像制品和电子出版物550.6亿册（份、盒、张），较2014年降低5.6%。

31日 中文在线发布公告，拟出资现金2亿元认购北京新浪阅读信息技术有限公司13.333%的股权。同时，中文在线拟出资5 000万元现金收购原股东吕廷斌持有的新浪阅读3.334%的股权，上述增资及收购完成后，中文在线获得新浪阅读16.667%的股权。

9月

1日 2016年"原动力"中国原创动漫出版扶持计划入选项目结果公示，69个项目入选，其中漫画图书类项目40个、多媒体动画类项目19个、期刊连载类项目6个、民文译制类项目4个。

3日 全国第一家"O（Online）＋O（Offline）"实体书店——当当梅溪书店开幕典礼在长沙步步高·梅溪新天地水秀广场（梅溪书院前坪）召开。当当梅溪书店由步步高集团和当当共同打造，24小时经营，实行当当线上线下同价经营，为顾客打造线上线下一站式服务。

当地时间7日~11日 第29届莫斯科国际书展在莫斯科全俄展览中心举行，由接力出版社、高等教育出版社、中国社会科学出版社等单位组成的中国代表团携1 000余种图书亮相。中国图书展区位于整个展场的中部，面积约100平方米。

8日 上海印刷集团在青浦现代印刷基地举行上海中华印刷博物馆暨映美术馆更名揭牌仪式。中华印刷展示馆正式更名为中华印刷博物馆，中华印刷博物馆所属映美术馆也正式亮相。

当地时间 9 日　社会科学文献出版社俄罗斯分社——斯维特出版社成立仪式在第 29 届莫斯科国际书展现场举办。该社是由社会科学文献出版社和俄罗斯涅斯托尔出版社合资在俄罗斯成立的分社。

10 日　目前国内单体规模最大的课本博物馆在山东淄博正式开放。该博物馆建筑面积 2 600 平方米，馆内藏有 100 余年来中国各时期课本逾 2 万册。国家新闻出版广电总局原党组成员宋明昌出席开馆仪式。

10 日~11 日　由安徽省委宣传部、合肥市人民政府、安徽省文化厅、安徽省新闻出版广电局、安徽省教育局、安徽省文联、安徽新华发行集团、安徽出版集团联合举办的"2016 中国黄山书会"在安徽省合肥市国际会展中心举行。

20 日~25 日　第二届中国—亚欧出版博览会在新疆国际会展中心 8 号馆举办，展出图书 4 000 余种 5 000 余册，举行 4 场主题活动。作为本届博览会的主要内容之一，以"共同开创丝绸之路合作出版新未来"为主题的博览会出版论坛于 21 日举行，国家新闻出版广电总局副局长吴尚之、新疆维吾尔自治区党委宣传部长闫国灿等出席论坛并致辞。

9 月 20 日~10 月 10 日　"首届丝绸之路（敦煌）国际文化博览会"在甘肃省敦煌市举办。本届博览会以"推动文化交流、共谋合作发展"为主题，由文化部、国家新闻出版广电总局、国家旅游局、中国贸促会、甘肃省人民政府主办。其中，"丝路书香"精品图书展共展出中外 14 个国家 20 多个语种的精品图书 8 314 个品种 12 109 册。

22 日~26 日　2016 年中国—泰国书展、影视推介暨中泰出版影视论坛在泰国清迈举办。本次书展设有中泰出版物展示区、中泰影视展示区，中方带来 2 000 余种、1.7 万多册中国图书和 300 多部影视作品与泰国民众见面。

23 日~25 日　2016 日本东京国际书展在东京有明展览中心举行，来自全球 30 多个国家和地区的国际展商代表参与展出。言实出版社、党建读物出版社、上海交通大学出版社等 14 家出版单位组成中国展团参展。期间，以"开拓中日图书交流的渠道——中日图书翻译出版的新探索"为主题的第五届"中日出版交流会"在日本众议院第一议员会馆召开，14 家东京书展中国参展团成员以及日本出版界人士共 160 人出席了交流会。

23 日~25 日　以"新理念、新融合、新发展"为主题的 2016 中国（武

汉）期刊交易博览会在武汉国际博览中心举办。全国各省（区、市）均组团参
加此次刊博会，刊博会海外馆迎来了 50 多个国家和地区的百余家集团参展。
2016 期刊媒体国际创新发展论坛也于 23 日启幕。

　　24 日　由新疆人民出版社、新疆科学技术出版社和商务印书馆联合举办的
《新华字典》汉文维吾尔文版、汉文哈萨克文版出版座谈会在乌鲁木齐新疆会
展中心举行。

　　同日　第五届人文社会科学集刊年会在贵阳召开。年会以"学术集刊与学
术传播：从规范到 e 世界"为主题，由社会科学文献出版社联合贵州省社科
院、贵州师范大学举办。

　　24 日~28 日　以"发展中的西藏"为主题的 2016 年尼泊尔中国书展在尼
泊尔首都加德满都举办。本届书展举行"中国西藏书展""中尼双方出版合作
成果展""西藏特色产品展""中国美丽西藏书画展"等活动，全面展示反映
优秀西藏文化、中尼合作出版的优秀成果。

　　24 日~30 日　以"开卷有益　文明生活"为主题的齐鲁书香节暨 2016 山
东书展在山东书城举行。山东书城主会场展区近 2 万平方米，设置展馆 21 个，
集中展出全国 715 家参展单位图书 21 万种，共 71 万册；山东省各市、县
（市、区）新华书店设分会场。

　　27 日　中国编辑学研究中心成立大会暨编辑学研究高层论坛在北京印刷学
院举行。中国编辑学研究中心由中国编辑学会和北京印刷学院联合建立。

　　9 月 28 日~10 月 2 日　2016 印度尼西亚国际书展在印尼雅加达会议中心
举行，来自 14 个国家和地区的出版机构参展。浙江大学出版社携《中国历代绘
画大系》在印尼首次亮相，在本次书展上策划组织了"丝路文明图书印尼展"。

　　29 日　《国家人权行动计划（2016—2020 年）》发布，首次将全面实施全
民阅读工程写入其中。行动计划由国务院新闻办公室和外交部牵头编制，确定
了 2016~2020 年尊重、保护和促进人权的目标和任务。

　　9 月 29 日~10 月 5 日　第九届中国国际漫画节在广州举办。本届漫画节围
绕"新丝路，大动漫"主题，设置鼓励原创、推介交易、娱乐消费、探讨交
流、群众活动五大单元。漫画节入场观众合计达 22.5 万人次，展出的漫画图
书及衍生品达 10 000 多种，超过 500 名中外知名动漫行业嘉宾、漫画家出席系
列活动。

10 月

1 日 浙江出版联合集团与蒙古 NEKPO 出版社的战略合作项目在乌兰巴托正式启动，双方就图书出版签署了框架协议。根据协议，双方将在 NEKPO 出版社内建立中国图书编辑中心，推进中蒙互译、新老蒙文转换出版工程等。

12 日 当当网与四川省政府签订"文化互联网＋"战略合作协议。当当网计划投资 20 亿元在川建立文化产业总部，打造全产业链文创产品及服务，其中一项重要内容就是开办 O2O 实体书店。

18 日~22 日 第六届中国国际全印展在上海新国际博览中心举办。本届全印展以"发现印刷未来"为主题，展出面积达 8 万平方米，来自全球 22 个国家和地区的 724 家展商参展，中外专业观众达 76 818 人，参观总人数达 109 710 人次，40 余场专业印刷论坛和技术交流会在全印展同期主办。

19 日 国家新闻出版广电总局在北京召开主题出版工作调研座谈会，希望出版界提前谋划下一年选题，推出更多类型的优秀主题出版物，使主题出版工作再上新台阶。

19 日~23 日 第 68 届法兰克福书展在德国举办。本届书展以"这是我们所分享的"为主题，主宾国为荷兰和佛兰德斯，共吸引来自 100 多个国家和地区的 7 000 多家展商。中国展团由来自全国 72 家单位的 152 名代表组成，展出出版物 1 000 余种。

20 日 图书走出去工作座谈会在中国出版集团召开。中共中央政治局委员、中央书记处书记、中宣部部长刘奇葆出席会议并做重要讲话。他强调，要深入学习贯彻习近平总书记系列重要讲话精神，准确把握国外受众需求和图书传播规律，突出思想内涵，坚持创新发展，不断提升国际出版能力，让更多体现中国精神、中国价值的优秀图书走向世界。

22 日~23 日 第 15 届华中图书交易会在武汉国际会展中心举行。本届交易会设置展位 1 100 个，来自全国 30 个省（区、市）的 500 多家出版发行单位、2 万多家发行企业参展，参展新版、精品出版物达 10 余万种，交易码洋突破 28 亿元，参展人数超过 10 万人。

23 日 由中国编辑学会科技读物编辑专业委员会主办、科学出版社承办的以"新体制、新业态下保证和提高出版物质量"为主题的研讨会在北京召开。

24 日　国家新闻出版广电总局在北京举行图书走出去基础书目专家评审会。经专家审议，确定主题图书、哲学社科、文艺、传统文化、科技、少儿 6 个类别 200 余种图书进入首批书目库。

25 日　福建发布"2016年福建省全民阅读居民调查指数"，这是福建省首次发布这一数据。调查显示，2016 年福建省成年居民的各媒介综合阅读率为 81.8%，较 2015 年全国平均水平高 2.2 个百分点；数字化阅读方式的接触率为 67.6%，比 2015 年全国平均水平高 3.6 个百分点；图书阅读率为 46.9%，低于 2015 年全国平均水平。

同日　由北京出版集团创办、著名儿童文学作家曹文轩任主编的《十月少年文学》在北京创刊。

26 日　江苏慧源书城股份有限公司新三板上市敲钟仪式在北京举行。这标志着慧源书城正式登陆新三板，成为江苏省首家登陆新三板的民营实体书店。

26 日～28 日　以"联结＋创变"为主题的第六届书香中国·北京阅读季阅读盛典在北京天桥艺术中心举办。期间，书香中国·北京阅读季领导小组办公室发布《2015—2016 年度北京市全民阅读综合评估报告》。报告显示：2015～2016 年度北京市综合阅读率为 92.24%，人均纸质图书阅读量为 10.88 本，数字阅读率为 83.57%，较上一年度增长了 5.39 个百分点；纸质阅读率为 79.72%，较上一年度下降了 1.98 个百分点。

27 日～30 日　由文化部、国家新闻出版广电总局和北京市人民政府共同主办的第 11 届中国北京国际文化创意产业博览会在北京举办。本届文博会以"激发文化活力，引领产业创新"为主题，举办综合活动、展览展示、推介交易、论坛会议、创意活动、分会场六大系列百余场活动。其中，以"交流　交易　发展　共赢"为主题的台湖国际图书分会场于 27 日至 29 日在北京台湖出版物会展贸易中心举办，集中展销 60 余万种中外文出版精品。

30 日　人民卫生出版社在北京组织召开"第 17 届全国高等医药教材建设研究暨人民卫生出版社专家咨询 2016 年年会"。本届年会上，人民卫生出版集团挂牌成立。

同日　第 17 届国际出版学术研讨会在青岛召开。本次研讨会以"数字化背景下的编辑人才培养"为主题，由中国编辑学会主办、青岛出版集团承办。

本月　国家新闻出版广电总局办公厅就 2016 全国少儿报刊编校质量检查

相关情况向社会进行通报。其中，少儿报纸编校质量合格率达到100%，少儿期刊编校质量合格率为92.31%。

本月　国家新闻出版广电总局正式启动2016年度"图书版权输出奖励计划"，对2014年1月1日至2015年12月31日期间实现版权输出且在海外实际出版发行的纸介质图书给予普遍奖励和重点奖励。

11月

2日　由国家新闻出版广电总局印刷发行司和环境保护部科技标准司联合主办的2016年绿色印刷推进会在北京召开，宣告2016年全国绿色印刷宣传周活动拉开序幕。会议通报了印刷业环保工作情况和2016年绿色印刷图书环保质量抽查检测情况，发布了《2016年绿色印刷实施成果报告》和《2016年绿色印刷调查报告》。

同日　国家新闻出版广电总局在江西南昌召开第二次全国数字出版转型示范现场会。会上发布了全国数字出版转型示范跟踪研究报告，国家新闻出版广电总局副局长孙寿山做了题为《用转型升级的成功实践体现我们的文化担当》的讲话。

4日~7日　第九届海峡两岸（厦门）文化产业博览交易会在厦门国际会展中心举行。本届海峡两岸文博会以"一脉传承　创意未来"为主题，以"突出两岸、突出产业、突出投资、突出交易"为宗旨，主会场设在厦门国际会展中心，展览面积达6.5万平方米，设3 250个展位，共吸引来自境内外1 708家文化企业和机构参展。

8日　全国"扫黄打非"办公室在江苏省南京市召开2016年全国"扫黄打非"进基层工作推进会。会议总结交流江苏等地深入推进"扫黄打非"进基层工作的经验与做法，分析当前进基层工作面临的形势和任务，并就如何进一步深化"扫黄打非"进基层工作进行再部署。

10日~11日　全国新闻出版统计工作会议在北京举行。会议总结了2016年新闻出版统计工作情况，表扬了先进单位和个人，开展了工作经验交流，部署了2017年新闻出版统计重点工作。国家新闻出版广电总局副局长孙寿山出席会议并讲话。

14日　国家版权局发布了《关于加强网络文学作品版权管理的通知》。

《通知》进一步明确了通过信息网络提供文学作品以及提供相关网络服务的网络服务商在版权管理方面的责任义务，细化了著作权法律法规的相关规定，是国家版权局加强网络文学版权保护的一项重要举措，对规范网络文学版权秩序具有重要的意义。

16 日　由国务院新闻办公室、国家新闻出版广电总局主办，中国图书进出口（集团）总公司承办的 2016 厄瓜多尔"中国主题图书展销月"在厄瓜多尔首都基多开幕。

16 日~20 日　第 23 届罗马尼亚高迪亚姆斯国际图书与教育展在布加勒斯特国际展览中心举办。中国首次以主宾国身份亮相该书展，也是首个参加这一书展的亚洲国家。此次中国作为主宾国参展，展台分为出版单位图书展区、专题图书展区、文化展区、活动区及接待区 5 个部分，共有来自 50 多家出版机构的 3 000 多册精品图书参展。

17 日　南方财经全媒体集团揭牌仪式在广州举行。国内第一家全媒体集团——南方财经全媒体集团诞生。

18 日~20 日　2016 中国上海国际童书展在上海世博展览馆举行。本届童书展成功吸引了 300 余家国内外童书出版和文化创意机构，1 000 余位国内外童书作家、插画家和出版专业人士参加，6 万余种中外童书新品，举办 100 余场阅读推广和专业交流活动。

20 日　秘鲁"中国图书中心"成立揭幕仪式在秘鲁国家图书馆举行。秘鲁"中国图书中心"是在国务院新闻办公室指导下，由中国外文局与秘鲁国家图书馆联合建立的，是在南美洲成立的首家中国图书中心。

22 日~23 日　以"转型、融合、发展——学术期刊服务创新"为主题的第二届"中国学术期刊未来论坛"在北京举行。论坛发布了《2016 年中国学术期刊国际引证年报》《2016 年中国学术期刊国内引证年报》，公布了 2016 最具国际影响力学术期刊和国际影响力优秀学术期刊。

23 日　由国家新闻出版广电总局主办、中国图书进出口（集团）总公司承办的 2016 智利"中国主题图书展销月"活动在智利首都圣地亚哥开幕。

25 日　由中国版权协会主办的第九届中国版权年会在北京举行。第三届中国版权卓越成就者奖、中国版权最具影响力企业奖颁奖仪式同时举行。时任国家新闻出版广电总局副局长、国家版权局副局长、中国版权协会理事长阎晓宏做了题为"2016版权回顾与展望"的主题发言。

23日　中国社会科学出版社智利分社成立揭牌仪式在圣地亚哥举行。揭牌仪式是在中国社会科学院和智利安德列斯·贝洛大学联合主办的"中国—智利经济社会发展高端研讨会"上举行的。

12月

5日~7日　第六届中国国际版权博览会在广州开幕。本届版博会以"展示版权成果、促进版权保护、引领产业发展"为主题，旨在通过展示优秀成果，交流工作经验，全面提升版权综合能力，推动经济提质增效升级。博览会主宾国为英国。开幕式上，还举行了中国版权金奖颁奖仪式，6个作品奖、5个推广运用奖、5个保护奖和4个管理奖悉数揭晓。

6日　2016年全国版权社会服务工作交流会在广州召开。时任国家新闻出版广电总局副局长、国家版权局副局长阎晓宏出席并讲话。来自全国31个省（区、市）及中心城市版权管理部门相关负责人、部分版权示范单位、示范园区（基地）的代表140余人参加会议。

11日　2016年度国际保护知识产权协会（AIPPI）中国分会版权热点论坛在北京举行。这是AIPPI首次在中国举办以版权为主题的论坛，会上还发布了2016年度中国版权行业十大热点案件。

12日　江苏新华发行集团重组动员大会在南京召开。重组后的江苏新华发行集团，将继续推动中心门店转型升级，加快推进电商销售模式，推动连锁卖场向智慧书城转型。

13日　第44届索非亚国际书展在保加利亚首都索非亚开幕，中国图书进出口（集团）总公司携"一带一路"国家主题图书巡展首次走进保加利亚。

15日　国家新闻出版广电总局召集部分移动游戏骨干企业召开移动游戏出版管理工作座谈会，介绍了未来游戏出版管理工作的计划与想法。

17日　2017年度国家出版基金项目终评大会在北京召开。国家新闻出版广电总局副局长吴尚之出席会议并讲话。

20日　数字版权保护技术研发工程竣工大会在北京召开，国家新闻出版广电总局副局长孙寿山出席会议并讲话。经过20多家单位5年时间的协同攻关，国家新闻出版广电总局新闻出版重大科技项目——数字版权保护技术研发工程顺利竣工。

22 日　国家版权局、国家网信办、工信部、公安部在北京联合召开"剑网2016"专项行动总结会。会议认为，通过 5 个月的专项治理，网络文学、影视、音乐等领域大规模侵权盗版现象基本得到遏制，版权秩序进一步规范，网络版权环境进一步净化。时任国家新闻出版广电总局副局长、国家版权局副局长阎晓宏出席会议并讲话。

27 日　国家新闻出版广电总局发布《全民阅读"十三五"时期发展规划》。这是我国首个国家级全民阅读规划。《规划》编制历时三年多时间，结合国家"十三五"规划纲要等要求，明确了全民阅读工作的指导思想、基本原则和主要目标，明确"十三五"时期的重点任务及时间表、路线图等，以进一步推动全民阅读工作常态化、规范化，共同建设书香社会。

同日　由中国出版协会举办的第六届中华优秀出版物奖评选揭晓。《邓小平传：1904—1974》等 100 种图书获得图书奖、《使命》等 30 种出版物获得音像电子游戏出版物奖、《出版企业的品牌建设与创新策略分析》等 30 篇研究成果获得出版科研论文奖。

29 日　《大辞海》出版暨《辞海》出版 80 周年座谈会在上海举行。中共中央总书记、国家主席、中央军委主席习近平致信祝贺《大辞海》出版暨《辞海》第一版面世 80 周年，并向为这两项重大文化工程付出大量心血的广大专家学者及同志们致以诚挚的慰问。

同日　国家新闻出版广电总局在北京召开出版融合发展重点实验室依托单位座谈会。

（息慧娇　人民卫生出版社有限公司）

第二节　2016 年中国香港特别行政区出版业大事记

1 月

6 日　香港新民主出版社举行成立 70 周年庆祝晚会。该社是香港"二战"后成立的第一家出版社，在中华人民共和国成立前夕和初期出版了大量新民主主义运动的进步书刊；改革开放期间，为内地采购进口图书、报纸、杂志、文献资料和音像制品。70 年来，该社不断调整业务构成，从出版到发行，从发行到进出口，再从单一产品的进出口到多元产品的进出口，为国家建设做出了很大贡献。

6 日　香港特区第三家诚品进驻太古城中心。其占地超过 4.5 万平方米，楼高两层，亦是诚品在港的首家地铺。店内所售产品，主要包括香港特区、台湾地区以及来自日本和欧美的品牌，唯缺少内地图书及产品。

7 日　香港商务印书馆公布 2015 年畅销书排行榜。其名单为：1.《先知玛雅的预知梦》（天航）；2.《癫在低能起跑线》（马仔）；3.《诊所低能奇观》（珍宝猪）；4.《曾经，有一个这样的你》（Middle）；5.《不二》（冯唐）；6.《Deep Web File#网络奇谈》（恐惧鸟）；7，《趣味学古文》（马星原、方舒眉）；8.《格雷的五十道阴影》（E. L. 詹姆斯）；9.《公主驾到（15）公主传奇》（马翠萝）；10.《如想见，却不可以再遇》（邝俊宇）。从以上排行榜来看，漫画书和青少年读物占了相当大的比例。反之，严肃书则很少上榜。

8 日　《亚洲周刊》评选的"2015 年十大好书"揭晓。香港特区出版物各有两本入选"小说类"及"非小说类"好书之列，包括香港文学出版社的《蟑螂变》（王良和）、牛津大学出版社（中国）的《建丰二年》（陈冠中）、香港三联书店出版的《香港治与乱：2047 的政治想象》（阎小骏）等。《亚洲周刊》从 2004 年起每年评选出十本内地及港台的优秀中文出版物推介，与《联合报》读书人周报最佳书奖、《中国时报》开卷周报年度十大好书等并列为权威性的出版物质呈指标。

9 日　2016 年度香港特区首个大型书展"湾仔书展——阅读在铜锣湾"一连两天在铜锣湾闹市举行。本年度的书展展场范围扩展了多条街道，并绵延至行人专用区，共有 62 个摊位，约 22 万册特价图书供读者挑选。其中约 70% 是10 至 20 元的超低图书，新书亦有 7 至 8 折优惠。

9 日　由香港特区省级政协委员联谊会学习及文化委员会主办的首届"美丽中国·幸福香港"香港少年儿童绘画比赛获奖作品展开幕式暨颁奖典礼在中环集古斋画廊举行。出席典礼的主礼嘉宾包括特区政府教育局局长吴克俭，民政事务局副局长许晓晖，中央统战部三局副局长仇昱、副处长李海楠，中联办协调部副部长廖勋，全国政协委员、特区省级政协委员联谊会主席陈清霞等。比赛旨在培养广大香港特区少年儿童对绘画艺术的爱好，并借此加强他们对祖国的认同和归属感，以及对香港特区未来发展的使命感。本次比赛得到广泛支持，共收到来自 150 多家中小学、幼儿园及绘画艺术中心的近 600 幅画作。

19 日　香港保护儿童会在最新一期"香港幼儿发展指标"中指出，香港特区各地公共儿童康乐设施数量不均情况严重。以儿童图书馆为例，市区平均每名儿童可借阅约 32 本儿童图书，但城郊每名儿童平均可借阅不足 3 本；儿童游戏室分布不均情况更严重，多个人口密集的新市镇竟完全没有儿童游戏室。调查结果反映出特区政府所订规划欠周详，导致公共儿童康乐设施分布失衡。文中建议特区政府从规划入手，定期评估未来各区人口结构和对康乐设施的需求。

20 日　香港理工大学于本学年度开始推行 READ@PolyU 阅读计划，向2500 多位一年级本科生免费派发英文小说一本，借此推动大学生的阅读风气。本年度获选的英文书是卡勒德·胡赛尼所著的畅销小说《追风筝的孩子》（*The Kite Runner*）。大学内也设立了各种阅读小组及举行相关活动，让教职员与同学分享看法，交流经验。

25 日　公开大学宣布：该校在教育局及赛马会慈善信托基金支持下，开展"香港开放教科书"计划，为大中小学提供免费电子教科书。按照计划，公开大学团队根据现有的中小学课程指引，设计 *Open English* 教科书系列，并成功通过教育局审批，列入中小学"适用书目表"内，2016 年 9 月率先供全港中小学免费使用，大众可自行打印，或付费订装复印。预计全港将有 30 万师生及家长受惠，便教学效益提升。除了 *Open English* 外，该校计划陆续提供逾 100 本适用于大学和专上课程的开放教科书、20 多本文凭及毅进课程专用的教科书。

28 日　屯门区议会与出版界合作，从即日起一连四日于屯门文娱广场举办大型小区书展——"阅读在屯门 2016"。参展的 37 家出版商开设了 62 个书摊，开售逾 20 万册特价图书。其中，15 万册书价更低至 10 元至 20 元，新书亦有八折优惠。为了推广亲子阅读，区内低收入家庭学童及合资格长者，每人更可获 100 元书券买书。

29 日　香港三联书店和台湾天下文化出版公司分别获得人民出版社授权出版《屠呦呦传》（繁体字版）的台湾版与港澳版。该书已相继输出日文版、阿拉伯文版、英文版和法文版，在海外引发广泛关注。

2 月

1 日　由《香港大公报》《文汇报》整合组建的香港大公文汇传媒集团正式成立。姜在忠先生担任集团董事长，同时兼任《文汇报》《大公报》社长。两家在中国报业史上有着重要地位的报纸组成集团，是顺应媒体融合发展的潮流，为实现资源整合、优势互补、错位发展而采取的主动转型和自我革新举措。在集团的管理下，《文汇报》《大公报》将按照不同的定位整合现有资源，各自出报，同时将统筹采编和技术力量，力图在融媒体方面获得发展。

15 日　特区乡议局属下的乡议局研究中心推出新书《新界小型屋宇政策研究：历史、现状与前瞻》，借此梳理过去多年的丁屋政策发展的文史资料，让公众回顾丁权的历史缘起，认识丁屋政策的初衷，以及回应社会对丁权、丁屋等政策的争议。

3 月

11 日　《香港 01》周报举行创刊酒会，约 500 名嘉宾出席。其中包括特区行政长官梁振英、财政司司长曾俊华、食物及卫生局局长高永文、港铁主席马时亨、艺术馆馆长谭美儿，以及著名导演尔冬升等。《香港01》以网媒为主，另逢周五出版同名周报，内有多册杂志，每份售价 20 元。

13 日 香港三联书店湾仔店迁址。其新店座落于湾仔地铁站旁边，交通方便，楼高三层，占地逾万平方米。新店取名为文化生活荟，以人文社科、商管投资、生活品味及儿童读物为主，同时引入更多台湾地区出版物供读者选购。店内设电子阅读体验区、童阅天地、咖啡厅等，更大量搜集来自世界各地的文创精品和手工精品，希望成为港岛区文化新地标。

17 日 香港大学教育应用信息科技发展研究中心成功构建网上平台"阅读大挑战"。此计划由优质教育基金支持，旨在通过建立一个网上儿童文学读后测验库"阅读大挑战"以提升学生的阅读兴趣、促进学生高阶思维和阅读理解能力的发展。"阅读大挑战"由老师、图书馆主任等专家团队，为近 500 本不同类型的图书，每本设计了约 30 个问题，同学可选取适合自己程度的图书来挑战。当同学完成答题后，可实时验证自己的理解是否正确，同时，老师可从网上数据库了解同学的进度。

18 日 由民盟中央、中国宋庆龄基金会、香港汉荣书局共同主办的石汉基、石国基先生向 65 家图书馆捐赠图书仪式暨第二届"石景宜博士杯——华夏书画创作大赛"颁奖典礼在全国政协礼堂隆重举行。此次汉荣书局通过民盟中央和中国宋庆龄基金会，共捐赠包括生活百科、经济管理、历史文献和文学艺术等各类港台版图书 10 万册，价值近 500 万港元。这批图书于 3 月底全部运抵各图书馆。

18 日 香港教育学院举行《全球伦理：品德与生命教育》教材发布会及经验交流会，近百名校长与教育工作者出席。该教材一套两册，为优质教育基金资助项目"融入全球伦理于学校计划"的一部分，涵盖小四至中三课程，适用于德育、公民及国民教育范畴，由香港教育学院宗教教育与心灵教育中心、汉语基督教文化研究所、Roundtable 教育与全球发展部及全球伦理基金会合作出版。

本月 又有 3 家楼上书店相继结业。开业超过 10 年，主打流行读物的旺角楼上书店"开益书店"因租约期满而离场。同位湾仔的"实现会社"长期支持文艺活动，终因经营艰难而退出。而在港屹立 42 年，专售艺术、设计图书及用品的"竞成书店"，也无法顶住阅读电子化的潮流而宣告停业清货。

4 月

1 日　全球首个华人电视台——香港亚洲电视，由 1957 年成立已接近一甲子，历尽风风雨雨，终在 4 月 2 日停播。在亚视成为历史的前夕，亚视执董叶家宝即日为其新书《有缘再会——我在亚视最后一年》举行新书发布会。该书回忆叶氏于亚视 20 多年的感受，以及披露最后一年的点滴，希望表现出亚视人"迎难而上，坚持不放弃"的精神。新书所有版税将捐出作教育奖金。

6 日　亚洲周刊社、香港中华出进口商会与香港教育工作者联会举行《我们一起"悦"读的日子》新书发布会暨"悦读嘉年华"。该书是 2015 年 7 月香港书展期间，主办机构邀约 500 名学生参观书展，安排五位作家现场为学生讲解写作技巧的记录。参加的学生根据"我们的未来城市""我最喜欢的一本书""寻梦书展"等不同指定命题，现场写作文章，再通过作家评审，评选出当中二百多篇而成《我们一起"悦"读的日子》。主办机构在会上宣布，2017年香港书展续办此活动，并将规模由上一年的 500 人增加至 800 人。

7 日　香港商务印书馆从即日开始举办"书送祝福"旧书回收活动，共收到市民捐献图书逾 700 箱；即日开始至 4 月 17 日，在尖沙咀图书中心及中文大学分店举行图书义卖，义卖价为每本港币 10 元。有关活动收益扣取行政费用后，全数拨捐香港沃土发展社，为湖南湘西及贵州贫困山区的儿童改善生活、提供更多教育机会助力。义卖完毕后，剩余的旧书将转赠香港小童群益会义卖，为有需要的儿童提供更多小区服务。捐赠图书者不论捐赠数量多少，均可获该馆赠送购书优惠券。

8 日　原全国人大代表、香港培侨教育机构董事会主席吴康民举行 90 岁生日晚宴暨新书《吴康民回忆录》发布会。特区行政长官梁振英、中联办主任张晓明、发展局局长陈茂波等出席。其他香港特区政坛翘楚，以及培桥中学大批师生均有到场道贺。吴老经历 7 届共 33 年全国人大代表生涯，见证了香港旧殖民主义霸道统治和后来的怀柔政策，以及香港回归以后特区政府的努力。此书是由过去有关个人经历的散文编辑而成。全书分六大主题，分别自述个人心声、家庭生活、学习生涯、教育工作回顾、会见中央领导人的故事、个人兴趣等。书末附有吴老投身教育、从政多年的珍贵照片。

12 日　由香港儿童文学文化协会举办的第二届"香港图画书创作奖"举

行颁奖典礼。首奖作品为张韵珊的《你会咚咚咚吗?》，两部佳作分别是简祯征的《皮皮与贝贝》及吕朗婷的《小种子会飞向哪里》。会长霍玉英博士表示，本地的绘本创作可说只是在起步阶段，比较零碎、散乱，偶尔在书店或书局出现，亦甚少成为书店力推图书。所以该会主要任务是培育本地儿童文学创作者和绘本家。他们会邀请不同的绘本家分享创作心得，举办多个讲座，让有心人认识绘本，并尝试创作，搭建儿童图书推广者及创作者之间交流互动的平台。

14日 香港出版学会发布2016年"香港全民阅读调查报告"。调查发现，港人阅读书籍频率正在下降。过去一年有七成受访市民有阅读习惯，平均每周阅读3小时及每月阅读两本书，主要以文学小说、心灵励志书籍为主。每年购买书籍多于500元只占受访者1/4。同时，调查显示电子书未成主流，在电子书与印刷书之中，只有22.1%受访者会选择阅读电子书。该调查于2016年1月15日至2月6日进行，以音频电话随机抽样，成功访问了1765人。香港出版学会表示，将会每年持续进行调查，借以追踪港人阅读习惯的变化。

15日 由上海市作家协会、劳动报社、上海网络作协联合主办的"2015中国网络文学年度好作品"评选活动揭晓。与前两届相比，本届出现了不少新气象，显示出网络文学越来越欣欣向荣。此次参加评选的网站和作品不但为历年来最多，共有15家网站协办，同时参评作品中亦首次出现了内地以外的作者，如获奖作品《东上海的前世今生》的作者吴正来自香港特区，也是香港特区作者首次获奖。

19日~20日 第20次东亚出版人会议在香港饶宗颐文化馆举行。此次会议主题是"大时代下人文出版的处境及可行性"。来自日本、韩国以及内地、香港特区、台湾地区共54位出版人，围绕"人文出版的处境""人文出版编辑的挑战及创新要求""人文出版的探索及可行性分享讨论"三个议题各抒己见，探讨在网络普及使用、读者阅读习惯改变等情况下，人文出版面对的形势和困难，以及如何通过内容形式及表述方式的转变，实现更好的发展。2016年成立已届10周年的东亚出版人会议，是一个民间的非营利性质的会议，以促进东亚地区的图书交流为目的，由来自内地、香港特区、台湾地区，以及韩国、日本的出版人组织而成，每年举办两次研讨会。

23日 周末的"世界阅读日"。特区政府部门和书店举行大量的活动，以推广阅读文化。例如语文教育及研究常务委员会和教育局举行"2016响应世界阅读日"活动,提倡"提升语文能力,学得更好、活得更好"的主题。各大出版社及阅读工作坊,以及地产商与香港小童群益会合办"书出爱心十元义卖"活动。

23 日 香港艺术发展局举行"2015 香港艺术发展奖"颁奖礼,共向本地艺术工作者、团体、学校和商业机构颁出 30 个奖项。"终身成就奖"得主为香港文学研究工作者、教育家卢玮銮(小思)。卢玮銮致力于"承传历史,为香港文学存照"。近十年来,她埋首撰写香港文学的口述历史,访问对象均为 20 世纪五六十年代出生的香港作家。在 2002 年,她将其多年来收集整理的香港文学数据文件、文献、书刊悉数捐赠香港中文大学图书馆,先后创建"香港文学特藏""香港文学数据库",以供研究香港文学和文化之用。

27 日 香港报业公会名誉会长岑才生离世,终年 94 岁。岑才生长期服务于新闻事业,曾任多届香港报业公会主席,世界中文报业协会主席、国际报业协会香港区委员会副主席、香港职业训练局新闻业训练委员会主席等要职,在香港传播媒界及报业有举足轻重的地位。

28 日 特区的教育政府局第三年推出"电子教科书适用书目表"。新学年适用电子教科书由 2015 年 28 套增至 38 套,涵盖科目包括小学的中文、英文、数学、普通话、常识和体育,以及初中的中、英文科,数学、历史、生活与社会及计算机科。当中约 80% 冻价,更首次有四套电子书逆市减价 1.4%～2%。虽然政府已第三年推行电子教科书,但数据显示,学校采用比率仍然偏低,小学及中学分别只有 10% 及 18% 有个别科目选用。

5 月

6 日 香港旅游发展局优质旅游服务协会举行"资深优质商户颁奖礼",嘉许连续 15 年及 10 年获得计划认证的商户。在零售商户类别中,117 家商户有两家书店上榜,分别是香港商务印书馆和天地图书公司。

17 日 香港特区文化及出版界于即日举行新闻发布会,宣布将发起作家千人联署,向特区政府争取于 2017/2018 年度推行"授借权"机制。这是因为本地市场狭小,市民到公共图书馆借书而不买书,一定程度影响作家的收入。香港文化及出版业界有鉴于此,认为应效法英国、丹麦及加拿大等国家推行授借权制度,以利本港创作产业发展,遂组成香港授予公共图书馆借阅权联盟。在此前夕，香港中文大学社会科学院全球研究学士课程于 5 月 16 日主办授借权国际会议，探讨"授借权"实行的优点与挑战。

25 日 特区文化部公布第五批《国家珍贵古籍名录》和第五批"全国古籍重点保护单位"。《国家珍贵古籍名录》当中有香港中文大学文物馆申报的 8 部珍贵的宋元名拓，这是香港特区首次申报《国家珍贵古籍名录》，之前澳门特区申报的古籍曾被收入。

6 月

2 日 香港中文大学中文系主办"文学创作教学研讨会"，来自内地、香港特区及台湾地区的文坛学者、诗人、作家和两岸三地多所高校文学系教师代表，齐聚一堂探讨大学文学创作课程的设计与执行，分享文学创作教学经验和文学创作推广活动成功案例等。

6 日 由香港文化产业联合总会主办的"文化产业高峰论坛 2016"暨"文化及创意大奖"举行颁奖典礼。"文化及创意大奖"是从表演艺术、出版、建筑等 11 个文化及创意产业界别中，选出 1 ~ 2 名得奖者。出版界的得奖者为香港三联书店及牛津大学出版社（中国）。

10 日 正值香港浸会大学成立 60 周年之际，浸大饶宗颐国学院即日举行《饶宗颐国学院院刊》新书发布会，公布出版饶学图书详情。这次出版的新书皆为国学院部分研究成果，出版目的是为弘扬饶公学问。其中部分图书更为业内首创，例如首次将饶公诗作翻译成英文，集结成书出版。

10 日 中国作家协会名誉主席、著名作家王蒙应团结香港基金旗下中华学社邀请，以"放逐与奇缘——我的新疆十六年"为主题，在香港中央图书馆进行演讲，并出席了华文文学座谈会，与香港特区教育界、文化界探讨和交流阅读与创作的心得。

20 日 香港中和出版公司举行《西汉海昏侯墓大发现与墓主刘贺传奇》新书首发式暨图片展，首次在香港特区展示海昏侯墓考古新发现，并在 22 日于香港大学举办相关讲座。两项活动对象不同，均获得热烈反响。

21 日 由香港电台文教组及香港出版总会合办的"第九届香港书奖"举行颁奖礼，前特区政府民政事务局常任秘书长李丽娟、广播处长梁家荣、香港出版总会理事曾协泰等出席颁奖礼并担任颁奖嘉宾。13 位评审委员于 340 本候选图书中，最终评选出本届 10 本获奖图书，其中文学类与非文学类各占一半。

7 月

12 日　台湾地区陆委会下辖的"台港经济文化合作策进会"召开董事、监察人会议，推选笔名平路的作家路平出任董事长。路平曾担任香港光华新闻文化中心主任，长期关心台港文化事务，亦活跃于台湾地区文化界。

14 日　香港消费者委员会公布 2016/2017 年度教科书订价调查结果，发现超过 90% 的教科书计划在新学年加价，整体平均升幅为 2.9%，略高于 2.6% 的综合消费物价指数，书价升幅已经是连续六年高于通胀。"消委会"指出，加价主因是学生人数减少、报考科目减少，导致市场需要下降，以及营运开支增加，如租金、员工薪酬、物流、纸价及印刷费等上升。

26 日　为期七天的第 27 届香港书展结束，七日的展期吸引了近 102 万人次入场，打破历届纪录。香港贸易发展局委托独立调查机构发现，本届书展人均消费为 902 元，与上一年相似，超过五成人表示会选购小说，其次为文学、旅游和自我增值的图书。99% 的受访者过去一个月曾经阅读印刷书，平均阅读印刷书的时间为 24 小时。本届书展以"武侠文学"为主题，设有"笔生武艺——香港的武侠文学"和"文坛侠圣——金庸与查良镛"及"'丝绸之路'文化行：陕西与印度"三大展览。同时还举办了七大讲座系列和约 630 场文化活动，涵盖文学、艺术、本地历史文化以至各国风土人情。其中"名作家讲座系列"邀请 2016 年"国际安徒生奖"得主曹文轩、纪实文学家叶永烈等 17 位名作家出席。

8 月

4 日　香港世界宣明会从即日起一连 12 天举行"旧书回收义卖大行动"，将之前收集逾 30 万本旧书进行义卖，每本五元起，筹得善款将全数支持内地儿童康复中心及相关教育项目。

本月　新学年开课在即。香港一大型商场公布一项调查。此项调查对象主要为 12 岁至 25 岁的青年人，合共收回约 500 份问卷。调查发现，逾四成受访青少年的开学平均开支达 2000 元，主要用于购买教科书。新学年开支更比上一年上升一成至两成。调查还发现，六成受访青年人仍表示最爱阅读印刷图书；三成受访者使用电子媒体阅读后仍会购买纸质书。这反映出看印刷版仍是主流阅读习惯。

19 日　2016 南国书香节暨羊城书展开幕。主办香港馆的中商贸易公司宣布，中商进口书城当天同步上线运行。之后内地读者不必专门奔赴香港特区，就可以在手机上登录微信平台微商城，足不出户完成购买港版书并享受送货上门服务。

31 日　为符合节省 1% 部门开支的财政指令，特区教育局宣布 2016/2017 学年起停止向全港近千家中小学发放中英文广泛阅读计划津贴，估计涉及数百万元。该计划已经实行了 20 年，现突然于开学前发出通知，也未经过广泛咨询，令学校图书馆主任措手不及，并招来学界和社会人士的指责。

9 月

9 日　天地图书公司为庆祝成立 40 周年，推出作家龙应台、亦舒、蔡澜等人的新作。天地图书公司于 1976 年成立，集出版、发行及零售业务于一身。

28 日　由香港出版学会主办、"创意香港"赞助的"香港出版双年奖"举行启动仪式。筹委会主席李家驹表示，香港虽然不乏各类图书阅读推荐奖，唯始终欠缺从出版专业角度评选的奖项。"香港出版双年奖"是一个属于本港出版业界的专业奖项，期望通过公平、公正、专业的评选机制，表彰出版从业员的辛勤成果，推动业界更上一层楼。该奖将分十个图书类别评选出十个"出版奖"以及每类别一个"最佳出版奖"。奖项从 2016 年内征集参赛作品，2017 年评审及颁布结果。

30 日　恒大集团旗下新传媒宣布，其经营的三本杂志《东方新地》《新假期》及《新 Monday》三份刊物 10 月份起合并为一份刊物，日后以《东方新地》作为封面发行，并于近期公布裁员名单。

10 月

4 日　中国嘉德国际拍卖有限公司与香港大学美术博物馆借"晏如居藏明式黄花梨家具展"举行之际，筹办了第一届"国际明式家具研讨会"。研讨会邀请内地、香港特区、台湾地区，以及新加坡和欧美的知名藏家、专家、经营商出席。演讲者之一黄天是王世襄的《明式家具珍赏》和《明式家具研究》

两书的责任编辑。他指出两书出版后，香港特区很快便成为明式家具集散地，大量明式家具珍品经此出口海外，经历若干年后，这些家具又回流香港特区，甚至重返内地。黄天多次向发掘王世襄的伯乐、前香港三联书店总经理萧滋致敬。正是他具有独特的眼光，从堆积如山的书稿中发现了王世襄，并冒着巨大的风险和压力，几经曲折，成功在香港特区出版了《明式家具珍藏》和《明式家具研究》。

5日　香港浸会大学为庆祝60周年校庆，举办了一系列"杰出学人讲座"。即日邀请诺贝尔文学奖得主莫言任名人讲座嘉宾，围绕"文学与乡土"的主题诉说乡土如何造就其写作之路，并与美国文博大学外语系与东亚研究系教授陈颖进行精彩对谈。

6日　由香港流行图书出版协会主办的"香港金阅奖2016"举行颁奖典礼。本届奖项设六大类别"最佳书籍"奖项，包括："文史哲类""非文学类·政经社会组""非文学类·医疗健康组""非文学类·饮食旅游组""非文学类·生活百科组"及"图文书类"。活动先由香港出版社自行提名候选书目，继而由名人专家、大会评审委员会拟定候选名单，再由读者以一人一票及大会评审委员会评分（各占50%）选出得奖书。活动另设"我最喜爱作家""荣誉大奖"及"最踊跃参与学校奖"。

7日　《南华早报》旗下的英文生活杂志 *HK Magazine* 于即日出版最后一册后即将停刊，网站及社交专页亦于最后一期出版后数天删除。*HK Magazine* 于1991年首次出版，通常在酒吧或咖啡店派发，发行量最高达5万本。由于广告收益持续下跌，继该报免费英文周刊 *48 HOURS* 2015年8月停刊，*HK Magazine* 同样难逃厄运。

14日　由湾仔区议会属下文化及康体事务委员会与香港书刊业商会合办的第12届"湾仔书展——阅读在修顿"从即日起一连三天举行。除了展出大量香港特区新晋作家作品外，书展还精选了13名作家。书展期间还举办集邮、插画、茶道、粤剧、魔术以及多个免费文化活动。

21日　由新鸿基地产发展公司新阅与香港三联书店（三联）合办的"年轻作家创作比赛2016/2017"截止报名。该活动旨在让有志创作的年轻人一圆作家梦。评审团将从参赛者递交的出版计划书及约10%的作品内容中，选出约25位初选入围者，以一对一形式指导入围者完成创作，最后挑选约8份最优秀作品出版发行。主办机构还推出"开启创作世界"讲座系列，在全港多区举办6场讲座，邀请多位文风各具特色的作家细说"如何说故事"，以此鼓励更多年轻人从事创作。

29日　香港特区政府于2008年制定资历架构政策，支持终身学习，以提升本地工作人口的技能及竞争力。本年度首度委托香港出版学会统筹策划业界推广及公众教育活动。香港出版学会遂为中四至中六学生设计了"QF带你进入出版业——探知创意无限的出版世界"系列活动，在一年之内举行多次讲座、参观及工作坊，帮助学生筹划未来升学与就业的辅导。第一个专题讲座"出版世界走一圈"于即日举行。

本月　本月有两家书店停业。月初有开业不足4年的独立书店国风堂宣布停业。该店的文史书是香港鲜见的品种，外语书方面甚至还有波斯文、梵文、突厥文。店主纯属个人兴趣喜好，不计薪金报酬。因不敌香港租金高昂，亏损过巨，只好关闭。月底则有二手书店"书式生活"停业。店主为答谢顾客多年支持及践行环保理念，停业前举行送书活动，每人可取书4本。

11月

6日　山边出版社为庆祝成立35周年，同时为纪念创办人何紫先生逝世25年，以"何紫与山边"为主题，从即日起举办一系列活动。其序幕是11月6日至30日举行的"细味何紫情怀手稿展览"。展品包括何紫手稿、未曾出版之小说及散文手稿、昔日照片及与作家的合照、山边社昔日经典作品及会讯、获奖作品等，从中可窥知香港儿童文学的发展足迹。

17日　拥有新加坡资本的Page One（叶壹堂）书店，全盛时期在港拥有10家分店，但继2015年2月结束时代广场店后，2016年4月又有6家分店撤出机场，台湾地区的分店也告停业。2016年8月传出该书店陷入财困，欠债累累，多家出版商、发行商甚至工程公司称被拖欠货款达数百万元，部份公司入禀法院追数。事隔三月，叶壹堂终宣布在香港特区的最后两家分店停业，获委任为接管人书店被接管毕马威（KPMG），随即进行清货套现。香港消费者委员会则关注书店如何对已购买书券或预订货物的消费者安排提取货品或进行退款。

24日　由屯门区议会下辖的小区阅读督导小组及香港书刊业商合办的第8届"阅读在屯门"，从即日起一连三天在屯门文娱广场举行。本届共邀请36家出版社共设 61 个售书摊位，提供逾 20 万册特价书，其中约 15 万本为 10 元至 20 元的超特价书。活动还举行"资助低收入家庭学童购书计划"，每位合资格学童可获 100 元书券于活动期间选购图书。

28 日　由恒生管理学院主办的"君子企业调查"举行第六届"君子企业颁奖典礼 2016 暨商业道德座谈会"，旨在表扬 17 家得奖企业。出版界方面，香港三联书店与牛津大学出版社（中国）同时获奖。"君子企业调查"是由恒管师生共同参与的大型调查项目，以问卷调查形式在全港收集约 2100 名市民对八大行业，包括公共交通及服务、传媒、零售、旅游、金融、饮食、地产，以及文化创意的意见，经综合分析得出结果，评选出各行业和机构的君子企业分数，以及于"仁、义、礼、智、信"的表现。

12 月

2 日　由香港兆基创意书院主办的"第八届九龙城书节"从即日起一连两天举行。本届主题为"一书一世界"，共有 34 个书商参与，设有近 200 个创意地摊，举办超过 51 场讲座、工作坊、读书会和电影放映等活动。顺应本年内大型连锁书店及小型书店均有停业，而坊间仍有不同的小书店在营运的现状，活动特别举行"书无绝人之路"的讲座，邀请小型书店的创办人或店长讲述经营书店所面对的挑战，让不同类型的店长与读者分享经营书店的感受。

7 日　由香港三联书店主办、香港浸会大学当代中国研究所合办的"《香港史新编》增订版新书发布会"暨"当代香港史趋势研讨会"举行。来自香港、澳门特区以及内地研究香港史的数十位学者齐聚，回顾本书写作及编撰经历，重温以往研究成果，并探讨未来香港史研究的出路。该书最初由香港三联书店于 1997 年 5 月推出，分上下两册，由前香港大学校长、著名历史学家王赓武担任主编，以主题章节的形式，概述香港开埠百多年来，政经及文化层面经历的诸多流转变迁。在即将迎接香港回归祖国 20 周年之际，香港三联书店邀请曾参与本书编写工作的 29 位学者，耗时一年再度编辑增订此书，除由原作者对初版的章节进行修订外，还增加了《殖民地时代香港的法制与司法》一章，及附录《香港历史学术研究中英文论著书目（1997—2015）》，从而使全书内容更加完备。

15 日　香港《经济导报》举行创刊 70 周年报庆酒会。特区行政长官梁振英、中联办副主任杨健、外交部驻港特派员公署副特派员宋如安等担任主礼嘉宾，香港特区诸位全国人大代表、全国政协委员及行政会议成员出席。该报是香港历史最悠久的中文财经杂志，也是准许在内地发行的香港特区财经刊物，同时亦获特许在台湾地区发行。创刊 70 年来，该刊不间断出版 3 383 期，见证了多次的历史转折，以专业的笔触记录了大中华的政经风云，所展现的香港经济发展轨迹，令读者对香港的变迁一目了然。

16 日 香港中华书局通过参与香港机场管理局的公开投标程序，最终取得机场内五家书店的经营权，2016 年 7 月开始全面运营，至即日正式举行开业典礼。香港中华书局进驻香港国际机场是一场"国际著名机场"与"百年文化机构"的美丽邂逅。机场的五家书店分别以中国传统五行元素的金、木、水、火、土命名，寓意相互滋生、促进、助长。

18 日 香港大学专业进修学院国际学院宣布，为适应出版业发展的实际需要，与 Middlesex University London 伦敦密德萨斯大学于 2017 年 9 月合办"出版及数码文化（荣誉）文学士"课程。课程是全港首个及目前唯一一个有关出版的学士课程。修读学生有机会到出版公司、杂志社、电子传媒等不同机构实习，接触出版行业。课程也将邀请出版业的专才为学生提供讲座，让学生除在理论层面的分析以外，对出版工作及行业的发展趋势有透彻的了解。

29 日 影响香港数代影迷的香港著名艺人陈宝珠为其自传式新书《青春的一抹彩色——影迷公主陈宝珠》举行新书发布会。本书分三册，共 13 万字，分别记载陈宝珠由六岁登台至今的台前幕后经历，还收录相片 200 张、访谈集和评论集。本书的版税将全部捐赠香港癌症基金。

（谢力清 香港出版学会）

第三节　2016年中国澳门特别行政区
出版业大事记

1月21日　周绍湘蝉联澳门印刷业商会会长。该会于20世纪60年代期间在澳门中华总商会的支持下成立，其宗旨是团结业界、提升印刷业水平。

2月6日~21日　澳门文化局及澳门基金会合设澳门展馆，主要特区政府出版部分组团参加2016年台北国际书展，展出逾千种本地出版品，并由澳门文化广场有限公司承办。

3月25日~4月3日　由澳门出版协会主办、澳门图书馆暨资讯管理协会等单位协办、澳门星光书店承办的2016年春季书香文化节于澳门塔石体育馆举行，展出逾13万种书，共140多家出版单位参展。

7月8日~19日　由澳门理工学院与澳门阅读写作促进协会合办的第19届澳门书市嘉年华于澳门理工学院体育馆举行。

7月9日　全面反映澳门文学出版发展史的《澳门文学书目初编》出版。该书收录6 000多条澳门出版或与澳门有关的文学书目，包括中外文学作品、作者索引逾万条。

7月20日~26日　澳门文化局及澳门基金会合设澳门展馆，主要特区政府出版部分组团连续第六年参加香港书展，展出逾千种最新的澳门出版品，并安排了《澳门中华总商会》新书推介会。

7月28日~31日　第26届全国图书交易博览会在内蒙古包头举办。博览会设立澳门馆，由主办单位澳门文化局及澳门基金会，携同澳门其他同业的精品图书参展，参展单位包括澳门出版协会、澳门日报出版社、澳门经济学会、澳门故事协会、学者同盟、澳门大学、澳门理工学院及澳门东亚大学公开学院同学会等在内的机构160多个。

8月19日~25日　南国书香节首设澳门馆，推广本地文化，由澳门文化产业基金委员会、澳门口述历史协会等举办，展示销售涵盖澳门地区文化、历史、文学等方面的出版物约 2 000 种，本土文创设计精品约 1 000 种，同时还以图片和影视多媒体形式展示澳门各个历史时期的风貌及澳门历史的百米画卷《镜海归帆图》。

9 月 30 日   经营了 13 年的澳门独立书店"边度有书"书店结业。

10 月 11 日   澳门理工学院与里斯本大学合编的葡语教材《环球葡萄牙》发行 8 000 套，并与商务印书馆合作在全国书店，在亚马逊、京东及当当三大网店开售。

11 月 5 日 ~ 14 日   由澳门出版协会主办、澳门图书馆暨资讯管理协会等单位协办、澳门文化广场承办的 2016 年秋季书香文化节有 2 000 多家出版社参展，提供逾 20 万种图书。

12 月 31 日   澳门最具权威的学术出版社澳门大学出版中心结业，该中心自 1995 年成立，出版学术出版品 500 多种，并与香港中文大学出版社合作在各地汉学图书网络发行，积极参加多个国际书展，推广澳门学术出版。

（王国强 澳门大学、澳门出版协会）

第四节　2016年中国台湾地区出版业大事记

1月

1日　"行政院"消费者保护处公布，自本日起，通过网络、电话行销等通讯交易所订购之数字出版品、报纸、期刊或杂志，经企业经营者告知消费者，将排除消保法第19条第1项规定解除权的适用者，不适用7日内得无条件退货的犹豫期。

同日，《电脑DIY》自1997年创刊历经19个年头，受纯平面杂志传播效益势微的影响，于2016年1月1日第222期发行后停止纸本杂志编印业务。

6日～10日　由中国出版协会、中国书刊发行业协会主管主办的"第29届北京图书订货会"举行，图书出版事业协会组团参访，此次展览以"台湾好读"为主题，精选台湾近两年来图书，希望能带给大陆读者不同感受。

8日　"两岸合编中华语文工具书"项目于江苏南京艺术学院举办大陆版《两岸通用辞典》《两岸科技常用辞典》发表会，两岸合编辞典化解了两岸语言用字上的歧异。

9日　中国时报社于台北市中国时报大楼举办"2015开卷好书奖"颁奖典礼，共有"年度好书·中文创作""年度好书·翻译类""美好生活书"及"最佳童书与青少年图书"4个奖项，计有40种图书获奖。

10日　《亚洲周刊》第30卷2期公布中文十大好书小说类，台湾出版的有王定国《敌人的樱花》（INK印刻文学）、王安忆《匿名》（麦田）、葛亮《北鸢》（联经）、刘大任《当下四重奏》（INK印刻文学）、陈雪《摩天大楼》（麦田）5本。

12日　"文化部"公布"2016台北国际书展大奖"（TIBE BOOK PRIZE）

6 部得奖作品名单,小说类有王定国《敌人的樱花》(INK 印刻文学)、甘耀明《邦查女孩》(宝瓶文化)、刘大任《当下四重奏》(INK 印刻文学);非小说类有詹宏志《旅行与读书》(新经典)、辛永胜与杨朝景《老屋颜》(马可孛罗)及詹正德《看电影的人》(一人出版社)。

22 日 Readmoo 阅读最前线发表的 Readmoo 2015 年度阅读报告显示,行动载具日益普及,"行动化"及"生活化"可说是 2015 年电子书阅读发展的两大主轴。全年阅读时间最长的书为于晴的《就是皇后》,全年画线注记最多的书为杰夫·萨瑟兰《SCRUM:用一半的时间做两倍的事》,2015 年度畅销排行榜为施寄青《当头棒喝》全系列套书、希维雅·黛《谜情柯洛斯》系列等。

27 日 诚品生活林口店于 MITSUI OUTLET PARK 林口开幕,以森林意象为设计概念,传达林口旧时"树林口"的地景风貌,并以"书页探索、阅历生活"为定位,提供轻松享受阅读生活的乐趣。

2 月

15 日 台湾角川股份有限公司与日本的株式会社 BOOK☆WALKER 共同出资成立的"台湾漫读"推出的中文电子书"BOOK☆WALKER"平台开始营运,并同步推出网络书城、iOS 版及 Android 版 APP,希望能为台湾地区与海外的中文读者提供优质便利的电子书阅读服务。

16 日 台北故宫博物院与宏碁股份有限公司及 ZINIO 电子杂志平台合作,将台北故宫博物院珍贵藏书电子化,1 月有 13 本电子书上网试卖,在台北国际书展中,以"原来国宝离我们这么近"为主题,推出 29 本电子书对外公开展售。

16 日~21 日 由"文化部"主办,财团法人台北书展基金会于台北市世贸中心一、三馆举行"第 24 届台北国际书展"。此次书展以"阅读·飞向世界"为主题,共有 66 个国家、626 家出版社参展,计有 1 706 个摊位,举办高达 875 场阅读推广活动、44 场专业论坛,总参观人次为 50 万。

3 月

3 日 东立出版社旗下发行 10 年的少女漫画月刊《花漾》停刊。

5 日 2016 台北文学季和 TAAZE 读册生活网路书店、Readmoo 电子书联手策划线上书展,"实体书 + 电子书"一网打尽。

12 日　诚品书店宣布推动"经典共读计划",预计每半年邀请10家出版社总编辑推荐100本时代经典,2年半推出500本经典。活动首期邀请远见天下文化王力行、远流出版王荣文、时报文化余宜芳、联经出版胡金伦、木马文化陈郁馨、麦田出版陈滢如、台湾商务印书馆林明昌、左岸文化黄秀如、商周出版彭之琬、立绪文化钟惠民10大出版社总编辑,推荐必读时代经典100本。

16 日　从数字到纸本,《WINGTIPS飞行梦想志》创刊。

17 日～20 日　"德国莱比锡书展"于德国莱比锡展览中心举行。小说家巴代、伊格言,诗人李进文及图像小说家阮光民出席,于台湾展位举办"台湾文学朗读马拉松"活动,介绍台湾文学之美。

3 月 21 日～4 月 9 日　"国家教育研究院"于台北市"国家教育研究院台北院"区举办"Lima帮帮忙,做伙逗无闲"教科书展,展出民国初年教科书、现代教科书的初始面貌与"国家教科书"各时期的演进。

22 日　"文化部"公布"'文化部'漫画出版发行及推广行销补助作业要点",新增"数位漫画平台"一类,废止"'文化部'定期漫画刊物补助要点"及"漫画推广行销补助作业要点"。

24 日　"教育部"公布"美感书单",邀集相关领域学者专家10人,合计撰写了97篇介绍文,推荐91本好书,为学龄前阶段亲子共读至大专、一般大众推荐阅读,并集结出版《阅读·美的可能》专书。

4 月

1 日～30 日　"文化部"的"漫画出版发行及推广行销补助作业要点"受理申请,其中新增补助"数位漫画平台"类别,提出以台湾地区原创漫画为主的网站及APP加值服务平台者均可提案申请。

4 日～7 日　"2016年意大利波隆那儿童书展(The Bologna Children's Book Fair)"于意大利波隆那举行。"文化部"主办,财团法人台北书展基金会协办,台湾馆以"游台湾"(YO TAIWAN)为主题,蔡兆伦的《看不见》获得"拉加兹童书奖"特殊主题佳作,77位入选者中台湾占了7名,表现相当耀眼。

5 日　屏东市仅存的独立书店"博克书局"结束营业。

6 日　亲子天下专门为3～6岁幼儿量身打造的阅读启蒙月刊《小行星幼儿志》正式创刊发行。

11 日~14 日 台湾电子书协会及中国新闻出版研究院合作举办"第 3 届两岸数位及出版业交流合作媒合会"。

18 日 博客来宣布结合博客来网站、OKAPI 阅读生活志、未来书店,与台北 Mangasick、桃园读字书店、台中图书馆、高雄三余书店 4 家实体独立书店,合作规划博客来与独立书店的选书、座谈活动,增加阅读的参与性与多样性。

20 日 中华文化总会于"总统府"举办《中华语文大辞典》新书发布记者会。该书包括两岸常用字 13 004 字、复音词和固定短语 88 728 条,共计 101 732 条词条、千万余字。

20 日~28 日 天龙文创出版事业公司、大陆海峡两岸出版交流中心以及上海和香港的三联书店于台北市天龙图书公司共同举办"2016 大陆古籍艺术类图书展",展出大陆 60 多家古籍艺术类出版社的 7 000 余种图书,并举办两岸古籍与艺术专业图书出版座谈、两岸专业图书版权洽谈会等活动,成为两岸古籍艺术类图书交流的一个常设平台。

21 日~27 日 福建省新闻出版广电局、海峡出版发行集团于福州市举办"第二届世界读书日·海峡读者节",举办包括"两岸精品图书展销会""两岸亲子阅读好时光"等系列活动,展售逾 6 000 种台湾地区图书。

23 日 台北市重南书街促进会于重庆南路 1 段 90 号打造两层楼文创基地,命名为"重南 90"。该基地以"增加艺文气息、鼓励友善阅读"为宗旨,占地 120 平方米,一楼为图书展销空间、二楼为活动展演空间,于世界阅读日正式启用,同时"国家图书馆"在"世界书香日"举办"书香颂真情"名家朗读大会,以实际行动培养全民阅读习惯,有效唤起民众对阅读的重视。

5 月

4 日 台北故宫博物院授权台湾万世国际股份有限公司公开发行出版高仿真古籍本《永乐大典》62 册。

同日 "文化部"公布"第 40 届金鼎奖"获奖名单,包括杂志类、图书类及数字出版类三大类组共 21 个奖项,计 28 件获奖作品,31 件优良出版品获推荐,特别贡献奖由台湾独立书店文化协会理事长陈隆昊先生获得。

14 日 《tea 茶杂志》创刊。

19 日 "文化部"的"漫画出版发行及推广行销补助案"补助名单公布,

"出版发行类"及"推广行销类"合计共补助 8 件，补助金额共计新台币 430 万元。本补助案的"出版发行类"首次补助数位漫画平台，以适应数字发表平台的发展趋势。

同日　台北书展基金会参加波兰华沙书展，展出台湾地区原创童书、绘本与文学作品及华语文教材。

27 日　台湾两岸华文出版品与物流协会、海峡两岸出版交流中心于台北市淡江大学台北校区举办"阅读经济与两岸实体书店转型发展研讨会"，探讨两岸实体书店经营现状与挑战。

6 月

1 日　东山彰良（王震绪）《流》获得日本文坛最高荣誉直木奖，其中文版由圆神出版社出版，内容为 20 世纪 70 年代的台湾，书中刻画大时代中小人物的生命脸谱，具有一定的历史价值。

2 日　"文化部"于"行政院"会议上临时动议提出"推动改善公部门图书采购方式""友善创作者，推广国内原创漫画创作"两项议案，并规划"台湾原创作品及创作者资讯平台"。

3 日~9 日　"2016 新加坡书展"于新加坡新达城新加坡国际会议与博览中心举行，联经出版事业公司率 300 多家台湾出版单位参展，"台湾馆"以"看见想像"为主题，规划"华文之最""潮流指南针""光阴的故事"等 9 大主题图书展区，设置版权交易专区，并举办版权说明会。

6 日　"文化部"拟订"强化出版产业趋势研究及调查跟优化图书采购的沃土计划""创作人才培育跟出版专业人才升级的探星计划""设置漫画基地的跨域计划""扶持独立书店与出版的乐读计划""扩大办理翻译出版补助及拓展东南亚新兴地区的领航计划""推广数位阅读跟补助中小型出版社发行数位出版品及有声书的云端计划"六项计划。

7 日　"国立台湾文学馆"于该馆举办"台湾文学外译新书联合发表会"，出版 2015 年"台湾文学翻译出版补助计划"的作品共计 16 部。文学外译让本地文学跨足国际，让英国、日本、韩国、法国、瑞典等国的民众可阅读翻译后的作品，了解台湾地区文学的丰富内涵。

12 日　"台北市政府文化局"于台北市中山堂光复厅举行"第 18 届台北

文学奖"颁奖典礼，"台北文学奖"分为小说、散文、现代诗、古典诗、舞台剧剧本及文学年金奖助计划六类，计有小说类首奖的林育德《阿嬷的绿宝石》、散文类的吕政达《小天涯》等 22 件得奖作品。

14 日 "文化部"公布"第 7 届金漫奖"入围名单，共有 24 件入围，本届"特别贡献奖"由漫画家朱德庸先生获得。

21 日 香港电台文教组及香港出版总会于香港电台广播大厦举行"第 9 届香港书奖"颁奖礼。本届评选出 10 本获奖图书，其中，台湾地区出版的有韩丽珠《失去洞穴》（INK 印刻文学生活杂志出版有限公司）、Yoshitake Shinsuke《做一个机器人，假装是我》（三采文化股份有限公司）获奖。

28 日 "文化部"举行"2016 马来西亚海外华文书市"行前记者会，联经出版事业公司率 300 余家出版社参展，以"看见想象"为主题，规划"台湾文学节系列活动""台马交响阅系列论坛"，进行多场讲座活动，并举办版权说明会。

7 月

2 日~5 日 马来西亚大众书局集团于马来西亚吉隆坡举办"第 11 届马来西亚海外华文书市"，台湾馆以"看见想象"为主轴，计有 300 多家出版社参展，展出超过 2 万册书籍，并举办"台湾文学节系列活动""台马交响阅系列论坛"等活动，以促进台马文化交流。

5 日~30 日 台北故宫博物院于台北市捷运中山站及双连站间的中山地下书街举办"故宫晒书节"，展售《故宫文物月刊》、学术季刊、书画图录、墨迹、特展图录等故宫出版的图书。

12 日 第 40 届金鼎奖颁奖典礼举行。《群岛艺术三面镜》夺得年度图书奖，《联合文学》获年度杂志奖。

18 日 "文化部"提出 2017 年台北国际书展 5 大改革，包括：降低展位费用、延长开展时间、改造展场空间、延伸阅读场所及强化出版专业。

27 日 为纪念诚品书店敦南店于 1989 年在台北市仁爱路开业、1995 年迁至敦南现址、1999 年开始 24 小时不打烊的经营模式，已届满一万天，诚品书店与剪纸艺术家吴耿祯合作，于全台分店推出 48 个具有当地特色的藏书章；此外，盘点过去 5 年全台分店卖出超过 5 万本图书、排行前五名，分别是《别相信任何人》《秘密花园》《大江大海1949》《跟任何人都可以聊得来》《被讨厌的勇气》。

7月29日~8月7日　由"文化部"主办的"105年全国巡回书展"桃园场于桃园展演中心登场。书展有近350家出版社参展，售逾12 000种好书。书展共分六大区域，其中，城市展区"阅游桃花园"呈现桃园当地文化、历史、美学、生态等图书；"灿烂四方"展区以新住民读者为对象，挑选东南亚相关历史、语言图书，让不同文化间相互交流、理解；"华文之最"则陈列近年金鼎奖、金漫奖得奖作品及中小学优良课外读物推介等好书。

8月

2日　"文化部"于台北市三创生活园区举行"第7届金漫奖颁奖典礼"。"漫画新人奖"由非职业漫画家陈稳升夺得，"年度漫画大奖"由漫画家叶明轩获得，"特别贡献奖"由朱德庸先生获得。

5日　"文化部"公布"第38次中小学生优良课外读物推介评选活动"评选结果，共推介图画书类、科学类、人文及社会类、文学创作类、文学翻译类、丛书工具书类、漫画类、杂志类8类，共747种，举办"线上主题书展"。

5日~10日　"金门县文化局"与台湾两岸华文出版品及物流协会于金门县金城"国中"体育馆举办第二届"文化行销·阅读金门"书展，此次书展分为，加强亲子阅读与童书部分，展出3 000多种、超过10 000册图书。

5日~28日　郑丰喜基金会于台北松山文创园区北向制烟工厂举办"郑丰喜义卖书展"，计有100多家出版社参与。

7日　博客来公布2016年上半年的销售情况，除了习字风潮兴起之外，BL、小鲜肉、悬疑推理、商管以及各类社会议题的图书也都受到瞩目，形成5大趋势。

12日~14日　台北市出版商业同业公会于台北市世贸一馆举办"第12届海峡两岸图书交易会"。本届交易会以山东省为主宾省，计有300多家出版社参展，展出30万册图书，另于8月12日至18日在台中市五南文化广场、14日至21日在南投工商会展中心设立台中市、南投县分会场，并首次与台湾漫画博览会办联展。

14日　嘉义县市六家独立书店及阅读空间业者轮流合办"书式生活——树

下市集嘉义册店同乐会"。

17 日~23 日 由国家新闻出版广电总局、上海市人民政府等于上海展览中心举办上海书展暨"书香中国"上海周,台湾图书专题馆以"阅读台湾"为主题,近 30 家出版社展销逾 3 000 种 15 000 册台湾图书。

22 日 由海峡两岸暨香港特区 19 名学者跨学科联手编纂的《中国历代海路针经》(广东科技出版社出版)在广东省广州市举行发布会。该书收录现存有关中国先秦至清代海路行程及针经导航的珍贵史料及 450 幅图片,详细记录中国人发现、命名及经营东海、南海诸岛的成就。

24 日~26 日 国家新闻出版广电总局于北京中国国际展览中心(新馆)举办"第 23 届北京国际图书博览会暨第 14 届北京国际图书节",计有 2 407 家中外出版单位参展,展出各类出版物近 30 万种,"中华民国"图书出版事业协会组团参访。

9 月

1 日 台中市独立书店阔叶林书店公告结束营业。

10 日~11 日 安徽省委宣传部、合肥市人民政府、安徽省文化厅、安徽省新闻出版广电局、安徽省教育局、安徽省文联、安徽新华发行集团、安徽出版集团在安徽省合肥市国际会展中心(明珠广场)举行"2016 中国黄山书会",台湾地区计有 200 多家出版商参与,展出 6 000 多种共 2 万多册图书。

29 日 乐天 Kobo 电子书平台正式在台上线,开启华语市场,提供电子书商店及 APP 服务,支援 iOS 及 Android 行动装置,采 Epub3 阅读格式、支援有声书,并推出荧光笔画重点等功能,并与城邦、远流、大块、联经、圆神等知名出版社合作,首批推出数千册繁体中文电子书。

同日 Readmoo 电子书发布《台湾电子书阅读特别报告》,解读台湾地区电子书读者的 6 种阅读行为:晚上睡前、上班通勤都看书,上班读书更好;阅读偏好明显,最多只读三到四类型图书;买书看书两张皮,平均买两本看一本;充分利用零碎时间,15 分钟也能读,聚沙成塔,平均每人每月累积阅读时间达 140 分钟;电子书读者的阅读装置以手机为主;读者会在书上做笔记、注记,以商业理财、自然科普图书为多。

10 月

10 月 5 日~12 月 7 日　由"高雄市立图书馆"主办,"高雄市政府"捷运局协办,远流出版事业股份有限公司、城邦文化事业股份有限公司承办的"智慧走读@高雄"系列活动,结合行动图书车与"台湾云端书库 Touch!",打造全台最大行动图书平台,提供走动式服务,把阅读送到城市的每个角落,期待整座城市将成为一座没有围墙的图书馆。

12 日　万有楼公司与北京华艺出版社共同主办"2016 大陆优秀图书校园巡回展",计有大陆 200 余家出版机构参与,展出 1 500 种图书,在国防大学、文化大学、东吴大学、"中央研究院"等地巡回展出。

19 日~23 日　"第 68 届德国法兰克福书展"于德国法兰克福的会议中心举行。台湾馆以"Cheers! TAIWAN"(趣!台湾)作为书展核心主题,展示台湾出版品的年度成果,计有 17 家出版社参展、77 家出版社共同参与推广 765 本台湾原创好书及数字出版品,规划"台湾精选""台湾推荐作家""得奖好书""已授权外语版本书籍""童书、漫画新鲜书""数位出版主题展示""出版社专区"等,并开设"版权洽谈区""台北国际书展征展区"及"台湾书吧"10 大专区。

20 日　"国家图书馆"、台湾电子书协会及台湾数位出版联盟于"国家图书馆"举办"EPub3 标准及台湾出版数位化发展推广活动",活动希望通过电子书平台业者协助出版业将数字出版利用的 EPub3 格式与世界电子书的标准格式规范接轨。

27 日　由中国海峡出版发行集团、福建新华发行集团、福建省出版工作者协会、"中华民国"图书出版事业协会联合主办,福建新华传媒发展有限公司、福建闽台图书有限公司等联合承办,于台北市诚品书店生活松烟店举办"第 7 届台北书展"。本届书展展出近一年优秀的闽版图书,另于台北市天龙图书设立闽版书专柜。

11 月

5 日~27 日　诚品书店高雄 SOGO 店开业。这是南台湾第一家咖啡书店,开幕期间举行了"他们的高雄日"特展,邀请散文作家林达阳等 10 位高雄当地创作者推荐读物。

8日 "国家图书馆"设立的"台湾华文电子书库"正式启用,涵盖电子书13 778册(含1911至1949年图书12 178册、政府出版品595册、百人千书1 005册),免费开放给读者线上阅览利用。

9日~11日 大韩贸易投资振兴公社、韩国出版文化产业振兴院主办,"中华民国"图书出版事业协会协办,于台北市福华饭店举办2016图书出版产业合作交流会,活动内容包括图书贸易、版权洽谈等,介绍两地出版产业以及出版产业政策。

17日~18日 "文化部"主办"2016年出版经纪及版权人才研习营"为台湾地区原创作品持续开拓优质海外授权,邀请美国、英国、德国、西班牙、加拿大、韩国、泰国、荷兰等国的资深版权经理人、书探及资深译者,课程聚焦欧美书市现况。

11月26日~12月2日 "文化部"主办,财团法人台北书展基金会承办,参加"墨西哥瓜达拉哈拉书展(Guadalajara International Book Fair)"。台湾馆以"DESCUBRA TAIWÁN(发现台湾)"为主题,主打童书绘本及华语教学,计有80家出版社的436本原创作品参展。台湾馆今年邻近英、法、德、韩等出版发达的国家的展区,为馆内重点展区,显示台湾受到国际出版市场的高度关注。

12月

5日~9日 "第17届大陆简体书展"于台中市诺贝尔书店旗舰店展出"经典与传承:简体字原创绘本100及经典连环画展"。活动精心挑选原创且优秀的作品,通过绘本展的形式,让当地读者认识并了解大陆原创绘本实力。

8日 诚品书店公布2016台湾年度10大畅销书,如何治"烦"成为热门阅读主题,这显示出台湾读者试图从阅读中寻找简单生活的方式,追求"好睡好生活"的身心宁静与健康。

19日 博客来公布"2016博客来报告",年度7大书市热销关键字"写字""中国IP V. S. 台湾华流""童书""阿德勒与负能量""熟龄阅读""诗的大盛""哈利·波特回来了",展现民众借由阅读平衡自我与现实的需求和潮流。

21 日　金石堂揭晓年度畅销书，选出 2016 年出版关键字"勇"。

27 日　"茑屋书店"宣布以"TSUTAYA BOOKSTORE"为名，进军台北统一时代 5 楼，于 2017 年 1 月 24 日正式开幕。

（黄昱凯　台湾南华大学）

图书在版编目（CIP）数据

2016~2017 中国出版业发展报告/范军主编 . —北京：中国书籍出版社，2017. 8
ISBN 978-7-5068-6432-9

Ⅰ. ①2… Ⅱ. ①范… Ⅲ. ①出版工作-研究报告-中国-2016－2017 Ⅳ. ①G239. 2

中国版本图书馆 CIP 数据核字（2017）第 209573 号

2016~2017 中国出版业发展报告

范 军 主编

责任编辑	许艳辉　陈守卫	
责任印制	孙马飞　马　芝	
封面设计	楠竹文化	
出版发行	中国书籍出版社	
地　　址	北京市丰台区三路居路 97 号（邮编：100073）	
电　　话	（010）52257143（总编室）　　　（010）52257140（发行部）	
电子邮箱	eo@ chinabp. com. cn	
经　　销	全国新华书店	
印　　刷	三河市顺兴印务有限公司	
开　　本	787 毫米×1092 毫米　1/16	
印　　张	21	
字　　数	350 千字	
版　　次	2017 年 9 月第 1 版　2017 年 9 月第 1 次印刷	
书　　号	ISBN 978-7-5068-6432-9	
定　　价	98.00 元